Excel 财务
数据处理与分析实战技巧精粹

郭 辉 ◎ 著

人民邮电出版社

北京

图书在版编目（CIP）数据

Excel财务数据处理与分析实战技巧精粹 / 郭辉著. -- 北京：人民邮电出版社，2022.2
ISBN 978-7-115-57922-5

Ⅰ. ①E… Ⅱ. ①郭… Ⅲ. ①表处理软件－应用－财务管理 Ⅳ. ①F275-39

中国版本图书馆CIP数据核字(2021)第234278号

内 容 提 要

本书从财务会计人员的实际工作出发，汇集了用户使用 Excel 进行财务数据处理与分析过程中的热点问题，并以问题的解决方案为导向，通过 100 多个典型应用案例的演示与讲解，全面展示了财务数据分析和可视化的思路、方法和技巧。

本书共 21 章，主要包括数据的获取、自定义格式、录入、数据验证、填充、分列、排序、筛选、汇总、统计、查找、保护、定位，以及常用的 Excel 函数公式、图表等内容，并按照应用场景为读者分类整理出 96 个操作技巧，帮助读者切实提升财务数据分析工作的效率。对于一些难以理解的知识点或重要的操作步骤，本书还配有视频讲解，帮助读者轻松掌握。

本书实用性强，所介绍的分析方法和分析技巧均可直接应用于日常工作，且便于读者随用随查。即使读者是财务新人也能"拿来即用"，高效完成财务数据分析工作。

♦ 著　　　郭　辉
责任编辑　牟桂玲
责任印制　王　郁　彭志环

♦ 人民邮电出版社出版发行　北京市丰台区成寿寺路 11 号
邮编　100164　电子邮件　315@ptpress.com.cn
网址　https://www.ptpress.com.cn
三河市中晟雅豪印务有限公司印刷

♦ 开本：787×1092　1/16
印张：22　　　　　　　2022 年 2 月第 1 版
字数：429 千字　　　　2022 年 2 月河北第 1 次印刷

定价：89.90 元

读者服务热线：(010)81055410　印装质量热线：(010)81055316
反盗版热线：(010)81055315
广告经营许可证：京东市监广登字 20170147 号

写在前面

当今的职场工作中,无论是会计工作还是财务工作,都是围绕着数据进行的。数据就像是流淌在企业肌体里的血液,数据流的通畅程度直接影响企业的肌体健康。高效的数据处理、精准的数据呈现,是每个财务职场人的必修课,熟练使用 Excel 当之无愧地成为财务职场人必备的工作技能。

对于从事财务会计工作的人员,我有几点建议。

一、管理好数据的前提是规范数据

在 Excel 的使用中,经常出现混淆数据状态的现象,具体表现为数据的初始状态、存储状态和整合后的汇总状态混用。这 3 种数据状态具有不同的功能,可以相互转化,但不能相互替代,而且彼此之间还存在着强烈的关联关系。

在财务工作中,这 3 种数据状态非常常见,如会计凭证是数据获取的初始状态,账簿是数据的存储状态,而报表则是数据的汇总状态。而在财务以外的工作中,由于没有会计准则、会计制度的严格约束,大多数人经常把它们混合成一张表,即使没有混在一起,3 种状态的表格之间也缺少必要的关联关系。就拿产品入库登记表来说,很多企业的做法是把产品入库登记表中的产品信息重复地登记在很多表中,如产品入库登记台账、产品流向登记台账,以及手工计算的各种汇总表。待添加新数据后,再进行表与表之间的"目测"核对,这样出错的概率非常大。

而对于数据添加的方法,也是千差万别。例如,在应付款表中登记供货方新增的一笔欠款,有的是以记录表的方式新增一条记录;有的是在单元格的加法算式中增加一个加项(如由"=20+30+40"修改成"=20+30+40+50");有的甚至是用计算器计算,然后把结果直接写进单元格,等等。如果有其他备注信息需要记录,就在单元格的批注里填写。由此会出现很多问题,如工作量加大,一张单据多处登记;表与表之间没有关联,在多张表中重复录入同一个数据,由此造成勾稽关系混乱;由于数据是在计算器上计算的,在后续的数据查询和比对时无法查找到错误的原因;当修改某张单据时,需要在多处变更,难免出现表与表之间的对应关系出错,造成数据汇总输出的内容错误百出。

由此可见,数据的流转、比对、查询、汇总等都需要规范操作,包括规范数字格式、规范表的结构、规范表之间的布局。数据规范是数据处理加工的起点,是数据报表输入的保障，要做好财务数据的处理与分析工作，必须先从数据规范做起。

二、财务数据分析的原则

企业对内和对外的通用语言是财务报表，而财务报表展示的内容非常有限，各家企业内部都有专属的数据统计表和数据分析方法。数据分析的目的是把常规财务报表中的数据做深层拆分，通过更多的分析方法发现异常变化，找出指标增减变动的影响因素，进而指导企业的宏观决策。

在28年的财务工作中，本人总结了几个百试不爽的财务数据分析通用原则，希望能帮到Excel数据分析新手及初入职场的财务工作者。

1. 避免数据分析误区

数据分析的误区主要体现在3个方面，一是分析人认为数据分析高深莫测，不敢轻易踏入这个领域；二是分析人对分析的目的和分析的作用不明确，所以勉强应付；三是过分看重分析结果而忽略了数据规范，把主要精力放在分析结果的输出上，殊不知由于缺乏规范性的数据所做支撑的分析结果是华而不实的。数据规范不但是数据分析的基础，也是企业管理和企业决策的基础。

2. 数据分析的具体内容

数据分析涵盖的面非常广泛，简单地说就是把枯燥的、抽象的数据通过不同角度进行输出，把数据内含的问题或趋势展示出来。展示的方法可以是表格形式，也可以是动态图表形式，再配以文字说明，让数据背后的问题清晰地呈现出来。借助Excel表格把诸多看似普通的数据，通过收集、整理，并使之与相关的指标进行关联分析，可从中发现问题。例如，单位水电费与产量的关系对比分析、单位成本的变化分析、收入的预测分析、主材消耗与产量的变化分析，等等。从分析中找出变动后不匹配的、有异常的数据指标或项目，将结果上报公司决策机构，为公司决策提供依据。

3. 数据分析的方向

数据分析可分为事后分析和事前预测。事后分析主要是费用消耗、成本变动等，对已经发生的数据做出分析，例如管理费用增加，通过环比分析和同比分析找出具体增加的明细项目，进而找出导致费用增加的开支由哪几笔支出构成，为后面的开支原则或预算制订提供依据。事前预测主要包括收入预测、利润预测，预测的方法是根据以往的数据记录测算出未来的预测指标。预测指标毕竟是根据历史数据计算而来，因而还要结合市场因素、季节因素、淡旺季因素等多方面的信息综合制订出科学合理的预测指标。

作为一名财务数据分析人员，要对企业有全局意识，对数据处理有一定的驾驭能力，善于找出独特的分析角度，揭示企业存在的问题，善于对数据做出多角度的拆分、组合，再拆分再组合，通过改变分析角度，选择不同的分析方向，确定分析重点，结合企业实际需求编制专属于本企业的分析报告。数据分析能力固然重要，但更重要的是善于站在企业管理者的高度看问题，把自己当作企业的管理者，从企业发展的角度思考，分析的思路会越来越宽广。

三、本书给你的帮助

本书以工作中的实际案例为主线，一个案例解决一个工作中的实际问题，解决问题的方法是利用 Excel 中的各种功能或工具，高效处理与分析数据，并以可视化的方式呈现数据分析结果。

书中涉及的 Excel 功能包括录入、自定义格式、填充、排序、查找、筛选、分列、汇总、数据验证（数据有效性）、定位等，涉及的函数有 VLOOKUP、OFFSET、INDIRECT、INDEX、SUMPRODUCT 等。书中案例来源于实践，读者学懂弄通后便能服务于实践。希望本书能成为一本真正解决实际问题的书。

由于作者水平有限，书中存在的错漏之处，恳请广大读者批评指正。读者的建议或意见可发送电子邮箱：muguiling@ptpress.com.cn。

郭辉

2021 年 10 月 1 日

目录

通用技巧篇

第1章 数据的获取 2
技巧 001　批量导入文本数据 2
技巧 002　批量导入网页数据 8
技巧 003　批量填充导出数据 9
技巧 004　批量修改数据 11
技巧 005　剔除重复记录 12
技巧 006　批量处理不规范的日期数据 13
技巧 007　行数据和列数据的转换 15
技巧 008　快速拆分英文代码和汉字名称的混合数据 16
技巧 009　快速拆分日期 17
技巧 010　两种方法解决导出的数据不能求和的问题 20
技巧 011　批量剔除导出数据首部或尾部的不可见字符 24
技巧 012　解决导出的文本内容不匹配问题 29

第2章 数据的自定义格式 32
技巧 013　分段显示长数据 32
技巧 014　带有计量单位的数据求和 34
技巧 015　自动填写表头的3种方法 36
技巧 016　批量编辑多个单元格区域 39
技巧 017　隐藏敏感数据 40
技巧 018　根据日期自动获取对应的星期 41
技巧 019　高效录入编码 43

第 3 章 数据的规范录入 ... 45

- 技巧 020　使用单元格下拉列表规范录入内容 ... 45
- 技巧 021　使用跨表单元格下拉列表规范录入内容 ... 47
- 技巧 022　限制日期录入范围 ... 48
- 技巧 023　限制数字录入范围 ... 49
- 技巧 024　限制单元格只能录入特定编码 ... 51
- 技巧 025　设置数据录入范围提醒 ... 52
- 技巧 026　非法录入数据时显示出错警告 ... 53
- 技巧 027　保持引用位置不变的单元格公式复制（绝对引用的作用） ... 54
- 技巧 028　限制输入重复数据 ... 57

第 4 章 高效筛选数据 ... 59

- 技巧 029　单条件筛选 ... 59
- 技巧 030　双条件交叉关系筛选 ... 61
- 技巧 031　多条件筛选 ... 62
- 技巧 032　区间条件筛选 ... 63
- 技巧 033　多字段条件筛选 ... 64
- 技巧 034　组合条件筛选 ... 66
- 技巧 035　数据对比筛选 ... 67
- 技巧 036　公式条件筛选 ... 68
- 技巧 037　公式筛选法之从外部获取筛选条件 ... 69
- 技巧 038　利用高级筛选功能拆分数据汇总表 ... 71
- 技巧 039　利用高级筛选功能快速对比数据 ... 72
- 技巧 040　利用高级筛选功能快速对重复项目求和 ... 74

第 5 章 数据的汇总与统计 ... 76

- 技巧 041　快速生成汇总表——数据透视表法 ... 76
- 技巧 042　快速拆分汇总表为明细表 ... 82
- 技巧 043　利用切片器自由选择筛选数据 ... 83
- 技巧 044　更新追加数据后的汇总数据 ... 85
- 技巧 045　快速转换汇总布局 ... 85
- 技巧 046　批量合并相同内容的单元格 ... 86
- 技巧 047　对合并单元格数据进行排序 ... 89

第 6 章　利用条件格式标识重点数据 92

技巧 048　凸显重复数据 92
技巧 049　自动标记排名前三和后三的数据 95
技巧 050　标记高于或低于平均值的数据 97
技巧 051　用色阶标识数据的大小差异 99
技巧 052　用数据条展示数据大小 100
技巧 053　用饼图展示数据的百分比关系 102
技巧 054　用圆环图展示百分比指标 106
技巧 055　用折线图展示数据的趋势变化 110
技巧 056　用条形图展示指标完成情况 112
技巧 057　用瀑布图展示数据增减幅度 117

第 7 章　IF 函数的嵌套应用 119

技巧 058　双结果单条件判断取值 119
技巧 059　三结果单条件 IF 函数嵌套判断取值 121
技巧 060　双结果双条件（或）判断取值 122
技巧 061　双结果双条件（并且关系）不等判断取值 124
技巧 062　双结果双条件（并且关系）相等判断取值 125
技巧 063　双结果多条件（或关系）判断取值 127
技巧 064　多条件的三类结果嵌套判断取值 128

第 8 章　数据的查找 130

技巧 065　用工号本表查找姓名 130
技巧 066　用商品编号跨表查找商品信息 132
技巧 067　工龄级别归档查询 134
技巧 068　销售业绩考核归档查询 135
技巧 069　查找编码所在的位置数 139
技巧 070　快速比对两组数据中的相同内容 140
技巧 071　用公式查找数据表中的最后一条记录 141

第 9 章　数据的保护 145

技巧 072　设置工作簿打开权限 145
技巧 073　保护和取消保护工作簿 146

技巧 074	保护工作表之正向操作法	147
技巧 075	保护工作表之反向操作法	150
技巧 076	保护工作表中允许操作的项目	151
技巧 077	设置表格内报表区域的编辑权限	152

第 10 章　巧用定位功能加工数据 ... 155

技巧 078	批量添加求和公式	155
技巧 079	批量填充资产类别列中的空白单元格	156
技巧 080	批量填充日期、会计期间、凭证字号列的空白单元格	158
技巧 081	一键清除报表中的非公式区数据	160
技巧 082	标记公式单元格	161
技巧 083	批量制作工资条	163
技巧 084	批量删除数据间的不连续空白单元格	166

业务技巧篇

第 11 章　二维数据图表分析法 ... 169

技巧 085	二维柱形图数据分析法	169
技巧 086	二维条形图数据分析法	178
技巧 087	二维数据图表分析法在多行业中的应用	185

第 12 章　三维数据图表分析法 ... 187

技巧 088	搭建日报表分析系统的架构	187
技巧 089	编制一张普通的数据汇总表	189
技巧 090	编制影城在时间轴上的数据统计分析表	192
技巧 091	编制在一个时间点上的横向数据统计分析表	195

第 13 章　月度营业收入图表分析法 ... 197

| 技巧 092 | 设计月度数据分析结构 | 197 |
| 技巧 093 | 编制数据分析模板 | 199 |

第 14 章　多方案完成进度图表分析法 ... 212

| 技巧 094 | 用饼图展示百分数指标 | 212 |

技巧 095　用单元格图展示百分数指标 218

技巧 096　用形似蓄水池的柱形图展示百分数指标 222

综合案例篇

第 15 章　数量与金额转换图表分析法 235

15.1　分析方案设计 237

15.2　分析数据准备 238

15.3　编制明细数据表 239

15.4　编制分月汇总表 239

  15.4.1　编制分月汇总表的内容 239

  15.4.2　插入数值调节钮控件 240

  15.4.3　设置辅助功能 241

  15.4.4　编制主数据区公式 242

  15.4.5　编制活动数据区公式 245

  15.4.6　编制及应用图表 246

第 16 章　订单拆解图表分析法 249

16.1　案例背景 249

  16.1.1　数据来源 249

  16.1.2　日报表的结构和作用 250

  16.1.3　部门统计表 251

  16.1.4　业务员统计表 251

  16.1.5　关于日报表持续报送的思考 252

16.2　日报表的编制 252

  16.2.1　数据准备 253

  16.2.2　设计日报表布局及内容 253

  16.2.3　插入数据切换的控件 253

  16.2.4　编辑数据区公式 254

16.3　部门统计表的编制 255

  16.3.1　设计部门统计表布局及内容 255

  16.3.2　添加控件 256

- 16.3.3 编辑数据区公式 ... 257
- 16.3.4 绘制图表 ... 258
- 16.3.5 设置条件格式 ... 260
- 16.4 业务员统计表 ... 261
  - 16.4.1 设计表格布局并填写基础数据 ... 261
  - 16.4.2 添加控件 ... 262
  - 16.4.3 编辑数据区公式 ... 262
  - 16.4.4 绘制图表 ... 263

第 17 章 业绩拆解图表分析法 ... 264

- 17.1 案例背景 ... 264
  - 17.1.1 数据来源表 ... 264
  - 17.1.2 数据统计分析的需求 ... 265
- 17.2 案例的实现过程 ... 266
  - 17.2.1 数据源表的制作 ... 266
  - 17.2.2 汇总表基础数据准备 ... 267
  - 17.2.3 插入实现数据切换功能的控件 ... 267
  - 17.2.4 设置公司名称下拉列表 ... 268
  - 17.2.5 编辑调取分公司数据的公式 ... 269
  - 17.2.6 编制月份合计数数据公式 ... 272
  - 17.2.7 编制业务员数据公式 ... 273
  - 17.2.8 编制自动图表标题公式 ... 274
  - 17.2.9 绘制分公司全年销售数据汇总图表 ... 275
  - 17.2.10 绘制拆分到业务员名下的数据图表 ... 277
- 17.3 应用场景拓展 ... 278

第 18 章 收入与回款对比图表分析法 ... 279

- 18.1 案例背景 ... 280
  - 18.1.1 数据源表 ... 280
  - 18.1.2 数据筛选过渡表 ... 280
  - 18.1.3 以图表方式输出合同数据 ... 281
- 18.2 案例实现过程 ... 282
  - 18.2.1 在数据源表中做筛选准备 ... 282

18.2.2　筛选满足条件的合同记录 283
　　　18.2.3　绘制图表前的数据准备 284
　　　18.2.4　绘制图表 288
　18.3　应用场景拓展 292
　　　18.3.1　工程施工行业的项目进度管理分析 293
　　　18.3.2　预算完成情况分析 293
　　　18.3.3　订单执行情况分析 293

第19章　收入与回款汇总图表分析法 295
　19.1　案例背景 295
　19.2　汇总数据表及数据图的制作 297
　　　19.2.1　数据表存储结构设计和数据规范化处理 297
　　　19.2.2　汇总表格式设计与插入控件 298
　　　19.2.3　编辑数据汇总公式 300
　　　19.2.4　设置明细表条件格式 301
　　　19.2.5　使用汇总数据编制图表 303
　19.3　应用场景拓展 308

第20章　收入与销售费用对比图表分析法 310
　20.1　3种常用的对比指标组合 310
　20.2　财务分析图表化的操作流程 312
　　　20.2.1　案例背景 312
　　　20.2.2　数据准备 313
　　　20.2.3　插入控件 313
　　　20.2.4　编制控件关联业务员数据的公式 314
　　　20.2.5　编制控件关联主营业务收入数据的公式 315
　　　20.2.6　编制控件关联销售费用数据的公式 316
　　　20.2.7　设置条件格式 316
　　　20.2.8　绘制柱形图 318
　20.3　图表功能的拓展应用 322
　　　20.3.1　绘制折线图 322
　　　20.3.2　绘制温度计图 323

第 21 章　制作电商客服绩效考核表 325

21.1　根据业务量考核绩效 325
21.1.1　案例背景和数据准备 325
21.1.2　根据考核方案设计表格中各项数据的布局 328
21.1.3　使用 SUMPRODUCT 函数编辑绩效考核公式 329

21.2　根据时间段业务量考核绩效 330
21.2.1　案例背景 330
21.2.2　数据准备 330
21.2.3　编制统计不同时间段、不同金额档次的公式 332
21.2.4　计算奖励 334

21.3　根据各店铺交易额均值考核绩效 335
21.3.1　案例背景 335
21.3.2　计算每日收入与收入达成率 335
21.3.3　店铺排名并计算奖励 337

通用技巧篇

第1章 数据的获取

使用 Excel 管理数据的主要目的是高效、便捷地完成数据分析工业，但前提是所分析的数据必须是规范的。在工作中，我们经常会从不同来源、不同渠道获取数据，但有时获取的数据由于不规范，或多或少都存在问题。例如，从各种软件、数据库、网页等导出的数据不能直接用于求和计算，或者数据首尾有多余的空字符，或者导出的文本内容与解决方案不匹配；收到的数据报表格式不统一，汇总后无法进行图表、公式或数据透视表等操作。本章主要介绍规范数据的方法和规范数据表的样式，帮助用户提高 Excel 应用的基本技能，轻松建立适合自己实际工作需要的数据及表格，为进一步的数据处理和分析创造便利条件。

技巧 001 批量导入文本数据

应用场景

很多软件导出的数据多为文本格式，即扩展名为 TXT 的文本文件。将文本格式的数据（以下简称文本数据）批量导入 Excel 有两种方法，一种是利用系统自带的获取外部数据功能；另一种就比较简单粗暴，即直接复制、粘贴。在导入文本数据时，对于一些特殊的数据，如一条有 15 位以上长数字的文本数据，Excel 会将超出 15 位的数字自动置零。

解决方案

1. 常规文本数据的导入

（1）现将图 1-1 所示的文本数据批量导入 Excel。可在一个空白的 Excel 工作表中，单击【数据】选项卡下【获取外部数据】组中的【自文本】按钮，如图 1-2 所示。

图 1-1

（2）弹出【导入文本文件】对话框，从中找到文本文件的存放位置，选中该文件后，单击【导入】按钮，如图1-3所示。

图1-2　　　　　　　　　　　　　　　图1-3

（3）弹出【文本导入向导-第1步，共3步】对话框。在该对话框下方的【预览文件】区域中可以预览即将导入数据的效果。如果该区域中显示的内容为乱码，可以通过选择【文件源始格式】中的【936：简体中文GB2312】选项获得正确的显示结果，单击【下一步】按钮，如图1-4所示。

（4）弹出【文本导入向导-第2步、共3步】对话框中，选择分列数据所用的分隔符号，系统默认使用的分隔符号为【Tab键】。观察【数据预览】区域中数据的分隔情况是否正确，如果显示的结果是把不相同的内容归入同一列中，可以通过选择其他分隔符号尝试解决。本案例无此问题，故保持系统默认的选择，直接单击【下一步】按钮，如图1-5所示。

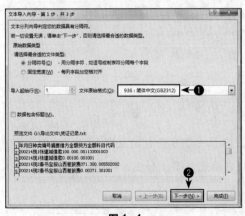

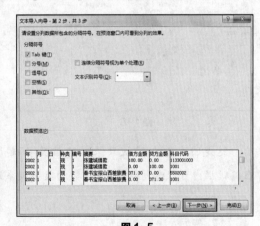

图1-4　　　　　　　　　　　　　　　图1-5

（5）弹出【文本导入向导-第3步，共3步】对话框，在该对话框中可以设置即将导入的数据列的格式。例如，对日期类的数据选择日期格式等。操作方法：在【数据预览】区域中选中该列，在对话框的左上方选择格式类型。如果无须设置数据格式，可以直接单击【完成】按钮，如图1-6所示。

（6）在弹出的【导入数据】对话框中选择导入数据的存放位置，系统默认的是当前工作表，也可以选择新建一个工作表。如果无须新建工作表，可直接单击【确定】按钮，如图 1-7 所示。

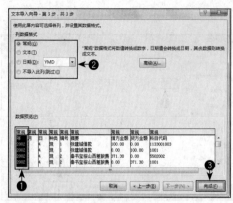

图 1-6

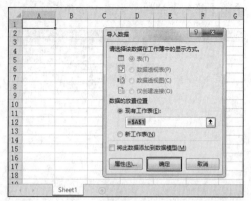

图 1-7

至此，导入文本格式的数据操作全部完成，导入的数据样式效果如图 1-8 所示。

2. 15 位以上长数字的文本数据导入

除了常规的文本数据外，实际工作中我们还可能遇到一些特殊的数据，如银行卡号或身份证号码等长数字，如图 1-9 所示。银行卡号的长度一般是 16 位，身份证号的长度是 18 位。这时如果还按照上述案例中的常规方式导入，会出现图 1-10 所示的结果。

	A	B	C	D	E	F	G	H	I
1	年	月	日	种类	编号	摘要	借方金额	贷方金额	科目代码
2	2002	1	4	现	1	张建城借款	100	0	1133001003
3	2002	1	4	现	1	张建城借款	0	100	1001
4	2002	1	4	现	2	秦书宝报山西差旅费	371.3	0	5502002
5	2002	1	4	现	2	秦书宝报山西差旅费	0	371.3	1001
6	2002	1	7	现	3	马华报费用	1,195.00	0	5502004
7	2002	1	7	现	3	马华报费用	0	1,195.00	1001
8	2002	1	9	现	4	付奖金11月份	78,191.00	0	2151
9	2002	1	9	现	4	付奖金11月份	0	78,191.00	1001
10	2002	1	9	现	5	报办事用汽车费	56.5	0	5502002
11	2002	1	9	现	5	报办事用汽车费	0	56.5	1001
12	2002	1	9	现	6	付李总报费用	3,755.00	0	5502003
13	2002	1	9	现	6	付李总报费用	121.5	0	5502002
14	2002	1	9	现	6	付李总报费用	0	3,876.50	1001
15	2002	1	9	现	7	去北京出差	1,000.00	0	1133001018
16	2002	1	9	现	7	去北京出差	0	1,000.00	1001
17	2002	1	9	现	8	周天祥报账退款	0	511.1	1133001021
18									
19									

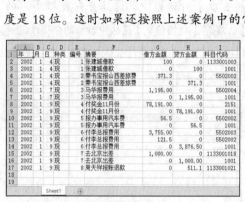

图 1-8

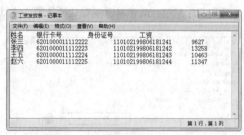

图 1-9

这是因为Excel默认只保留15位数字，超过15位的部分会自动置零。选中C2单元格，在编辑栏内可以看到超过15位数的数字被系统自动置零了，如图 1-11 所示。

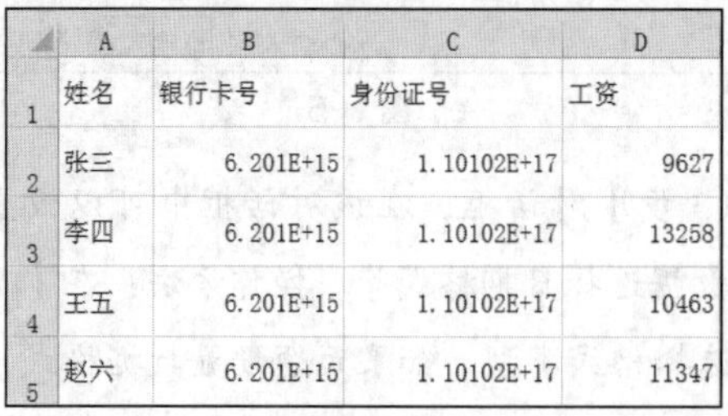

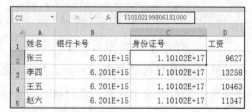

	A	B	C	D
1	姓名	银行卡号	身份证号	工资
2	张三	6.201E+15	1.10102E+17	9627
3	李四	6.201E+15	1.10102E+17	13258
4	王五	6.201E+15	1.10102E+17	10463
5	赵六	6.201E+15	1.10102E+17	11347

图 1-10

	A	B	C	D
1	姓名	银行卡号	身份证号	工资
2	张三	6.201E+15	1.10102E+17	9627
3	李四	6.201E+15	1.10102E+17	13258
4	王五	6.201E+15	1.10102E+17	10463
5	赵六	6.201E+15	1.10102E+17	11347

图 1-11

为了避免发生这种情况发生，在导入数据时需指定身份证号码列按文本格式导入。导入过程可按照上述案例的操作步骤进行，不同之处在【文本导入向导 – 第 3 步，共 3 步】

对话框中，选中银行卡号列，设置【列数据格式】为【文本】，如图1-12所示。身份证号列同样也需要设置成文本格式。

将银行卡号和身份证号设置为文本格式后完成后续的操作步骤，获得导入数据的效果如图1-13所示。

图1-12　　　　　　　　　　　　　　　图1-13

拓展应用　使用Power Query工具导入文本数据

除了使用上述方式导入文本数据外，还可以借助Power Query工具导入。这里仍以导入图1-9所示的文本数据为例进行说明。

（1）在一个空白工作表中，选中A1单元格，单击【数据】选项卡，在【获取和转换】组中单击【新建查询】下拉按钮，在弹出的下拉列表中选择【合并查询】→【启动Power Query编辑器】选项，如图1-14所示。

（2）弹出【Power Query编辑器】窗口，单击【新建源】下拉按钮，在弹出的下拉列表中选择【文件】→【文本/CSV】选项，如图1-15所示。

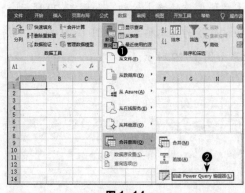

图1-14　　　　　　　　　　　　　　　图1-15

（3）在弹出的【导入数据】对话框中选中需要导入的文本文件"工资发放表"，单击【导入】按钮，如图1-16所示。

（4）弹出一个过渡窗口，如图1-17所示，单击【确定】按钮，将文本数据导入到Power Query编辑器中。

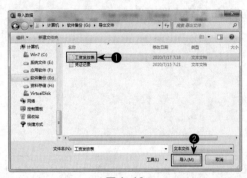

图1-16

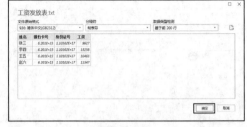

图1-17

（5）在Power Query编辑器中可以看到，导入的数据有4列，分别是姓名、银行卡号、身份证号和工资，其中银行卡号和身份证号系统默认为数字格式且以科学计数法的形式显示，如图1-18所示，需要将二者转换为文本格式。选中【银行卡号】列，单击鼠标右键，在弹出的右键菜单中选择【更改类型】→【文本】命令，如图1-19所示。

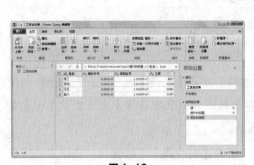

图1-18

图1-19

（6）弹出【更改列类型】对话框，单击【替换当前转换】按钮，如图1-20所示。

（7）通过上述列格式转换后，银行卡号即被转换为文本格式，如图1-21所示。按照上述方法将身份证号也转换为文本格式，效果如图1-22所示。

图1-20

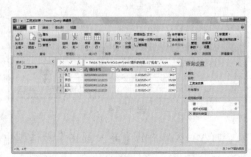

图1-21

（8）单击功能区最左侧的【关闭并上载】下拉按钮，在弹出的列表中选择【关闭并上载】命令，如图 1-23 所示。

图 1-22

图 1-23

（9）系统自动关闭 Power Query 编辑器，并将转换好的数据导入 Excel 表格中，如图 1-24 所示。

至此，通过 Power Query 编辑器导入文本数据，并将超过 15 位数的银行卡号和身份证号转换为文本格式的操作全部完成。

Power Query 编辑器作为一款新增的数据加工处理插件，由于其操作步骤可视化、可修改、可复用，极大地简化了工作时间，一经面世就受到了大众的青睐。而且相比于 Excel 函数，其功能更强大，可轻松处理大量数据，告别卡顿。

图 1-24

3. 选择性地导入文本数据

在导入一组有很多列的文本格式的数据时，若使用者只希望导入其中的几列数据，其他的列最好能在导入环节就被排除在外。这种选择性地导入文本数据的操作可参考技巧 001 中的"常规文本数据的导入"，不同之处在于第 5 步骤中，选中不需要的列，再选择【不导入此列（跳过）】单选按钮，在【数据预览】区域中可以看到系统提示"忽略列"，如图 1-25 所示。设置好不需要导入的数据后单击【完成】按钮。

图 1-25

技巧002
批量导入网页数据

应用场景

批量导入网页数据对于每天需要从网站下载数据,甚至需要同步网页数据的使用者来说,是一个非常重要的技能。通过 Excel 软件自带的获取网站数据功能,可以轻松批量导入网页数据。下面以导入中国建设银行网页中的人民币贷款基准利率数据为例,讲解具体的导入方法。

解决方案

(1)登录中国建设银行网站,找到人民币贷款基准利率表,如图1-26所示。

(2)新建一个 Excel 工作表,选中 A1 单元格,在【数据】选项卡的【获取外部数据】组中单击【自网站】按钮,如图1-27所示。

图1-26

图1-27

(3)弹出【新建 Web 查询】窗口,在顶部的【地址】栏内粘贴中国建设银行的网站地址,单击【转到】按钮,在【新建 Web 查询】窗口中打开含有人民币贷款基准利率表的建设银行网站,如图1-28所示。

(4)单击人民币贷款基准利率表左上方的 按钮,当该按钮变成 后表示该数据表已被选中,如图1-29所示。

图1-28

图1-29

（5）单击窗口右下方的【导入】按钮，弹出【导入数据】对话框，在该对话框中选择导入数据的存放位置，系统默认的位置是 A1 单元格，如图 1-30 所示。

（6）单击【确定】按钮后网站数据即被成功导入到 Excel 表格中，如图 1-31 所示。

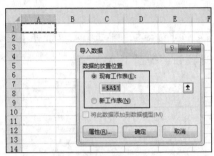

图 1-30　　　　　　　　图 1-31

技巧 003
批量填充导出数据

扫码看视频

应用场景

从软件导出的数据中经常有相同类别的数据记录，仅在第一行有类别名称，其他行次均为空白的情况，对于这样的数据无法实现函数公式或数据透视表等方式的运算操作。

面对一张如图 1-32 所示的表格，如果要求将空白单元格按照上一行的内容填充，以方便后续的排序、求和、数据透视表等操作，该怎么做呢？

日期	会计期间	凭证字号	科目代码	科目名称
2014-7-26	2014.8	记 - 1	1001.72	现金 - 库存现金
			1001.72	现金 - 库存现金
			1131	应收账款
2014-7-26	2014.8	记 - 2	1001.71	现金 - 农业银行
			1131	应收账款
2014-7-26	2014.8	记 - 3	1001.03	现金 - 农业银行
			1131	应收账款
2014-7-26	2014.8	记 - 4	1001.72	现金 - 库存现金
			1001.72	现金 - 库存现金
			1131	应收账款

图 1-32

常规解决方案

（1）选中 A2:C5 单元格区域，按【Ctrl+D】组合键，瞬间实现填充。填充效果如图 1-33 所示。

（2）按照上述方法，分别把上一行的内容逐一填充到其下的空白单元格中。

如果数据有几百行或几千行，显然这样的操作效率非常低下，那么有没有批量操作的方法呢？

	A	B	C	D	E
1	日期	会计期间	凭证字号	科目代码	科目名称
2	2014-7-26	2014.8	记 - 1	1001.72	现金 - 库存现金
3	2014-7-26	2014.8	记 - 1	1001.72	现金 - 库存现金
4	2014-7-26	2014.8	记 - 1	1131	应收账款
5	2014-7-26	2014.8	记 - 1	1131	应收账款
6	2014-7-26	2014.8	记 - 2	1001.71	现金 - 农业银行
7				1131	应收账款
8	2014-7-26	2014.8	记 - 3	1001.03	现金 - 农业银行
9				1131	应收账款
10	2014-7-26	2014.8	记 - 4	1001.72	现金 - 库存现金
11				1001.72	现金 - 库存现金
12				1131	应收账款
13				1131	应收账款

图 1-33

（1）选中 A2:C13 单元格区域，如图 1-34 所示。如果数据有几百行、几千行，同样需要一次性选中。

（2）按【Ctrl+G】组合键或【F5】键，弹出【定位】对话框，单击【定位条件】按钮，在弹出的【定位条件】对话框中选择【空值】单选按钮，如图 1-35 所示。

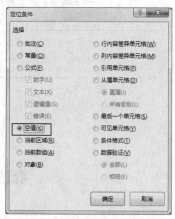

图 1-34　　　　　　　　　　　　　图 1-35

（3）单击【确定】按钮退出【定位条件】对话框。在编辑栏中输入【=】，然后用鼠标选中空值单元格的上一行单元格，如 A2 单元格，如图 1-36 所示。

（4）按【Ctrl+Enter】组合键，完成快速填充操作，效果如图 1-37 所示。

   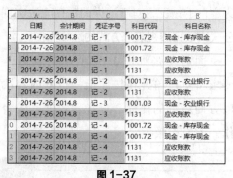

图 1-36　　　　　　　　　　　　　图 1-37

填充后的单元格中的内容不是纯粹的数值，而是公式，如果在后续的操作中需要进行排序等操作，则会破坏填充的结果，因此，需要把公式转化成数值。

（5）复制前三列的数据区域，执行【粘贴】→【选择性粘贴】命令，在弹出的【选择性粘贴】对话框中选择【数值】单选按钮，单击【确定】按钮，如图 1-38 所示，即可把单元格中的公式转化成数值。

图 1-38

技术看板　如果想快速选中几千行的数据区域，可先选中数据区域的左上角单元格，然后拖动右侧的纵向滚动条到表格的最底端，按住【Shift】键不放，用鼠标选中数据区域的右下角单元格即可。

技巧 004
批量修改数据

应用场景

在工作中经常遇到对某个数据进行整体修改的情况。例如，将图 1-39 所示的数据表中多次出现的"应收帐款"替换为"应收账款"，将"借方"和"贷方"列中的 0 值全部清除。如果一个一个地修改，效率极其低下，那么能否采用一种快捷的方式批量进行修改呢？

图 1-39

解决方案

1. 将表格中的"应收帐款"替换为"应收账款"

（1）选中整张表格。如果仅希望替换 D 列单元格中的内容，也可以只选择 D 列单元格。

（2）按【Ctrl+H】组合键，弹出【查找和替换】对话框，在【替换】选项卡的【查找内容】文本框中输入【应收帐款】，在【替换为】文本框中输入【应收账款】，单击【全部替换】按钮，如图 1-40 所示。

（3）系统将弹出提示对话框，提示被替换的内容的数量，单击【确定】按钮，关闭对话框，返回【查找和替换】对话框。

（4）单击【关闭】按钮，完成操作，效果如图 1-41 所示。

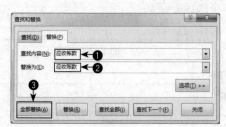

图 1-40

图 1-41

2. 将"借方金额"列和"贷方金额"列中的 0 值全部清除

（1）同时选中 F 列和 G 列的单元格，按【Ctrl+H】组合键，在弹出的【替换】对话框的【查找内容】文本框中输入【0】，选中【单元格匹配】复选框，如图 1-42 所示。

（2）单击【全部替换】按钮，系统将弹出提示对话框，提示被替换的内容的数量，如图 1-43 所示。

（3）单击【确定】按钮，返回【查找和替换】对话框，单击【关闭】按钮。

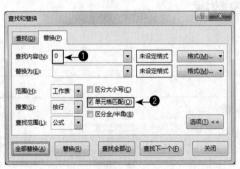

图 1-42

图 1-43

> **注意**
>
> 【替换】选项卡中的【单元格匹配】复选框用于匹配单纯出现的查找值。例如，查找 0 值时，如果不选中该复选框，诸如 200、209、1001 的数值也将被列为要替换的数据，因此，想把单纯的 0 值清除，务必需要勾选此复选框。

技巧 005
剔除重复记录

应用场景

在图 1-44 所示的数据源中有许多重复记录，利用 Excel 中的删除重复项功能，可快速剔除重复记录。

图 1-44

解决方案

（1）选中数据区域 A1:A10，如图 1-45 所示。

（2）切换到【数据】选项卡，在【数据工具】组中单击【删除重复项】按钮，如图1-46所示。

图1-45

图1-46

（3）在弹出的【删除重复值】对话框中查看【数据包含标题】复选框是否被勾选，如果没有，需要勾选此复选框，然后单击右下方的【确定】按钮，如图1-47所示。

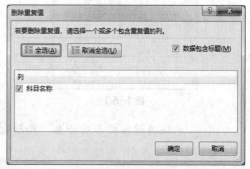
图1-47

技术看板　如果数据表中有标题行，且需要删除标题行中的重复值，则需要勾选【数据包含标题】复选框，反之则不需要勾选。

（4）弹出提示对话框，显示删除的结果，如图1-48所示。单击【确定】按钮，完成操作，效果如图1-49所示。

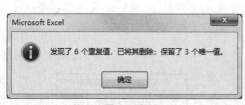
图1-48

图1-49

技巧006 批量处理不规范的日期数据

应用场景

很多来自下级或同级传递的表格中，如果日期数据的录入方式不规范，将为后续的计算操作带来障碍。采用查找、替换的方式可以快速规范日期数据。

解决方案

（1）选中不规范的日期数据区域，如图1-50所示。

（2）按【Ctrl+H】组合键，弹出【查找和替换】对话框，在【替换】选项卡的【查找内容】文本框中输入【.】，在【替换为】文本框中输入【-】，然后单击【全部替换】按钮，如图1-51所示。

A	B
使用日期	服务费到期
2010.12.25	2013.12
2010.12.25	2013.12
2009.8.5	2014.07
2009.7.29	2014.07
2009.7.31	2014.07
2013.3.12	2014.03
2012.11.1	2013.11
2012.11.1	2013.11
2013.3.7	2013.03

图1-50

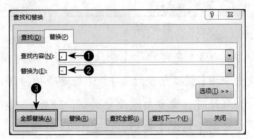

图1-51

（3）系统将弹出提示对话框，提示被替换的内容的数量。单击【确定】按钮关闭该对话框。

（4）单击【关闭】按钮，退出【查找和替换】对话框。选中数据区域，单击鼠标右键，在弹出的快捷菜单中选择【设置单元格格式】命令，在弹出的【设置单元格格式】对话框中选择自己喜欢的日期类型，如图1-52所示。

（5）单击【确定】按钮关闭对话框，完成操作后的效果如图1-53所示。

图1-52

使用日期	服务费到期
2010年12月25日	2013年12月1日
2010年12月25日	2013年12月1日
2009年8月5日	2014年7月1日
2009年7月29日	2014年7月1日
2009年7月31日	2014年7月1日
2013年3月12日	2014年3月1日
2012年11月1日	2013年11月1日
2012年11月1日	2013年11月1日
2013年3月7日	2013年3月1日

图1-53

 注意

在【查找和替换】对话框的【替换】选项卡中勾选【单元格匹配】复选框的查找替换后，再执行其他查找替换操作时，务必先恢复【单元格匹配】复选框的非勾选状态,否则本环节操作会报错。

技巧 007
行数据和列数据的转换

应用场景

在工作中经常遇到把一列数据转换成一行数据，或者把一行数据转换成一列数据的情况，抑或需要将一个横向的表格转换成纵向的表格，采用转置粘贴的方法可以快速实现行数据和列数据的转换。

解决方案

（1）选中需要行列转换的数据区域，如图 1-54 所示，单击鼠标右键，在弹出的快捷菜单中选择【复制】命令，如图 1-55 所示。

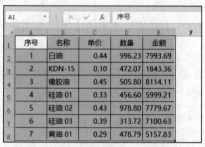

图 1-54

图 1-55

（2）选中数据区域外的一个空白单元格，如 G1 单元格，单击鼠标右键，在弹出的快捷菜单中选择【选择性粘贴】命令。

（3）在弹出的【选择性粘贴】对话框中选择【转置】复选框，单击【确定】按钮，如图 1-56 所示。

数据行和数据列转换后的效果如图 1-57 所示。

图 1-56

G	H	I	J	K	L	M	N
序号	1	2	3	4	5	6	7
名称	白油	KDN-15	橡胶油	硅油 01	硅油 02	硅油 03	黄油 01
单价	0.44	0.10	0.45	0.33	0.43	0.39	0.29
数量	996.23	472.07	505.80	456.60	978.80	313.72	478.79
金额	7993.69	1843.36	8114.11	5999.21	7779.67	7100.63	5157.83

图 1-57

技巧008
快速拆分英文代码和汉字名称的混合数据

扫码看视频

应用场景

　　一些从网页中导出的数据或者从 Word 文档中复制的数据，当粘贴到 Excel 表格中时，所有数据将被粘贴到一个单元格里，这会造成计算、筛选等操作无法正常进行。采用分列的方法可以实现数据分列，将不同类别的内容分别存放到不同的列中。下面以拆分产品的型号和名称为例，讲解快速拆分此类数据的方法。

解决方案

　　（1）选中要拆分的数据区域，如 A 列单元格，在【数据】选项卡的【数据工具】组中单击【分列】按钮，如图 1-58 所示。

　　（2）在弹出的【文本分列向导 – 第 1 步，共 3 步】对话框中单击【下一步】按钮，如图 1-59 所示。

图 1-58

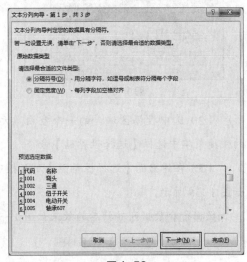
图 1-59

　　（3）在弹出的【文本分列向导 – 第 2 步，共 3 步】对话框中选择【空格】复选框，再次单击【下一步】按钮，如图 1-60 所示。

　　（4）在弹出的【文本分列向导 – 第 3 步，共 3 步】对话框中单击【目标区域】折叠按钮，选择放置拆分内容的目标列，如 C1 单元格，再次单击折叠按钮，返回【文本分列向导 – 第 3 步，共 3 步】对话框，如图 1-61 所示。

图 1-60

图 1-61

（5）单击【完成】按钮，完成拆分操作后的效果如图 1-62 所示。

 技术看板　在第 4 步的操作中，如果在【文本分列向导－第 3 步，共 3 步】对话框的【数据预览】区域中有不需要导入的列，可以选中该列，然后选择【不导入此列（跳过）】单选按钮，如图 1-63 所示。

图 1-62

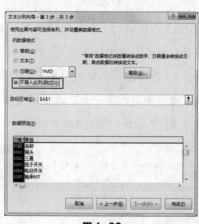
图 1-63

技巧 009
快速拆分日期

扫码看视频

应用场景

很多人在录入日期型数据时，习惯把起止日期放在同一个单元格中，中间用

"-"或"--"隔开，但当需要用日期数据进行计算或筛选操作时，会发现这样的数据根本无法直接使用，需要先将其拆分处理。

> 解决方案

（1）选中要拆分的日期数据区域，如 A 列单元格，如图 1-64 所示。

（2）在【数据】选项卡的【数据工具】组中单击【分列】按钮，在弹出的【文本分列向导 – 第1步，共3步】对话框中单击【下一步】按钮，如图 1-65 所示。

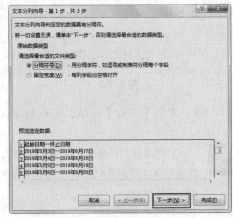

图 1-64　　　　　　　　　　　　　　图 1-65

（3）在弹出的【文本分列向导 – 第2步，共3步】对话框中选择【其他】复选框，在其后面的文本框中输入"–"，单击【下一步】按钮，如图 1-66 所示。

（4）弹出【文本分列向导 – 第3步，共3步】对话框，在该对话框的【数据预览】区域中选择中间的那一列，再选择【不导入此列（跳过）】单选按钮，将【目标区域】设置为 A1 单元格，如图 1-67 所示。

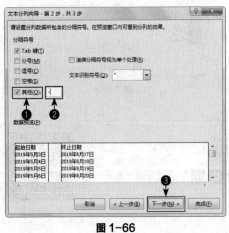 

图 1-66　　　　　　　　　　　　　　图 1-67

（5）单击【完成】按钮完成操作，拆分效果如图 1-68 所示。

起始日期--终止日期
2019年5月3日--2019年6月17日
2019年5月4日--2019年6月18日
2019年5月5日--2019年6月19日
2019年5月6日--2019年6月20日
2019年5月7日--2019年6月21日
2019年5月8日--2019年6月22日
2019年5月9日--2019年6月23日
2019年5月10日--2019年6月24日
2019年5月11日--2019年6月25日
2019年5月12日--2019年6月26日
2019年5月13日--2019年6月27日
2019年5月14日--2019年6月28日
2019年5月15日--2019年6月29日
2019年5月16日--2019年6月30日

起始日期	终止日期
2019年5月3日	2019年6月17日
2019年5月4日	2019年6月18日
2019年5月5日	2019年6月19日
2019年5月6日	2019年6月20日
2019年5月7日	2019年6月21日
2019年5月8日	2019年6月22日
2019年5月9日	2019年6月23日
2019年5月10日	2019年6月24日
2019年5月11日	2019年6月25日
2019年5月12日	2019年6月26日
2019年5月13日	2019年6月27日
2019年5月14日	2019年6月28日
2019年5月15日	2019年6月29日
2019年5月16日	2019年6月30日

图 1-68

拓展应用 | 快速拆分日期和时间

往往从应用软件中导出的日期数据中包含时间数据,其格式为文本格式,如图 1-69 所示。采用分列方法同样可以将日期和时间数据拆分到两列单元格中。

图 1-69

按照技巧 009 中的方法进行分列拆分操作,不同之处为在【文本分列向导 – 第 2 步,共 3 步】对话框中选择的分隔符号为空格,如图 1-70 所示。分列后的效果如图 1-71 所示。

图 1-70

	A	B
1	日期	
2	2019/8/16	12:33:48
3	2019/6/12	10:21:13
4	2019/11/12	6:11:46
5	2019/3/2	17:28:34
6	2019/7/12	13:33:41
7	2019/12/2	9:27:46
8	2019/5/26	15:36:27
9	2019/11/8	11:21:32
10	2019/12/14	16:42:55

图 1-71

技巧 010

两种方法解决导出的数据不能求和的问题

应用场景

图 1-72 是某公司从其销售系统中导出的旗下各门店的交易数据。从该图的编辑栏中可以看到数据 356.82 前有个单引号。在 Excel 中，凡是带有单引号的数据都被视为文本型数据，而文本型数据是不能进行求和运算的。本例中，若要对 D 列的交易金额正确求和，就需要将文本格式的交易金额转换为数字格式。这里，我们通过分列处理法和运算处理法来实现数据格式的转换。

D2 fx '356.82

	A	B	C	D
1	终端号	门店名称	创建时间	交易金额
2	42001047	金华店	2018/9/20	356.82
3	42001043	宁波店	2018/9/20	870.02
4	42001240	丽水店	2018/9/20	778.82
5	42001263	南坪店	2018/9/20	567.02
6	42001245	北城5店	2018/9/20	685.68
7	42001230	北城2店	2018/9/20	724.33
8	42001171	介休店	2018/9/20	835.85
9	42001214	西四环店	2018/9/20	662.38
10	42005716	丹江口2店	2018/9/20	793.95
11	42005723	洛水路店	2018/9/20	380.08

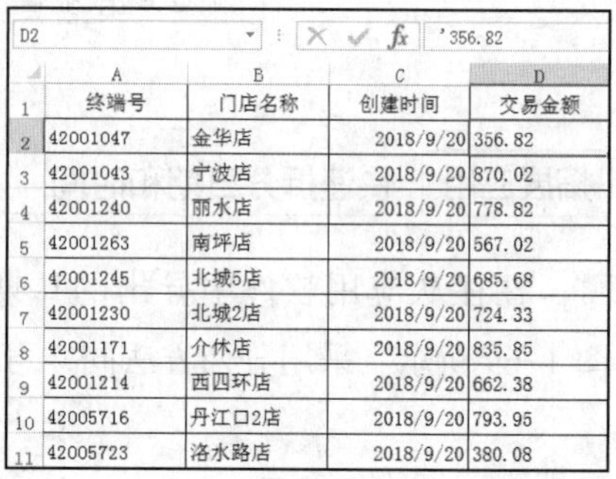

图 1-72

解决方案

方案 1 用分列处理法处理包含单引号的数据

分列处理法是基于 Excel 自带的分列功能，把一列数据中有相同分隔符号的内容拆分成多列，或者把固定位置的内容拆分成多列。例如，在整理员工资料档案时，将员工的 18 位身份证号码中的第 7~12 位、第 11~14 位和第 17 位分别拆分出来，即可获取该员工的出生年月、生日日期和性别等信息。

1．处理包含单引号的普通数据

（1）选中 D2:D11 单元格区域，切换到【数据】选项卡，单击【数据工具】组中的【分列】按钮，如图 1-73 所示。

（2）弹出【文本分列向导 - 第 1 步，共 3 步】对话框，单击【下一步】按钮，如图 1-74 所示。

（3）弹出【文本分列向导 - 第 2 步，共 3 步】对话框，保持默认设置，单击【下一步】按钮，如图 1-75 所示。

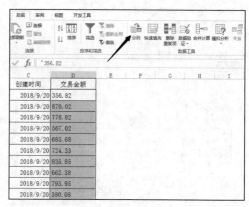

图 1-73

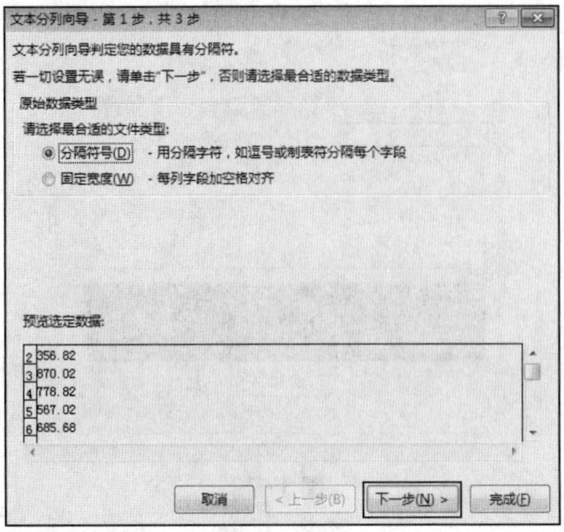

图 1-74

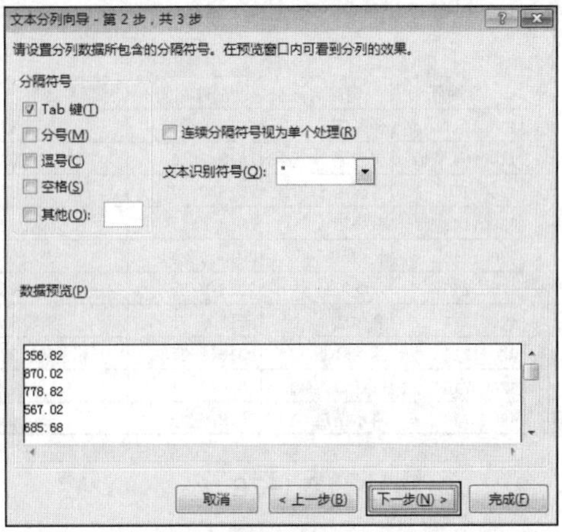

图 1-75

（4）弹出【文本分列向导 - 第 3 步，共 3 步】对话框，单击【完成】按钮，如图 1-76 所示。分列后的数据效果如图 1-77 所示，可以看到编辑栏内的 356.82 前面的单引号没有了，D2:D11 单元格左上角的绿色三角符号也消失了，说明该列的数据格式已由文本型转换为常规型，可以正常进行求和计算了。

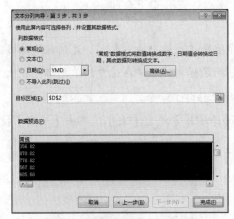

图 1-76

	A	B	C	D
1	终端号	门店名称	创建时间	交易金额
2	42001047	金华店	2018/9/20	356.82
3	42001043	宁波店	2018/9/20	870.02
4	42001240	丽水店	2018/9/20	778.82
5	42001263	南坪店	2018/9/20	567.02
6	42001245	北城5店	2018/9/20	685.68
7	42001230	北城2店	2018/9/20	724.33
8	42001171	介休店	2018/9/20	835.85
9	42001214	西四环店	2018/9/20	662.38
10	42005716	丹江口2店	2018/9/20	793.95
11	42005723	洛水路店	2018/9/20	380.08

图 1-77

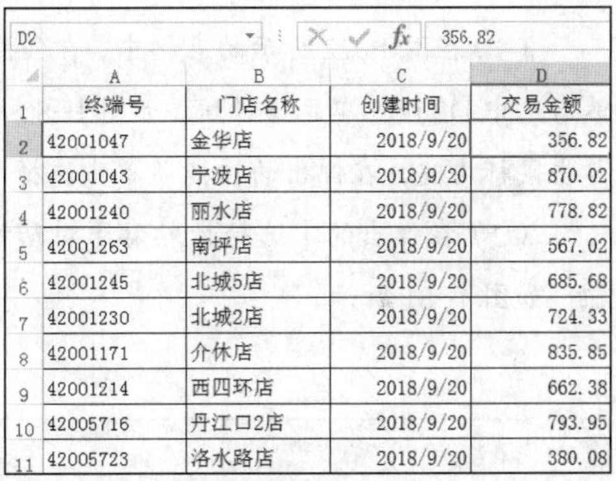

2. 处理包含单引号的日期数据

图 1-78 中的 C 列是一组日期数据，从图中左上角的编辑栏中可以看到数据“2018/9/20”前面有个单引号。由于单引号的存在会影响后续的计算操作。例如，如果需要判断 C2 单元格中的“2018/9/20”是否大于 DATE(2018,7,28)，结果显示“TRUE”表示大于。而实际上，由于 DATE（2018,7,28）的结果是 2018/7/28，应小于 2018/9/20。因此，需要将“创建时间”数据由文本型转换为日期型。转换方法参照上面“处理包含单引号的普通数据”部分的介绍。注意：对于本例，在第 4 步进行【文本分列向导 - 第 3 步，共 3 步】对话框的设置时，需要将【列数据格式】设置为【日期】，如图 1-79 所示。

图 1-78　　　　　　　　　　　　　图 1-79

方案2　用运算处理法处理包含单引号的数据（伪数据）

运算处理法是指当一个单元格区域中的文本型数据需要转换成数值型数据时，通过一次不影响数据大小的数学运算实现格式的转换的方法。一般常用的数学运算是加0或乘以1，加0和乘以1的运算都不影响数据本身的大小。

1．处理包含单引号的数据

（1）在图1-72所示的表格中，在任意一个空白单元格中输入【1】，复制该单元格，然后选中D2:D11单元格区域，如图1-80所示。把鼠标指针悬停在选中的单元格区域上，单击鼠标右键，在弹出的快捷菜单中选择【选择性粘贴】命令。

（2）在弹出的【选择性粘贴】对话框中选择运算方式为【乘】，单击【确定】按钮，如图1-81所示。

图 1-80　　　　　　　　　　　　　图 1-81

执行完选择性粘贴后，D2:D11单元格区域中显示的是一组数据，如图1-82所示。

2．处理包含单引号的日期数据

（1）在图1-72所示的表格中，在任意一个空白单元格中输入【0】，然后复制该单元格。选中 C2:C11 单元格区域，如图 1-83 所示。把鼠标指针悬停在选中的单元格区域上，单击鼠标右键，在弹出的快捷菜单中选择【选择性粘贴】命令。

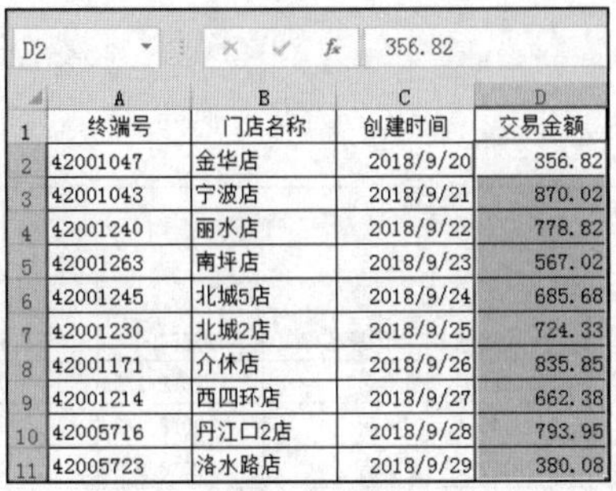

终端号	门店名称	创建时间	交易金额
42001047	金华店	2018/9/20	356.82
42001043	宁波店	2018/9/21	870.02
42001240	丽水店	2018/9/22	778.82
42001263	南坪店	2018/9/23	567.02
42001245	北城5店	2018/9/24	685.68
42001230	北城2店	2018/9/25	724.33
42001171	介休店	2018/9/26	835.85
42001214	西四环店	2018/9/27	662.38
42005716	丹江口2店	2018/9/28	793.95
42005723	洛水路店	2018/9/29	380.08

图 1-82

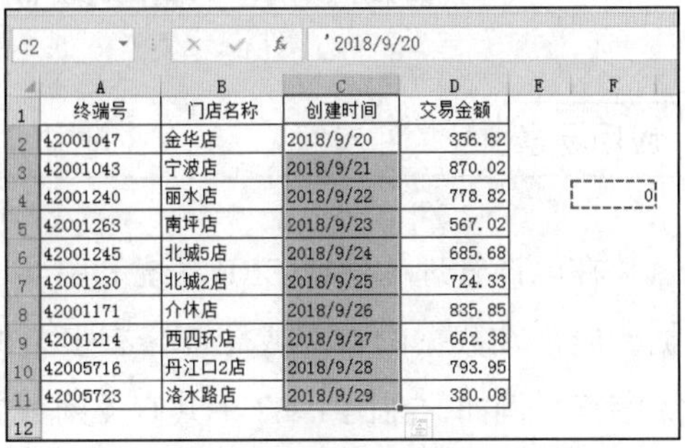

终端号	门店名称	创建时间	交易金额
42001047	金华店	2018/9/20	356.82
42001043	宁波店	2018/9/21	870.02
42001240	丽水店	2018/9/22	778.82
42001263	南坪店	2018/9/23	567.02
42001245	北城5店	2018/9/24	685.68
42001230	北城2店	2018/9/25	724.33
42001171	介休店	2018/9/26	835.85
42001214	西四环店	2018/9/27	662.38
42005716	丹江口2店	2018/9/28	793.95
42005723	洛水路店	2018/9/29	380.08

图 1-83

（2）在弹出的【选择性粘贴】对话框中选择运算方式为【加】，单击【确定】按钮完成操作，如图 1-84 所示。

执行完选择性粘贴后，C2:C11 单元格区域显示的是一组数据，如图 1-85 所示，这是一种正常现象，看到此处时也不必担心原有的日期数据会丢失。

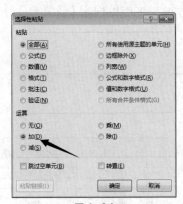

图 1-84

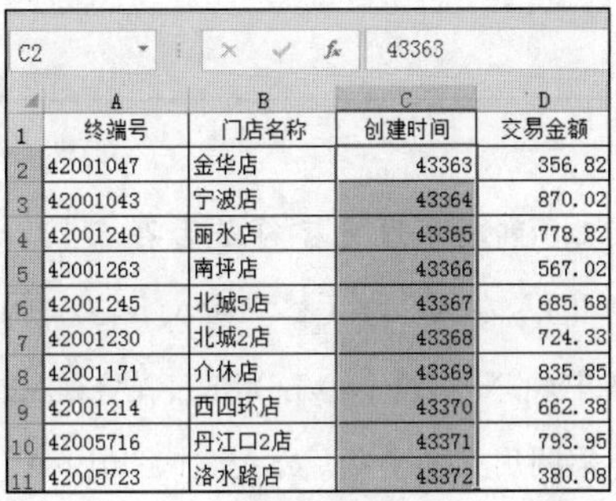

终端号	门店名称	创建时间	交易金额
42001047	金华店	43363	356.82
42001043	宁波店	43364	870.02
42001240	丽水店	43365	778.82
42001263	南坪店	43366	567.02
42001245	北城5店	43367	685.68
42001230	北城2店	43368	724.33
42001171	介休店	43369	835.85
42001214	西四环店	43370	662.38
42005716	丹江口2店	43371	793.95
42005723	洛水路店	43372	380.08

图 1-85

（3）再次选中 C2:C11 单元格区域，设置单元格格式为日期格式，显示结果立即恢复正常，如图 1-86 所示。

终端号	门店名称	创建时间	交易金额
42001047	金华店	2018/9/20	356.82
42001043	宁波店	2018/9/21	870.02
42001240	丽水店	2018/9/22	778.82
42001263	南坪店	2018/9/23	567.02
42001245	北城5店	2018/9/24	685.68
42001230	北城2店	2018/9/25	724.33
42001171	介休店	2018/9/26	835.85
42001214	西四环店	2018/9/27	662.38
42005716	丹江口2店	2018/9/28	793.95
42005723	洛水路店	2018/9/29	380.08

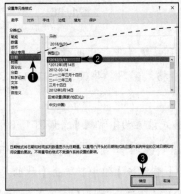

图 1-86

技巧 011
批量剔除导出数据首部或尾部的不可见字符

> 应用场景

在电商管理软件或 ERP 系统等中导出的数据，通常在数据的首部或尾部会有多余的不可见字符。例如，在图 1-87 中共有 4 列数据，分别是终端号、门店名称、创建时间、交易金额。当使用函数汇总不同店铺的交易金额，或者使用终端号查询交易金额进行数据核对时，会出现汇总金额错误或查询失败的结果，这是由于数据中含有不可见的字符导致的。因此，若想正常使用这些数据，就得先把这些不可见的字符剔除。下面以剔除【终端号】字段中的不可见字符为例进行讲解。

图 1-87

> 解决方案

1. 判断不可见字符是否存在

（1）在 A13 单元格中输入【420047】，在 B13 单元格中输入公式【=VLOOKUP(A13, A2:D11,5,0)】，目的是调用交易金额。公式返回"#N/A"，如图 1-88 所示。

数据表的 A 列中明明有终端号"420047"，但是 VLOOKUP 函数为什么不能正常查找呢？

造成这种不能正常查找匹配的原因有多种，最常见的是以下几种。

图 1-88

① 单元格格式不匹配。从电商管理软件或 ERP 系统等中导出的数据往往是文本格式，而 Excel 默认手工录入的数据是数字格式，二者格式不同，导致 VLOOKUP 函数无法实现查找匹配。

解决方法：先把 A2:A11 单元格区域的单元格格式设置为【常规】，如图 1-89 所示。再选中数据表中的任意一个空白单元格，按【Ctrl】+【C】组合键复制该单元格格式，然后选中 A2:A11 单元格区域，在【开始】选项卡的【剪贴板】组中，单击【粘贴】按钮，选择【选择性粘贴】命令，在弹出的【选择性粘贴】对话框中选择【运算】组中【加】

单选按钮，单击【确定】按钮，如图1-90所示。操作原理是把文本格式的数据进行一次"加0"的数学运算，将其转变成数值格式。

图1-89

图1-90

② 如果数据表中的"终端号"数据是数值格式，而用于查询的"终端号"是常规格式，同样会发生不匹配问题。解决此类问题的错误操作是在录入前将单元格的格式设置成文本格式，但在录入数据时，系统默认是文本格式的数据，仍会造成不匹配问题。

解决方法：先设置查询的数据项所在的单元格格式为【常规】，然后再录入一遍数据，或者设置单元格格式后，双击数据项所在的单元格也能实现格式转换。还可以考虑用公式解决。例如，本案例中把原来的查询公式【=VLOOKUP(A13,A2:D11,5,0)】修改为【=VLOOKUP(A13+0,A2:D11,5,0)】，可以得到同样的效果。

③ 数据表中包含不可见的字符，如本案例中的终端号数据中包含多余的空白字符。此时可以使用 LEN 函数鉴别数据表中是否包含不可见字符。

函数解析：LEN 函数用于返回文本字符串中的字符个数。例如，在 A1 单元格中输入【淘宝店铺】，在 B1 单元格中输入公式【=LEN(A1)】，其结果为 4。

（2）在 E2 单元格中输入公式【=LEN(A2)】，作用是获取 A2 单元格中字符串"终端号"的字符个数，如图 1-91 所示。

（3）拖曳 E2 单元格的填充柄，向下复制公式至 E11 单元格，结果如图 1-92 所示。

	A	B	C	D	E
1	终端号	门店名称	创建时间	交易金额	
2	420047	金华店	2018/9/20	356.82	=LEN(A2)
3	420043	宁波店	2018/9/20	870.02	
4	420240	丽水店	2018/9/20	778.82	
5	420263	南坪店	2018/9/20	567.02	
6	420245	北城5店	2018/9/20	685.68	
7	420230	北城2店	2018/9/20	724.33	
8	420171	介休店	2018/9/20	835.85	
9	420214	西四环店	2018/9/20	662.38	
10	420716	丹江口2店	2018/9/20	793.95	
11	420723	洛水路店	2018/9/20	380.08	

图1-91

	A	B	C	D	E
1	终端号	门店名称	创建时间	交易金额	
2	420047	金华店	2018/9/20	356.82	7
3	420043	宁波店	2018/9/20	870.02	7
4	420240	丽水店	2018/9/20	778.82	7
5	420263	南坪店	2018/9/20	567.02	7
6	420245	北城5店	2018/9/20	685.68	7
7	420230	北城2店	2018/9/20	724.33	7
8	420171	介休店	2018/9/20	835.85	7
9	420214	西四环店	2018/9/20	662.38	7
10	420716	丹江口2店	2018/9/20	793.95	7
11	420723	洛水路店	2018/9/20	380.08	7

图1-92

E列中的公式结果都为7,而实际终端号的位数只有6位数,说明终端号数据中包含不可见的字符。此时需要使用LEFT函数和RIGHT函数鉴别不可见字符的位置。

函数解析：LEFT函数用于从一个文本字符串的左侧第一个字符开始返回指定个数的字符。RIGHT函数用于从一个文本字符串的右侧第一个字符开始返回指定个数的字符。

（4）在F2单元格中输入公式【=LEFT(A2,6)】,在G2单元格中输入公式【=RIGHT(A2,6)】,如图1-93所示。这里LEFT函数的作用是从左侧第一个字符开始返回终端号文本字符串中的6个字符,RIGHT函数的作用是从右侧第一个字符开始返回终端号文本字符串中的6个字符。

（5）分别拖曳F2和G2单元格的填充柄,向下复制公式至F11和G11单元格,复制公式后的效果如图1-94所示。

	A	B	C	D	E	F	G
1	终端号	门店名称	创建时间	交易金额		LEFT	RIGHT
2	420047	金华店	2018/9/20	356.82	7	=LEFT(A2,6)	=RIGHT(A2,6)
3	420043	宁波店	2018/9/20	870.02	7		
4	420040	丽水店	2018/9/20	778.82	7		
5	420063	南坪店	2018/9/20	567.02	7		
6	420045	北城5店	2018/9/20	685.68	7		
7	420030	北城2店	2018/9/20	724.33	7		
8	420071	介休店	2018/9/20	835.85	7		
9	420014	西四环店	2018/9/20	662.38	7		
10	420016	丹江口2店	2018/9/20	793.95	7		
11	420023	洛水路店	2018/9/20	380.08	7		

图1-93

	A	B	C	D	E	F	G
1	终端号	门店名称	创建时间	交易金额		LEFT	RIGHT
2	420047	金华店	2018/9/20	356.82	7	420047	20047
3	420043	宁波店	2018/9/20	870.02	7	420043	20043
4	420040	丽水店	2018/9/20	778.82	7	420040	20040
5	420063	南坪店	2018/9/20	567.02	7	420063	20063
6	420045	北城5店	2018/9/20	685.68	7	420045	20045
7	420030	北城2店	2018/9/20	724.33	7	420030	20030
8	420071	介休店	2018/9/20	835.85	7	420071	20071
9	420014	西四环店	2018/9/20	662.38	7	420014	20014
10	420016	丹江口2店	2018/9/20	793.95	7	420016	20016
11	420023	洛水路店	2018/9/20	380.08	7	420023	20023

图1-94

从公式的结果中可以看出,LEFT函数返回的结果是6位数,而RIGHT函数返回的结果是5位数。为了增加不可见字符的演示效果,这里将公式【=RIGHT(A2,6)】中的返回个数"6"分别修改为"1"和"2"后再观察返回结果。当返回个数为1时,F列单元格中不显示任何内容;当返回个数为2时,G列单元格中只显示终端号的最后一位,如图1-95所示。

	A	B	C	D	E	F	G
1	终端号	门店名称	创建时间	交易金额		RIGHT(A2,1)	RIGHT(A2,2)
2	420047	金华店	2018/9/20	356.82	7		7
3	420043	宁波店	2018/9/20	870.02	7		3
4	420040	丽水店	2018/9/20	778.82	7		0
5	420063	南坪店	2018/9/20	567.02	7		3
6	420045	北城5店	2018/9/20	685.68	7		5
7	420030	北城2店	2018/9/20	724.33	7		0
8	420071	介休店	2018/9/20	835.85	7		1
9	420014	西四环店	2018/9/20	662.38	7		4
10	420016	丹江口2店	2018/9/20	793.95	7		6
11	420023	洛水路店	2018/9/20	380.08	7		3

图1-95

由此可断定不可见字符的确存在,而且就在终端号字符串的右侧。

2. 剔除不可见字符

剔除不可见字符有两种方法，一种是使用函数，另一种是使用文本分列向导。

方法1：使用函数剔除不可见字符。

使用函数剔除不可见字符的原理：不可见字符在字符串的两端，虽然不可见，但是可以使用LFET或RIGHT函数把可见的字符从整串字符串中截取出来，从而达到把不可见字符剔除的目的。

经过前面的一系列操作，我们已经判断出不可见字符在终端号数据的右侧，因此，采取从左侧截取6位字符的方法最适合。在数据区域右侧的任意空白单元格中输入公式，如在H2单元格中输入【=LEFT(A2,6)+0】或【=--LEFT(A2,6)】，都可以获得正确的结果。公式【=LEFT(A2,6)+0】中有个"加0"的设计，其作用是把截取后的数字做一次不影响数据大小的数学运算。也可以采用"乘1"的方法，两种方法都能获得正确的结果。公式【=--LEFT(A2,6)】中"--"符号的作用可以理解成负负为正，同样可以视同为一次不影响数据大小的数学运算。之所以设计这个运算环节，是为了解决LFET函数截取出的数据是文本型的问题，通过一次运算将文本型数据转换成数值型数据。然后将该公式向下复制至H11单元格。此时，A列中的数据仍然包含不可见字符，而H列中的数据是进行过处理的、没有不可见字符的数据。H列仅仅是个数据处理的过渡列，接下来需要把H列的数据置换到A列。操作方法：复制H列的数据，以选择性粘贴的方式（选【数值】单选按钮）粘贴到A列中，最后删除H列数据。

方法2：使用文本分列向导剔除不可见字符。

① 选中A2:A11单元格区域，切换到【数据】选项卡，单击【数据工具】组中的【分列】按钮，在弹出的【文本分列向导-第1步，共3步】对话框中选择【固定宽度】单选按钮，单击【下一步】按钮，如图1-96所示。

② 弹出【文本分列向导-第2步，共3步】对话框，在【数据预览】区域中紧贴终端号数据的右侧单击鼠标左键，系统会自动添加一条竖线，如图1-97所示。

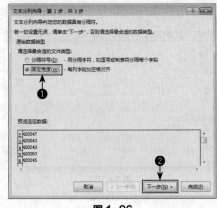

图1-96

图1-97

③ 单击【下一步】按钮，弹出【文本分列向导 - 第 3 步，共 3 步】对话框，在【数据预览】区域中有两列数据，左列是终端号数据，右列为空白列，其中空白列中有不可见的字符，需通过分列将其清除。用鼠标单击右侧空白列的顶部，将其选中，然后选择【列数据格式】组中的【不导入此列（跳过）】单选按钮，再单击【目标区域】文本框右侧的折叠按钮，在数据表中选择 H2 单元格（任意一个空白列的第二行都可以），返回对话框，单击【完成】按钮，如图 1-98 所示。

④ 分列操作后的结果如图 1-99 所示，在 H2:H11 单元格区域中出现了一组新填充的终端号，而且数据处于右对齐状态，说明该列数据已经被转换成数值型数据。

⑤ 把 H2:H11 单元格中的数据复制、粘贴到 A 列中，清空 H 列的数据即可完成全部操作。此时，我们会发现，复制、粘贴操作后，A 列中的终端号由原来的左对齐变成了右对齐，如图 1-100 所示。

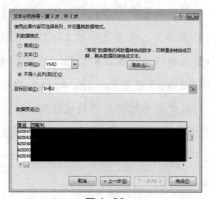

图 1-98

	A	B	C	D	E	F	G	H
1	终端号	门店名称	创建时间	交易金额				
2	420047	金华店	2018/9/20	356.82	7	420047	20047	420047
3	420043	宁波店	2018/9/20	870.02	7	420043	20043	420043
4	420240	丽水店	2018/9/20	778.82	7	420240	20240	420240
5	420263	南坪店	2018/9/20	567.02	7	420263	20263	420263
6	420245	北城5店	2018/9/20	685.68	7	420245	20245	420245
7	420230	北城2店	2018/9/20	724.33	7	420230	20230	420230
8	420171	介休店	2018/9/20	835.85	7	420171	20171	420171
9	420214	西四环店	2018/9/20	662.38	7	420214	20214	420214
10	420716	丹江口2店	2018/9/20	793.95	7	420716	20716	420716
11	420723	洛水路店	2018/9/20	380.08	7	420723	20723	420723

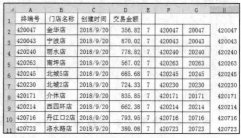

图 1-99

⑥ 在 Excel 中，单元格中的数字和文本都有默认的对齐格式。如果在任意一个没有经过设置格式的单元格中输入一个数字并按【Enter】键后，该数字会默认以右对齐的方式显示；如果输入的是一个汉字或字母等文本，按【Enter】键后，该文本会默认以左对齐的方式显示。由此我们可以轻松识别数字单元格的格式。就本案例来说，A 列中的终端号居右对齐，并且也没有设置横向位置，说明是数字格式，如图 1-101 所示。

	A	B	C	D
1	终端号	门店名称	创建时间	交易金额
2	420047	金华店	2018/9/20	356.82
3	420043	宁波店	2018/9/20	870.02
4	420240	丽水店	2018/9/20	778.82
5	420263	南坪店	2018/9/20	567.02
6	420245	北城5店	2018/9/20	685.68
7	420230	北城2店	2018/9/20	724.33
8	420171	介休店	2018/9/20	835.85
9	420214	西四环店	2018/9/20	662.38
10	420716	丹江口2店	2018/9/20	793.95
11	420723	洛水路店	2018/9/20	380.08

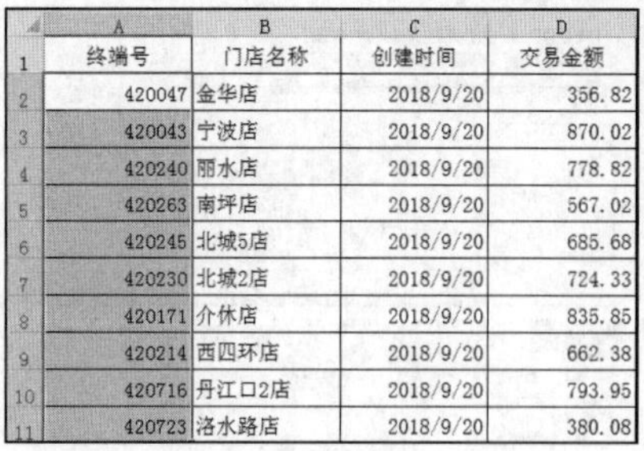

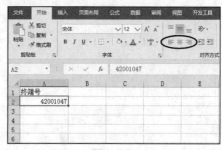

图 1-100

图 1-101

技巧 012
解决导出的文本内容不匹配问题

应用场景

在文本查询操作中，常遇到这种情况：数据源是从平台或系统导出的，而查询内容是手工输入的，由于数据项与查询内容格式不相同，数据项中含有不可见字符或空格时，导致查询失败。

例如，某淘宝店铺根据快递公司提供的报价数据自行计算快递费，在计算过程中需要根据目的地在报价表中查找对应的首重费用、续重单价等信息，可应用 VLOOKUP 函数进行相关信息的查询。如图 1-102 所示，A1:D12 单元格区域为数据源，在 F2 单元格中输入查询内容"内蒙古"，在 G2 单元格中输入公式【=VLOOKUP(F2,A2:D12,4,0)】，结果返回错误值"#N/A"。这说明在 A2:D12 单元格区域的第一列中没有找到 F2 单元格的内容"内蒙古"。

在图 1-102 中，从表面上看，F2 单元格的内容与 A2 单元格的内容完全一致，但在 G2 单元格中使用公式查找时却返回错误值。为了验证这两个单元格的内容是否相同，我们采取如下方法进行测试。

在任意一个空白单元格，如 F4 单元格中输入公式【=A2=F2】，公式结果为 FALSE，如图 1-103 所示。这说明虽然看上去两个单元格的内容相同，但实际上 A2 和 F2 单元格的内容是不同的，原因是 A2 单元格中含有不可见的字符。

图 1-102　　　　　　　　　图 1-103

解决方案

（1）利用 CLEAN 函数清除 A 列单元格中不可见的字符。在 E2 单元格中输入公式【=CLEAN(A2)】，如图 1-104 所示。

公式解析：CLEAN 函数用于删除文本中含有的当前操作系统无法打印的字符（不

可见字符）。其语法格式如下。

CLEAN（字符串或单元格地址）

（2）复制 E2 单元格的公式到数据源的最后一行，结果如图 1-105 所示。

	A	B	C	D	E
1	目的地	首重重量（千克）	首重费用（元）	续重单价（元/千克）	
2	内蒙古	1	8	1.5	=CLEAN(A2)
3	青海	1	8	1.6	
4	新疆	1	8	2	
5	山东	2	6	1.2	
6	山西	2	6	1.2	
7	湖南	2	6	1.1	
8	浙江	2	6	1.2	
9	广东	2	6	1.3	
10	安徽	2	6	1.2	
11	江苏	2	6	1.2	
12	江西	2	6	1.2	

图 1-104

	A	B	C	D	E
1	目的地	首重重量（千克）	首重费用（元）	续重单价（元/千克）	
2	内蒙古	1	8	1.5	内蒙古
3	青海	1	8	1.6	青海
4	新疆	1	8	2	新疆
5	山东	2	6	1.2	山东
6	山西	2	6	1.2	山西
7	湖南	2	6	1.1	湖南
8	浙江	2	6	1.2	浙江
9	广东	2	6	1.3	广东
10	安徽	2	6	1.2	安徽
11	江苏	2	6	1.2	江苏
12	江西	2	6	1.2	江西

图 1-105

（3）复制 E2:E12 单元格区域，在【开始】选项卡的【剪贴板】组中选择【粘贴】→【选择性粘贴】命令，在弹出的【选择性粘贴】对话框中选择【数值】单选按钮，单击【确定】按钮关闭对话框，然后将其粘贴到 A2:A12 单元格区域中，最后把 E 列的内容删除，至此完成清除不可见字符的操作。

（4）再次在 F2 单元格中输入查询内容【内蒙古】，在 G2 单元格中输入公式【=VLOOKUP(F2,A2:D12,4,0)】，结果返回 1.5，如图 1-106 所示。这说明文本内容不匹配问题已解决。

图 1-106

如果使用上述方法仍不能解决不匹配问题，可尝试下面的几种方法。

1. 用 TRIM 函数去除空格字符

函数解析：TRIM 函数用于除去字符串开头和末尾的空格或其他字符。其语法格式如下。

TRIM（字符串或单元格地址）

TRIM 函数主要用于把单元格内容前后的空格去掉，但并不去除字符之间的空格。

在实际应用中，如果有些字符串使用 CLEAN 函数无法完全清除，可以试试使用 TRIM 函数。如果你嫌用 CLEAN 和 TRIM 函数分别测试麻烦，也可以组合使用这两个函数一次完成测试。例如，假设待处理的字符串在 A2 单元格中，在空白单元格中输入公式【=TRIM(CLEAN(A2))】，可以把一些不明确的问题一并解决。

TRIM 函数去除空格的操作往往用在导出数据中，很多从电商软件导出的数据中都包含空格，而且这个空格与使用键盘操作录入的空格是不同的，用查找替换的方法无法完全清除，采用函数法清除反而比较有效。

2．用 N 函数和 NUMBERVALUE 函数转换数据格式

函数解析：N 函数的作用是将不是数值形式的值转换为数值形式。NUMBERVALUE 函数是 Excel 2013 版本之后才有的一个函数，主要功能是将与区域无关的文本转换为数字。两个函数的语法格式如下。

> N（要进行转换的值）
>
> NUMBERVALUE（要转换主数字的字符串）

这两个函数的使用方法与 CLEAN 函数和 TRIM 函数相同。例如，假设字符串在 A2 单元格中，清除公式为"=N(A2)"或"=NUMBERVALUE(A2)"。

> 在实际查询操作中，出现不能匹配的情况时，数字类的内容判断顺序如下。
> ① 格式是否匹配。
> ② 是否含有空格。
> ③ 是否含有不可见字符。
> 若含有，可用 CLEAN 函数清除。
> 文本类的内容判断顺序如下。
> ① 是否含有空格。
> ② 是否含有不可见字符。
> 若含有，可用 CLEAN 函数清除。

第 2 章
数据的自定义格式

数据的自定义格式指的是数据按照一定的样式显示的格式。通俗地说就是把不同类型的数据，诸如整数数据、带有小数的数据、带有计量单位的数据等，以形式各异的样式显示出来。显示样式有包含 1 位或 2 位小数的样式、带有千分位分隔符的样式、不影响计算的带有计量单位的样式、手机号码或银行账号分段显示的样式、百分数样式等。不同的数据需要不同的显示样式，这就是数据格式。然而格式就是格式，无论设置何种样式的格式，都不会改变数据本身的大小。数据自定义格式的样式更多，用户可以根据需要进行灵活设置。

技巧 013 分段显示长数据

扫码看视频

应用场景

手机号码、银行账号、身份证号码等数据，由于位数较长而不利于阅读。如果按照预先设定的间隔位数，用空格有规律地分段显示这些数据，那么读取操作就容易多了。

下面以分段显示手机号码为例，介绍利用 Excel 的单元格格式功能分段显示长数据的方法。原始数据如图 2-1 所示。

	A	B	C
1	格式一		格式二
2	13911112222		13911112222
3	13911112223		13911112223
4	13911112224		13911112224
5	13911112225		13911112225
6	13911112226		13911112226
7	13911112227		13911112227
8	13911112228		13911112228
9	13911112229		13911112229
10	13911112230		13911112230
11	13911112231		13911112231
12	13911112232		13911112232
13	13911112233		13911112233
14	13911112234		13911112234

图 2-1

解决方案

（1）选中要分段显示的数据区域，如 A2:A14 单元格区域，单击鼠标右键，在弹出的快捷菜单中选择【设置单元格格式】命令，弹出【设置单元格格式】对话框，在【数字】选项卡的【分类】列表框中选择【自定义】选项，在【类型】文本框中输入自定义分段显示的样式，如"000 0000 0000"（一个0相当于1个占位符），单击【确定】按钮，分段显示效果如图2-2所示。

（2）在【类型】文本框中输入不同的显示格式，可以获得不同的分段显示效果。例如，对于C2:C14单元格区域，若在【类型】文本框中输入"00 00 00 00 00 0"，那么电话号码的分段显示效果则如图2-3所示。

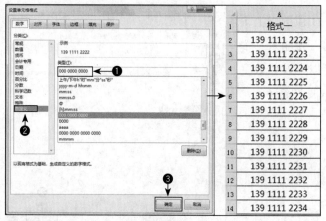

图2-2　　　　　　　　　　　　　　　　　图2-3

拓展应用　分段显示用户账号

若要将一组用户账号按照4位一组显示，假设每个用户账号均有16位，4位一组，则共计4组。在【设置单元格格式】对话框的【类型】文本框中输入"0000 0000 0000 0000"，单击【确定】按钮后的显示效果如图2-4所示。

除了利用单元格格式功能分段显示长数据外，还可以借助TEXT文本函数分段显示长数据。例如，基于图2-1中的数据源（A2:A14单元格区域），在B2单元格中输入公式【=TEXT(A2,"000 0000 0000")】，然后向下复制公式，效果如图2-5所示。

图2-4　　　　　　　　　　　　　　　　　图2-5

技术看板 默认情况下，Excel 中每个单元格所能显示的数字为 11 位。如果输入超过 11 位的数字，系统会自动将其转换为科学记数格式。例如，若输入"123456789012"，则会显示为"1.23457E+11"。虽然不能完整显示数据，但是录入的"123456789012"仍然完整地保存在单元格中。如果输入超过 15 位的数值，系统会自动将 15 位以后的数字自动置零。例如，若输入"1234567890123456"，则会显示为"1.23457E+15"，并且在单元格中保存下来的实际数据是"1234567890123450"，最后一位数字"6"被系统变更为"0"。

要保证输入的长数字（11 位数以上）不变，可以在录入数据之前，先输入一个英文状态下的单引号，也可以先设置数字格式为【文本】（设置方式见图 2-6），然后录入数据。

图 2-6

技巧 014
带有计量单位的数据求和

扫码看视频

应用场景

很多表格中的数据都需要提供计量单位，但如果把计量单位直接写在数字后面会造成数据无法正常运算。能否在不影响计算的情况下添加计量单位是很多财务人员梦寐以求的事，通过设置单元格格式可以让你美梦成真。

假设一张数据统计表中有数量、单价、金额等具体数据，如图 2-7 所示。现需要为数据添加计量单位的同时，还要保证能正常运算。

序号	品名	数量（千克）	单价（元/千克）	金额（元）
1	水蜜桃	22.5	2.2	49.5
2	香蕉	12.4	4.7	58.28
3	苹果	8.6	4.8	41.28
4	葡萄	13.9	3.6	50.04
5	脐橙	20.8	5.2	108.16
6	菠萝	6.4	2.9	18.56
	合计	84.6		325.82

图 2-7

> 解决方案

（1）选中 C2:C9 单元格区域，单击鼠标右键，在弹出的快捷菜单中选择【设置单元格格式】命令，弹出【设置单元格格式】对话框，在【数字】选项卡中选择【分类】列表框中的【自定义】选项，在【类型】文本框中输入【0千克】，然后单击【确定】按钮，如图 2-8 所示。

（2）再次打开【设置单元格格式】对话框，可以看到系统自动为"千"和"克"分别添加了双引号，如图 2-9 所示。

图 2-8

图 2-9

如果你觉得该内容显示凌乱，可以手工修改，如把"千克"两个字用一组双引号括起来。

（3）选中 D2:D9 单元格区域，单击鼠标右键，在弹出的快捷菜单中选择【设置单元格格式】命令，弹出【设置单元格格式】对话框，在【数字】选项卡的【分类】列表框中选择【自定义】选项，在【类型】文本框中输入【0.0"元/千克"】，单击【确定】按钮，如图 2-10 所示。

图 2-10

（4）【金额】列单位的添加方法请参看【数量】列单位的添加过程。

> **技术看板**
>
> 利用【设置单元格格式】命令添加数字后缀时应注意如下几点。
>
> （1）添加纯汉字后缀时，可以不用添加双引号，因为系统会帮你自动添加。例如，0 元会被系统自动修改为【0"元"】。
>
> 对于自定义格式，"0元"表示整数，"0.0元"表示显示一位小数。如果希望显示两位小数，则可在【类型】文本框中将其修改为【0.00元】。

（2）添加带有字母、横杆或斜杠的后缀时，务必添加双引号。例如，若要添加后缀"元/千克"，则需在【类型】文本框中输入【0.0"元/千克"】。

（3）如果希望在数字和计量单位间拉开一点距离，可以在计量单位前添加一个空格。例如，在【类型】文本框中输入【0.00" 元"】。

技巧 015
自动填写表头的 3 种方法

扫码看视频

应用场景

很多表格的表头中都带有月份、年份等数字。例如，11月销售统计表、3月生产记录表、2018年6月设备登记台账等。在进行月份转换时，需要在编辑栏中或单元格中修改月份，虽然这不是一个复杂的操作，但是一不小心就会把其他内容误删除了。通过设置自定义单元格格式，可以实现便捷的月份或年份转换，确保准确无误地修改月份或年份信息。

解决方案

1. 月份在前的表头填写方法

（1）选中表头单元格，单击鼠标右键，在弹出的快捷菜单中选择【设置单元格格式】命令，弹出【设置单元格格式】对话框，如图2-11所示。

（2）在【数字】选项卡的【分类】列表框中选择【自定义】选项，在【类型】文本框中输入【0"月工资计算表"】，单击【确定】按钮退出该对话框，如图2-12所示。

图2-11

图2-12

(3)在表头单元格中任意输入一个1~12的数字,如这里输入【3】,按【Enter】键后,表头内容便完整地呈现在该单元格中,如图 2-13 所示。

图 2-13

 如果希望用两位数显示月份,如"06月工资计算表",在【类型】文本框中将原来输入的【0"月工资计算表"】修改为【00"月工资计算表"】即可。

2. 月份在中间的表头填写方法

(1)选中表头单元格,单击鼠标右键,在弹出的快捷菜单中选择【设置单元格格式】命令,弹出【设置单元格格式】对话框,在【数字】选项卡的【分类】列表框中选择【自定义】选项,在【类型】文本框中输入【"人力资源"00"月工资计算表"】,单击【确定】按钮,如图 2-14 所示。

(2)在表头单元格中任意输入一个 1~12 的数字,如这里输入【06】,按【Enter】键后,表头内容便完整地呈现在该单元格中,如图 2-15 所示。

图 2-14　　　　　　　　　　图 2-15

3. 仅显示年月的自定义表头填写方法

(1)选中表头单元格,单击鼠标右键,在弹出的快捷菜单中选择【设置单元格格式】命令,弹出【设置单元格格式】对话框,在【数字】选项卡的【分类】列表框中选择【自定义】选项,在【类型】文本框中输入【yyyy"年"m"月工资计算表"】,单击【确定】按钮,如图 2-16 所示。

（2）在表头单元格中输入一个完整的日期，如这里输入【2018-2-1】，按【Enter】键后，表头内容便完整地呈现在该单元格中，如图2-17所示。虽然表头没有显示是2018年2月的几日，但必须输入一个完整的日期。

图 2-16　　　　　　　　　　　　　图 2-17

 若需要在年份的前面添加部门名称，如"财务部"，把【自定义】的【类型】设置由【yyyy"年"m"月工资计算表"】修改为【"财务部"yyyy"年"m"月工资计算表"】即可，如图2-18（a）所示。

注意：该技巧要求录入完整的日期数据，如"2018-5-10"，输入完成后按【Enter】键，系统便会自动添加自定义格式中的内容。如果录入的日期格式错误，系统会返回错误的年月值。例如，若输入【2018.5】后按【Enter】键确认，返回的错误结果如图2-18（b）所示。

（a）　　　　　　　　　　　　　　（b）

图 2-18

本技巧中的两个自定义表头在录入方法上有着本质的区别，第一、二个方案录入的是一个数字，数字前后的内容通过格式设置实现；第三个方案录入的是一个日期，系统通过"yyyy"和"m"把日期中的年份和月份分别提取出来，再和自定义格式设置中的文字内容共同组成显示内容。掌握了设置原理，就可以设计出更多形式的自定义格式。

技巧 016
批量编辑多个单元格区域

应用场景

当在一张表格的某个区域中需要录入一个相同的数据时，除了复制、粘贴外，还有没有其他批量录入的方法呢？答案是肯定的。下面介绍两个批量录入的方法，其中，方法1适用于在多个空白单元格区域中批量录入，方法2适用于在指定单元格区域的多个空白单元格中批量录入。

解决方案

1．在多个空白单元格区域中批量录入相同内容

（1）若要在图2-19所示的3个连续的空白单元格区域中批量录入文字【武汉加油】，则先选中A1:C7单元格区域，然后按住【Ctrl】键不放，再用鼠标分别选中B9:E15和G3:I9单元格区域，选中之后释放【Ctrl】键。

（2）在编辑栏中输入【武汉加油】，然后按【Ctrl+Enter】组合键，效果如图2-20所示。

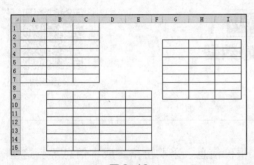

图 2-19

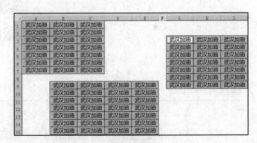

图 2-20

2．在指定的单元格区域的多个空白单元格中批量录入相同内容

（1）若要在图2-21所示的3个单元格区域的空白单元格中批量录入文字【武汉加油】，则先选中A1:C7单元格区域，然后按住【Ctrl】键不放，用鼠标分别选中B9:E15和G3:I9单元格区域，选中之后释放【Ctrl】键。

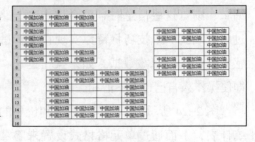

图 2-21

（2）按【Ctrl+G】组合键，在弹出的【定位】对话框中单击【定位条件】按钮，在弹出的【定位条件】对话框中选中【空值】单选按钮，单击【确定】按钮，如图2-22所示。

（3）在编辑栏中输入【武汉加油】，然后按【Ctrl+Enter】组合键，效果如图2-23所示。

图 2-22

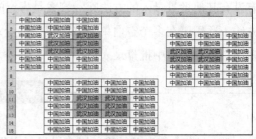

图 2-23

上述两个案例均为定位功能的应用。定位功能非常强大，可用于定位空值（空白单元格）、常量、公式数字、公式逻辑值、可见单元格、条件格式等。通过定位功能指定单元格后，可以实现批量填充内容、批量删除内容、批量设置单元格格式、批量删除批注等操作。

技巧 017 隐藏敏感数据

扫码看视频

应用场景

在工作中难免遇到一些敏感信息，诸如报价信息、采购价格、成本信息等。这些信息往往不希望被他人看到。若采用工作表加密的方式来保护这些信息，只能控制包含敏感信息的表格不被他人打开，但是在编辑、浏览这些信息时难免会被走过、路过的人瞄到。本技巧将帮你实现在编辑敏感数据的同时隐藏数据，如果操作迅速，即使操作人自己也看不清相关数据。

图 2-24 所示为一个产品数量和价格的统计表，下面通过单元格格式设置来隐藏单价信息。

序号	品名	数量	单价	金额
1	水蜜桃	22.5	2.2	49.5
2	香蕉	12.4	22	272.8
3	苹果	8.6	33	283.8
4	葡萄	13.9	66	917.4
5	脐橙	20.8	58.5	1216.8
6	菠萝	6.4	584.5	3740.8
合计		84.6		6481.1

图 2-24

> 解决方案

（1）选中 D2:D8 单元格区域，单击鼠标右键，在弹出的快捷菜单中选择【设置单元格格式】命令。

（2）弹出【设置单元格格式】对话框，在【数字】选项卡的【分类】列表框中选择【自定义】选项，在【类型】文本框中输入 3 个英文分号";;;"，如图 2-25 所示。

（3）单击【确定】按钮退出对话框后，发现单价信息全部被隐藏了，并且当再次录入或修改单价信息，按【Enter】键后，【单价】列单元格中仍然不显示任何内容，如图 2-26 所示。

图 2-25　　　　　　　　　　　图 2-26

本技巧设置的效果实质是把单元格中的信息隐藏起来，但该信息仍然存在于该单元格中。选中该单元格，可以在编辑栏内看到该单元格中的内容。同时，该单元格可以继续参与相关计算，并且不会影响计算结果。

技巧 018
根据日期自动获取对应的星期

扫码看视频

> 应用场景

在录入数据表时，有时需要在录入日期数据的同时再录入对应的星期。若人工进行查找、填写，不仅工作量大，而且效率低下。其实，通过设置单元格格式可以轻松实现日期数据对应的星期或月份的自动填写。

> 解决方案

（1）如果希望在【中文星期】列中填写【日期】列数据对应的星期，则先在 C2 单元格中输入公式【=B2】，即调取【日期】列中的日期数据。然后拖曳C2单元格的填充柄至C7单元格，复制该公式，效果如图2-27所示。

（2）选中C2:C7单元格区域，单击鼠标右键，在弹出的快捷菜单中选择【设置单元格格式】命令，弹出【设置单元格格式】对话框，在【数字】选项卡的【分类】列表框中选择【自定义】选项，在【类型】文本框中输入【aaaa】，如图2-28所示。

图2-27　　　　　　　　　　　　　图2-28

（3）单击【确定】按钮，设置后的效果如图2-29所示。此后，若修改B列的日期数据后，C列的星期数据也会随之改变。

（4）若需显示对应的英文月份，只需在步骤（2）的【设置单元格格式】对话框中，将【类型】文本框中的【aaaa】修改为【mmmm】。设置后的效果如图2-30所示。

图2-29　　　　　　　　　　　　　图2-30

（5）若需显示对应的英文星期，也只需在步骤（2）的【设置单元格格式】对话框中，将【类型】文本框中的【aaaa】修改为【dddd】。设置后的效果如图2-31所示。

本技巧应用的关键是3个字母序列：aaaa、mmmm、dddd。其中，aaaa表示中文的星期（星期一到星期日），mmmm表示英文的月份（January到December），dddd表示英文的星期（Sunday到Saturday）。把字母的重叠数量分别调整为1个、2个、3个，可获得更多的设置效果，如aaa代表简写的星期日到星期六，m代表不带前导零的中文月份，mm代表带前导零的中文月份（01～12），mmm代表英文的月份简写（Jan到Dec），d代表不带前导零的日（1～31），dd代表带前导零的日（01～31），

ddd 代表简写的英文星期（Sun 到 Sat）。具体显示效果如图 2-32 所示。

序号	日期	英文星期	摘要	借方金额	贷方金额
1	2017-2-19	Sunday	收到货款	35210	
2	2017-2-20	Monday	收到借款	23000	
3	2017-5-21	Sunday	收到货款	10000	
4	2017-12-22	Friday	支付差旅费		2000
5	2017-11-22	Wednesday	收回借款	1000	
6	2017-12-23	Saturday	收回借款	2500	

图 2-31

序号	日期	aaa	m	mm	mmm	d	dd	ddd
1	2017/2/19	日	2	02	Feb	19	19	Sun
2	2017/2/20	一	2	02	Feb	20	20	Mon
3	2017/5/2	二	5	05	May	2	02	Tue
4	2017/12/22	五	12	12	Dec	22	22	Fri
5	2017/11/9	四	11	11	Nov	9	09	Thu
6	2017/12/23	六	12	12	Dec	23	23	Sat

图 2-32

技巧 019

高效录入编码

扫码看视频

应用场景

在编制各种产品、设备等统计表的过程中，经常会涉及一些自定义的编码，如 GH-020、FGT-0031、KT-024 等。在录入或修改这些编码的操作中，需要反复切换输入法并配合半字线（-）和数字的录入，如果编码的数字位数较多，如 GD-000001，连续录入类似的多行数据后会让人抓狂。本技巧可帮你摆脱录入此类编码的烦恼。

解决方案

（1）选中图 2-33 中的 B2 单元格，单击鼠标右键，在弹出的快捷菜单中选择【设置单元格格式】命令。

	A	B	C	D
1	序号	编码	品名	数量
2	1		水蜜桃	22.5
3	2		香蕉	12.4
4	3		苹果	8.6
5	4		葡萄	13.9
6	5		脐橙	20.8
7	6		菠萝	6.4
8				

图 2-33

（2）弹出【设置单元格格式】对话框，在【数字】选项卡的【分类】列表框中选择【自定义】选项，在【类型】文本框中输入【"GH-"0000】，如图 2-34 所示。

（3）单击【确定】按钮，退出对话框后在 B2 单元格中输入编码中的数字部分，如对于编码“GH-0021”，只需要在 B2 单元格中输入【21】，按【Enter】键后，B2 单元格中显示的结果为 GH-0021, 如图 2-35 所示。

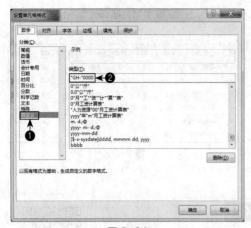

图 2-34

B2 = 21

序号	编码	品名	数量
1	GH-0021	水蜜桃	22.5
2		香蕉	12.4
3		苹果	8.6
4		葡萄	13.9
5		脐橙	20.8
6		菠萝	6.4

图 2-35

拓展应用　统一部分规则，实现局部高效录入

本技巧应用的局限在于编码规则的不确定性，如果编码既有 GH 开头的，又有 TF 开头的，甚至还有其他不同的编码规则，就需要重新设计解决方案了。

例如，在图 2-34 的 B 列（【编码】列）左侧插入两个辅助列——【编码前缀】列和【编码数字】列，其中，【编码前缀】列负责存放编码的前缀部分，如 GH、TF 等；【编码数字】列负责存放编码中的数字部分，如 0021、0307 等。在 D2 单元格中输入公式【=B2&"-"&TEXT(C2,"0000")】，此后再输入编码时，只须要在 B 列中输入编码前缀，在 C 列中输入编码数字，就可以在 D 列中自动生成编码了，如图 2-36 所示。公式中的“0000”表示编码数字由四位数组成，如果希望编码数字是两位数或六位数，则将“0000”修改为“00”或“000000”即可。

D2 =B2&"-"&TEXT(C2,"0000")

序号	编码前缀	编码数字	编码	品名
1	GH	21	GH-0021	水蜜桃
2	TF	307	TF-0307	香蕉
3	DER	3	DER-0003	苹果
4	SDR	209	SDR-0209	葡萄
5	GP	19	GP-0019	脐橙
6	FTR	102	FTR-0102	菠萝

图 2-36

本案例展示的是如何高效录入。通过此案例，读者可发现，需求的改变势必影响设置的改变，录入的内容规律性越强，设置越简单；规律性越差，设置越复杂，同时还引发更多的录入操作。想提高录入效率，需尽可能地统一规则，即便其中含有多个规则，也可以把相同规则的部分放在一起，实现局部高效录入。

第 3 章

数据的规范录入

Excel 在数据处理与分析方面的能力毋庸置疑，但前期的数据源必须规范，否则会给后期的数据处理和分析带来麻烦，甚至无法实现简单的求和计算。单纯强调数据规范的意义对新手来说作用微乎其微。例如，录入日期时，有人会将日期中的年、月、日用小数点分隔，如"2020.2.18"；有人会用一字线分隔，如"2020—2—18"。再如，录入部门名称"综合办公室"时，有人会录入"办公室"，也有人会录入"综合 办公室"，还有人会录入"综合办"。不规范的录入，不仅会导致计算错误，甚至连筛选操作也无法获得正确结果。解决此类问题最有效的方法不是耳提面命，而是采取限制手段强制操作者按照规范的方式录入数据。本章主要介绍数据规范录入的技巧，帮助用户轻松创建适合自己工作需要的数据表格，为后续的数据处理与分析创造便利条件。

技巧 020
使用单元格下拉列表规范录入内容

扫码看视频

在录入数据时，对于关键字段的录入正确率要求较高，尤其是对后期用来分类汇总的字段，如部门名称、项目名称、产品名称等。采用手工逐一录入方式容易造成偏差。例如，采用拼音输入法录入时，容易引入同音字的错误；采用五笔输入法录入时，容易引入错别字的错误。为了避免此类错误，同时提高录入效率，可借助单元格下拉列表来规范录入内容。

> 应用场景

图 3-1 所示为某电商企业的产品入库表，本技巧以在"产品登记台账"工作表中的【产品名称】字段列创建下拉列表为例，介绍如何创建下拉列表的可选输入选项。

图 3-1

> 解决方案

（1）在"下拉列表选项"工作表的 A2:A5 单元格区域中，准备一组下拉选项的产品名称，如图 3-2 所示。注意：下拉列表的设置在"产品登记台账"工作表中，而列表选项的内容在"下拉列表选项"工作表中。

（2）打开"产品登记台账"工作表，选中 C2:C10 单元格区域，在【数据】选项卡的【数据工具】组中单击【数据验证】下拉按钮，在弹出的列表中选择【数据验证】，或者直接单击【数据验证】按钮，如图 3-3 所示。

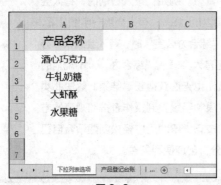

图 3-2

图 3-3

（3）弹出【数据验证】对话框，在【设置】选项卡的【允许】下拉列表框中选择【序列】选项，在【来源】文本框中输入【=下拉列表选项!$A$2:$A$5】，或者单击【来源】折叠按钮，在"下拉列表选项"工作表中用鼠标选择 A2:A5 单元格区域，然后返回【数据验证】对话框，单击【确定】按钮完成设置，如图 3-4 所示。设置完毕后的效果如图 3-5 所示。

图 3-4

图 3-5

（4）在录入的过程中，如果需要增加下拉列表中的选项，可先在"下拉列表选项"工作表的 A5 单元格下方的单元格中输入要增加的产品名称，然后再次打开【数据验证】对话框，扩大引用的区域范围。例如，在【来源】文本框中，把引用范围从 A2:A5 扩展到 A2:A10。

技巧 021
使用跨表单元格下拉列表规范录入内容

扫码看视频

本技巧与技巧 20 的不同点在于当使用低版本 Office 时（Office 2010 之前的版本），上述操作会受到限制。在【数据验证】对话框中，【来源】文本框是不允许使用跨工作表数据（其他表中的数据）作为数据源的。解决的方案是为数据源定义一个名称，在设置跨表数据验证时不选取数据区域，而是通过输入定义名称实现单元格下拉列表的创建。

> 应用场景

本技巧仍以图 3-1 所示的某电商企业的产品入库表为例，引用"下拉列表选项"工作表中的单元格内容作为产品入库表的【产品名称】字段列的数据源。

> 解决方案

（1）在"下拉列表选项"工作表中选中数据源 A1:A6 单元格区域，在【公式】选项卡的【定义的名称】组中单击【名称管理器】按钮，如图 3-6 所示。

（2）在弹出的【名称管理器】对话框中单击【新建】按钮，如图 3-7 所示。

图 3-6

图 3-7

（3）在弹出的【新建名称】对话框中检查【引用位置】文本框中的引用范围是否正确。系统往往会把第一行的字段名称也自动选中，这里需要修改引用范围，即从第二行开始。将【引用位置】文本框中的内容改为【=下拉列表选项!$A$2:$A$6】。【名称】文本框中的内容为数据源第一行的内容，也是新建的名称，如图 3-8 所示。

（4）单击【确定】按钮，系统将再次弹出【名称管理器】对话框，无须进行任何设置，直接单击【关闭】按钮，完成定义名称的设置，如图 3-9 所示。

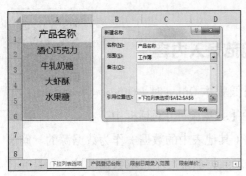
图 3-8

图 3-9

（5）在"产品登记台账"工作表中选中需要添加下拉列表的单元格区域 C2:C10，在【数据】选项卡的【数据工具】组中单击【数据验证】按钮。

（6）在弹出的【数据验证】对话框的【设置】选项卡中单击【允许】下拉按钮，在弹出的下拉列表中选择【序列】选项，在【来源】文本框中输入【=产品名称】，单击【确定】按钮，如图 3-10 所示。设置后的效果如图 3-11 所示。

图 3-10

图 3-11

技巧 022
限制日期录入范围

扫码看视频

应用场景

在制作产品入库单等表格时，希望对日期数据设定范围，确保录入的日期在设定的区间内，严禁录入超范围的日期数据。同时，还应保证录入日期格式的正确性。例如，有些用户在录入日期时用"."作为年、月、日的分隔符，如 2018.5.18，这种错误的日期录入格式会为后续的数据统计操作带来麻烦，应予以禁止。设定日期数据的录入范围还能起到规范输入日期的作用，可谓一举两得。

解决方案

（1）选中需要设置日期限制的单元格区域，如A列，在【数据】选项卡的【数据工具】组中单击【数据验证】下拉按钮，在弹出的下拉列表中选择【数据验证】命令，如图3-12所示。

（2）弹出【数据验证】对话框，在【设置】选项卡的【允许】下拉列表框中选择【日期】选项，在【开始日期】和【结束日期】文本框中分别输入日期的上下限值，单击【确定】按钮，如图3-13所示。

图 3-12

图 3-13

（3）设置数据验证性后，当用户在【入库日期】列中输入非设定日期范围的日期时，Excel就会自动地弹出警告对话框，阻止用户继续输入。例如，当在A2单元格中输入【2020-1-1】并按【Enter】键确认后，结果如图3-14所示。

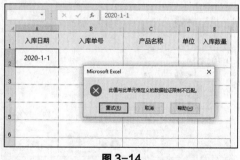

图 3-14

技术看板　通过上述设置不但能限制录入日期的范围，还能避免录入不规范的日期，如2020.2.3、2020/2、202/2/3。

技巧 023
限制数字录入范围

扫码看视频

应用场景

在制作产品入库单等表格时，除了可以对日期数据限制录入范围外，还可以对单价、入库数量等数据限制录入范围。通过对单元格录入数据的范围进行限制，不仅可以确保录入数据的有效性，规范数据的格式，而且当录入一些非法数字时，如录入的数字前后有多余的空格，或者中间有两个小数点等，也会在第一时间发现并予以禁止。

例如，在某电商企业的产品入库表中，要求【单价】列只能输入 0 ~ 50 的数字。

解决方案

（1）选中【单价】列，即 E 列，在【数据】选项卡的【数据工具】组中单击【数据验证】下拉按钮，在弹出的下拉列表中选择【数据验证】命令，如图 3-15 所示。

（2）弹出【数据验证】对话框，在【设置】选项卡的【允许】下拉列表框中选择【小数】，在【最小值】和【最大值】文本框中

图 3-15

分别输入数据的上下限值，单击【确定】按钮完成设置，如图 3-16 所示。

（3）设置数据验证性后，当用户在【单价】列中输入录入范围之外的数据时，会弹出警告对话框，阻止用户继续输入，如图 3-17 所示。

图 3-16

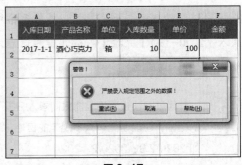

图 3-17

> **技术看板**
>
> 在【允许】下拉列表框中有两个关于数字设置的选项，一个是【小数】，另一个是【整数】。其中，【小数】选项允许在单元格中录入某一范围内的小数（包含该范围内的整数），而【整数】选项只允许在单元格中录入某一范围内的整数，如图 3-18 所示。

图 3-18

技巧 024
限制单元格只能录入特定编码

扫码看视频

应用场景

在录入产品代码、物料编码、零部件代码、员工工号等特定编码时,会发现使用名称管理很难保证录入的物料编码、零部件代码、员工工号等是唯一的。如何通过数据验证设置实现录入的唯一性呢?

解决方案

(1)选中需要录入编码的单元格区域,如 B2:B7 单元格区域,在【数据】选项卡的【数据工具】组中单击【数据验证】下拉按钮,在弹出的下拉列表中选择【数据验证】命令,如图 3-19 所示。

(2)在弹出【数据验证】对话框的【设置】选项卡中,在【允许】下拉列表框中选择【自定义】选项,在【公式】文本框中输入【=COUNTIF(B:B,B2)=1】,单击【确定】按钮完成设置,如图 3-20 所示。

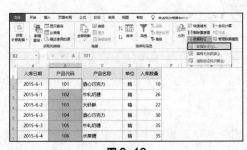
图 3-19

图 3-20

公式解析:COUNTIF 函数一个统计函数,用于统计指定区域中符合指定条件的单元格的数量。例如,在 A1:A10 单元格区域中有多种水果名称,现在要统计该区域中有几种"苹果",计数公式为【=COUNTIF(A1:A10,"苹果")】。

对于本案例,原公式【=COUNTIF(B:B,B2)=1】的作用是 COUNTIF(B:B,B2) 的结果必须等于 1。在 B2 单元格中,数据验证的公式是【=COUNTIF(B:B,B2)=1】;在 B3 单元格中,数据验证的公式是【=COUNTIF(B:B,B3)=1】;在 B4 单元格中,数据验证的公式是【=COUNTIF(B:B,B4)=1】,以次类推。当在 B 列的任意单元格,如 B10 中输入一个之前出现过的名称时,公式【=COUNTIF(B:B,B10)】的结果就会等于 2,那么当【=COUNTIF(B:B,B10)=1】的判断不成立时,系统立即会弹出提示框,终止用户的操作行为。通俗地说，COUNTIF(B:B,B2)=1 就是一个限制条件，在 B 列的任意一个单元格中输入内容时，此条件被激活，进行 COUNTIF(B:B,B2) 是否等于 1 的判断。如果是在 B5 单元格中输入内容，判断条件就是 COUNTIF(B:B,B5)=1；如果是在 B13 单元格中输入内容，判断条件就是 COUNTIF(B:B,B13)=1；如果输入的内容在 B 列其他单元格中已经存在，则 COUNTIF(B:B,B13) 的统计结果必定会大于 1，不符合等于 1 的判断，系统弹出提示框，终止用户的操作行为，要求重新录入内容，因此可以实现防止录入重复值。

技巧 025
设置数据录入范围提醒

扫码看视频

应用场景

利用技巧 020 ~ 024 中介绍的限制录入的设置方法，对规范录入数据起到了很好的促进作用。但是限制条件的内容不能直观看到，这就给用户带来了不便。能否在用户录入数据之前就给出限制条件的提示，避免用户录入超范围的数据呢？答案是肯定的，只需在设置单元格录入范围后进一步设置即可。

解决方案

（1）承接技巧 023，在【数据验证】对话框的【设置】选项卡中设置完验证条件后，不要单击【确定】按钮关闭该对话框，而是单击【输入信息】选项卡，在【标题】文本框中输入【提醒】，在【输入信息】文本框中输入【请录入 0 至 50 之间的数据】，然后单击【确定】按钮完成设置，如图 3-21 所示。

（2）当选中【单价】列的单元格时，系统会立即弹出一个提示框，显示预置的提醒内容，提醒用户按照要求录入数据，如图 3-22 所示。

图 3-21

图 3-22

技巧 026
非法录入数据时显示出错警告

扫码看视频

> 应用场景

在录入 Excel 数据时，技巧 020 ～ 024 相当于规范录入的控制手段，技巧 025 相当于规范录入的事前提醒，即使有了"提醒"和"手段"的双保险，录入过程中也难免出现疏漏和错误。当录入非法数据时若能给予警告，则是对马虎的操作者的第三道保险。

> 解决方案

（1）承接技巧 023，选中需要设置出错警告的单元格区域，如【单价】列（要求在此列单元格中输入 0~50 的数字）。打开【数据验证】对话框，单击【出错警告】选项卡，在【标题】文本框中输入【警告！】，在【错误信息】文本框中输入警示内容，如"严禁录入规定范围之外的数据！"，然后单击【确定】按钮完成设置，如图 3-23 所示。

（2）当录入超范围的数据后，如 69，系统将自动弹出警告对话框，如图 3-24 所示。同时当前单元格被激活，强制录入者修改录入的数据。

图 3-23

图 3-24

 技术看板　在【出错警告】选项卡中，【样式】下拉列表框中有【停止】【警告】【信息】3 个选项。其中，【停止】为系统默认设置样式。在该样式下，用户不能输入不符合规定要求的数据，只有单击警告对话框中的【重试】按钮，才可以重新输入数据；若单击【取消】按钮，可以取消输入，单元格中保留原来数据。

在【警告】样式下（设置方法如图 3-25 所示），当输入规定范围以外的数据，如 69 时，系统会弹出如图 3-26 所示的警告对话框。单击其中的【是】按钮，输入的数据将被保存下来；单击【否】按钮，需要重新录入数据；单击【取消】按钮，将取消输入，单元格中恢复原来的数据；单击【帮助】按钮，将弹出系统帮助窗口。【警告】选项的作用是以警告方式提醒用户输入的数据超出规定的范围。如果用户仍然坚持录入超范围的数据，系统可以接受。

图 3-25

图 3-26

在【信息】样式下（设置方法如图 3-27 所示），当输入规定范围以外的数据例，如 69 时，系统会弹出如图 3-28 所示的警告对话框。单击其中的【确定】按钮，输入的数据将被保存下来；单击【取消】按钮，将取消输入，单元格中恢复原来的数据。【信息】选项的作用仅仅是提醒操作者该单元格有约束范围。

图 3-27

图 3-28

技巧 027
保持引用位置不变的单元格公式复制（绝对引用的作用）

应用场景

在 Excel 中，如果要在同一行或同一列的连续单元格中使用相同的计算公式，一般采用的方法是先在该行（或该列）的第一个单元格中输入公式，然后通过拖曳单元格填充柄的方式实现公式复制。

例如，在图 3-29 所示的表格中，“金额”为“数量”与“单价”的乘积。如果逐一编写【金额】列每个单元格中的公式显然太烦琐。一般先在第一个单元格中编写公式，如本例的第一个公式，在 C3 单元格中的“=B3*B1”。

编写完 C3 单元格中的公式后按【Enter】键，采用拖曳单元格填充柄的方式向下复制公式，发现所引用的单元格的地址随着公式的复制而发生了改变，如图 3-30 所示。显然从第二行往下的公式都是错误的，公式中的 B1 单元格地址不应该随着公式的复制而发生改变。

	A	B	C
1	单价	21.2	金额
2	车间	数量	
3	1车间	25	=B3*B1
4	2车间	22	
5	3车间	26	
6	4车间	29	
7	5车间	30	
8	6车间	22	
9	7车间	24	
10	8车间	29	

纵向坐标的绝对引用

图 3-29

	A	B	C
1	单价	21.2	金额
2	车间	数量	
3	1车间	25	=B3*B1
4	2车间	22	=B4*B2
5	3车间	26	=B5*B3
6	4车间	29	=B6*B4
7	5车间	30	=B7*B5
8	6车间	22	=B8*B6
9	7车间	24	=B9*B7
10	8车间	29	=B10*B8

纵向坐标的绝对引用

图 3-30

解决方案

在“单价”单元格地址 B1 的行号“1”前面添加一个绝对引用符号“$”，加入绝对引用符号可以锁定“单价”单元格的位置，这样即使向下复制公式，B$1 的地址也不会再变化。复制公式后的效果如图 3-31 所示。

当需要横向复制公式时，例如图 3-32 所示的【金额】行，又该如何添加绝对引用符号来保持引用位置不变呢？

	A	B	C
1	单价	21.2	金额
2	车间	数量	
3	1车间	25	=B3*B$1
4	2车间	22	=B4*B$1
5	3车间	26	=B5*B$1
6	4车间	29	=B6*B$1
7	5车间	30	=B7*B$1
8	6车间	22	=B8*B$1
9	7车间	24	=B9*B$1
10	8车间	29	=B10*B$1

纵向坐标的绝对引用

图 3-31

	A	B	C	D	E	F	G	H	I
1	单价	106.5							
2	车间	1车间	2车间	3车间	4车间	5车间	6车间	7车间	8车间
3	数量	25	22	26	29	29	29	29	29
4	金额								
5									

横向坐标的绝对引用

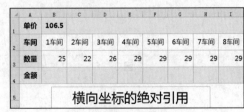

图 3-32

在"单价"单元格地址 B1 的列号"B"前面添加绝对应用符号"$",复制公式后的效果如图 3-33 所示。

图 3-33

如果在图 3-34 所示的表格中,既需要纵向复制公式,也需要横向复制公式,又该如何添加绝对引用符号来保持引用位置不变呢?

为 G1 单元格的列号"G"和行号"1"均添加绝对引用符号"$",复制公式后的效果如图 3-35 所示。

图 3-34   图 3-35

单元格地址引用应用的范围非常广泛,在 Excel 的很多操作中都能用到,如条件格式、函数公式、高级图表、宏及 VBA 代码等。

添加绝对引用符号"$"有个小口诀:横向复制公式时,在需要固定地址的列号前添加绝对引用符号;纵向复制公式时,在需要固定地址的行号前添加绝对引用符号。添加绝对引用符号的快捷方式是在编辑栏内选中引用地址后按【F4】键。例如,在编辑栏内选中公式"=SUM(A1:A10)"中的单元格区域"A1:A10"后,如图 3-36 所示,每按一次【F4】键,Excel 会依次在以下 4 种组合间切换,如图 3-37 所示。

图 3-36

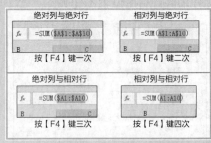

图 3-37

技巧 028
限制输入重复数据

应用场景

企业固定资产管理中需要对新增固定资产设计编号,并且编号不能出现重复,如图3-38所示。当企业资产达到一定数量后,靠肉眼识别变得非常困难,用设置禁止录入重复值的方法可以让工作变得简单、便捷。

	A	B	C	D
1	资产编号	资产名称	规格型号	
2	B001	瑞彩数字打印机	HL0020	
3	B002	科利高速复印机	GT0251	
4	B003	凯达复印机	DD030	
5	S001	锅炉	CDMM1T	
6	S002	空压机	VF-3/722KW	
7	S003	高压配电柜	GG-1A-0.7	
8	S004	防爆空压机	4立方	
9	S005	移动变压器	400#	
10	S006	真空馈电	400A	
11	S007	真空启动	200A	
12	S008	真空启动	125A	
13		真空开关	400A	
14				
15				

图 3-38

解决方案

(1)选中A2:A14单元格区域(可以根据记录量扩大选择范围,如A2:A100单元格区域),在【数据】选项卡的【数据工具】组中单击【数据验证】按钮,如图3-39所示。

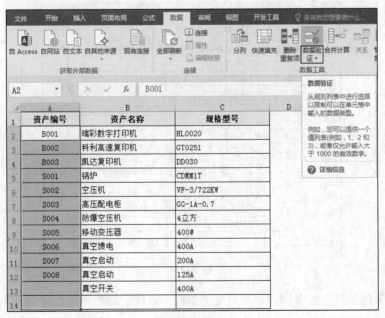

图 3-39

（2）弹出【数据验证】对话框，在【设置】选项卡的【允许】下拉列表框中选择【自定义】选项，在【公式】文本框中输入【=COUNTIF(A$2:A$14,A2)=1】，单击【确定】按钮，如图3-40所示。

图 3-40

（3）测试设置效果。在A13单元格中输入编号【S008】，由于A12单元格中已有"S008"编号，再次输入相同的编号并按【Enter】键后，系统会弹出警告对话框，提示"此值与此单元格定义的数据验证限制不匹配"，如图3-41所示。单击【取消】按钮，重新录入编码。

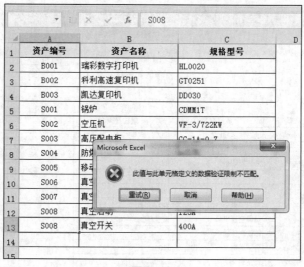

图 3-41

通过上述设置，如果用户录入重复的编码，系统会提示不匹配并强制取消录入操作，从而实现了限制录入重复值的操作行为。

第 4 章

高效筛选数据

在数据管理的过程中，经常需要在包含大量复杂数据的 Excel 表格中筛选数据。若用人工筛选的方式，不仅耗时、费力、效率低，而且筛选结果的准确性也容易受人为因素的影响。借助 Excel 中的自动筛选、高级筛选及条件格式等功能，可以快速地实现数据的自动查询，从而极大地提高工作效率。自动筛选的方法比较简单，故本章不再赘述。本章主要介绍利用高级筛选和条件格式实现自动筛选无法实现的功能。

高级筛选的特点是有专门的筛选条件区（通常需要在数据列表之外单独建立），用于指定筛选的数据需满足的条件。可以预先把筛选条件按照规定写进筛选条件区。一个高级筛选的筛选条件区至少包含两行，一行是列标题，列标题需与数据列表中的字段标题相匹配；另一行是筛选条件，筛选条件一般为具体数据、与数据相连的比较运算符和通配符、某些包含单元格引用的公式等。如果需要设置多个逻辑关系为"与"或"或"的筛选条件，可以将筛选条件区扩展为多行或多列的区域结构。

技巧 029
单条件筛选

扫码看视频

应用场景

如图 4-1 所示，在左侧的数据表中，A2:D100 单元格区域为数据区，包含【日期】【类别】【商品名称】【金额】4 个字段。在右侧的数据表中，F2:F3 单元格区域为筛选条件区，设置的条件是【类别】等于【赠品】；F7:I7 单元格区域为筛选结果输出区。本案例是要将【类别】字段中为【赠品】的记录通过高级筛选功能筛选出来，并显示在指定的区域，即 F7:I7 单元格区域。需要注意的是，筛选结果输出区的字段名称与数据区的字段名称必须完全一致，筛选条件区的字段名称与数据区的字段名称也必须保持一致，否则高级筛选无法正常运行。

> 解决方案

（1）选中 A3 单元格，在【数据】选项卡的【排序和筛选】组中单击【高级】按钮，如图 4-2 所示。

图 4-1

图 4-2

（2）在弹出的【高级筛选】对话框中选中【将筛选结果复制到其他位置】单选按钮，然后单击【列表区域】右侧的按钮，在数据区中选择 A2:D100 单元格区域，如图 4-3 所示，单击按钮返回【高级筛选】对话框，如图 4-4 所示。

图 4-3

图 4-4

> **技术看板**　如果选择以【在原有区域显示筛选结果】的方式显示筛选结果，未被筛选的数据行会被隐藏，与普通筛选功能相似。因此，筛选条件区的放置位置应避免与数据区在同一行。

（3）按照同样的方法，分别单击【条件区域】和【复制到】右侧的按钮，选择【条件区域】为 F2:F3 单元格区域、【复制到】为 F7:I7 单元格区域。选择后的效果如图 4-5 所示。

（4）单击【确定】按钮，完成高级筛选操作，筛选结果如图 4-6 所示。

图 4-5

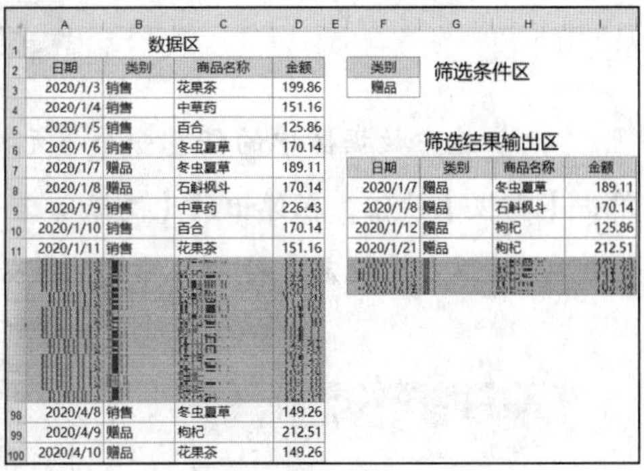

图 4-6

技巧 030
双条件交叉关系筛选

扫码看视频

应用场景

本案例的筛选条件设置如图 4-7 所示。本案例中的筛选条件设置的样式比较"怪异",而恰恰是这种"怪异"设置很好地诠释了学以致用。知识点和现实问题就好比是钥匙和锁,有时我们手中有很多把锁,却没有一把能开锁的钥匙;有时我们手里有很多把钥匙,却又不知道用这样的钥匙能开什么样的锁。例如,本案例中的

图 4-7

知识点就是一把钥匙,那"锁"是什么样的呢?筛选"类别"等于"冬虫夏草"且金额不受限制,或者金额大于等于 300 但"类别"不受限制的记录。在现实应用中有这样的问题吗?当然有的。例如,一个应届大学生在选择不同城市的就业岗位时,可能会设定这样的筛选条件:岗位在北京、上海、广州的,可以不用考虑行业;岗位是证券行业的,可以不用考虑所在城市。再如,某企业招聘高级技工的条件:如果有国家级参赛获奖作品的,不要求技术资格;如果技术资格是八级以上,没有国家级参赛获奖作品也可以。返回本案例,若要实现这样的筛选,该如何操作呢?

> 解决方案

（1）选中数据区中的任意一个单元格，在【数据】选项卡的【排序和筛选】组中单击【高级】按钮，在弹出的【高级筛选】对话框中按照图4-8所示设置筛选参数。

（2）单击【确定】按钮，筛选结果如图4-9所示。

图4-8

图4-9

技巧 031
多条件筛选

扫码看视频

> 应用场景

技巧29中介绍的是单字段、单条件的筛选，如果筛选为单字段、多条件，例如，在图4-10所示的数据表中，要将【类别】字段中的【赠品】和【购买】两个记录都筛选出来，又该如何操作呢？

图4-10

解决方案

（1）设置筛选条件区和筛选结果输出区，如图4-11所示。注意：筛选条件之间的关系为逻辑"或"。

（2）选中数据区中的任意一个单元格，在【数据】选项卡的【排序和筛选】组中单击【高级】按钮，弹出【高级筛选】对话框，选中【将筛选结果复制到其他位置】单选按钮，然后依次设置【列表区域】为【$A$2:$D$100】，【条件区域】为【$F$2:$F$4】，【复制到】为【$F$7:$I$7】，如图4-12所示。

（3）单击【确定】按钮退出【高级筛选】对话框，筛选结果如图4-13所示。

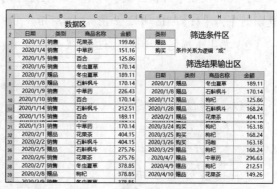

图4-11

图4-12

图4-13

> **注意**
>
> 在【高级筛选】对话中，使用 ↑ 按钮选中的地址，系统会自动为其添加绝对引用符号，同时还带有工作表名称。如果是手工录入地址，需自行添加工作表名称和绝对引用符号。

技巧032 区间条件筛选

扫码看视频

应用场景

日期字段的筛选条件的设置比较特殊，如要筛选某个时间段内的数据，筛选条件需设置为诸如大于某年某月某日并且小于某年某月某日的一个范围。这样的高级筛选称为区间条件筛选。图 4-14 中的筛选条件是大于等于 2020-1-5 小于等于 2020/1/9，两个日期的格式虽然不同，但都是 Excel 接受的格式，故可正常进行筛选操作。如果日期格式不是 Excel 允许的格式，需先设置为 Excel 标准日期格式后再进行筛选操作。

图 4-14

解决方案

（1）选中数据区中的任意一个单元格，在【数据】选项卡的【排序和筛选】组中单击【高级】按钮，弹出【高级筛选】对话框，选中【将筛选结果复制到其他位置】单选按钮，然后设置【列表区域】为【$A$2:$D$100】、【条件区域】为【$F$2:$G$3】、【复制到】为【$F$7:$I$7】，如图 4-15 所示。

（2）单击【确定】按钮，筛选结果如图 4-16 所示。

图 4-15

图 4-16

技巧 033

多字段条件筛选

扫码看视频

应用场景

在筛选操作中，有时需同时对两个以上的字段设置筛选条件。例如，筛选【类别】字段为【销售】并且【商品名称】为【中草药】的记录，如图 4-17 所示。对于这类筛选称为多字段条件筛选。

图 4-17

> 解决方案

（1）选中数据区中的任意一个单元格，在【数据】选项卡的【排序和筛选】组中单击【高级】按钮，弹出【高级筛选】对话框，选中【将筛选结果复制到其他位置】单选按钮，然后按照图 4-18 所示设置筛选参数。

（2）单击【确定】按钮，筛选结果如图 4-19 所示。

图 4-18

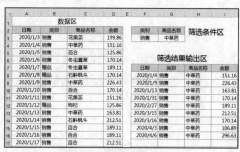

图 4-19

 在实际工作中，多字段条件筛选的应用非常普遍。例如，筛选【学历】为【本科】并且【职称】为【中级】的员工记录，如图 4-20 所示。请读者自行尝试筛选操作。

图 4-20

技巧 034
组合条件筛选

扫码看视频

应用场景

技巧 029~技巧 033 中的筛选问题使用"笨办法"——自动筛选功能也可以解决，但接下来的筛选则必须要借助高级筛选功能实现。如图 4-21 所示，筛选条件区的【类别】字段下有两个条件，同时在【金额】字段下也有两个条件，用文字描述就是筛选【类别】字段为【销售】并且【金额】字段小于【200】，或者【类别】字段为【赠品】并且【金额】字段大于等于【200】的记录。这里的筛选条件既包括"关系与"，也包括"关系或"。

图 4-21

解决方案

（1）选中数据区中的任意一个单元格，在【数据】选项卡的【排序和筛选】组中单击【高级】按钮，在弹出的【高级筛选】对话框中按照图 4-22 所示设置筛选参数。

（2）单击【确定】按钮，筛选结果如图 4-23 所示。

图 4-22

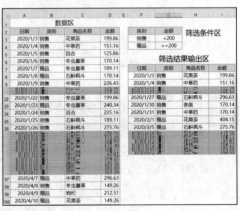

图 4-23

技巧 035
数据对比筛选

扫码看视频

应用场景

本案例的筛选条件设置方法与技巧029~技巧034的完全不同，其最大的不同点在于筛选条件区中没有字段名称，如图4-24所示。本案例是筛选【金额】列和【核对金额】列中不相等的数据记录。类似的应用场景有很多，如开票金额和收款金额的对比、应收金额和实收金额的对比，等等。无须增加差额列，通过高级筛选功能即可直接获得两个数据不相等的记录。

图4-24

解决方案

（1）设置筛选条件为【=C3<>D3】，不需要借助字段名称，填写数据记录中的第一行单元格地址即可。对于本案例，数据源中C列是【金额】列，D列是【核对金额】列，数据记录是从第三行开始的，因此取C3与D3的地址，判断条件是C3<>D3，即C3不等于D3。

技术看板　对于此类无字段的筛选条件设置，有一个非常严格的要求，即设置的筛选条件必须存放在筛选条件区第一行以下的行次中，如本例中的筛选条件放置在了F2单元格中。之所以有这样的要求，是因为在选择高级筛选的条件区时，不能只选择F2单元格，必须连同F2上面的单元格一并选中，即F1:F2单元格区域，所以必须确保筛选条件所在的单元格上面还有一行。但对于上面这一行单元格中的内容没有限制，可以有内容，也可以没有内容。

（2）选中数据区中的任意一个单元格，在【数据】选项卡的【排序和筛选】组中单击【高级】按钮，在弹出的【高级筛选】对话框中按照图4-25所示设置筛选参数。

（3）单击【确定】按钮，筛选结果如图4-26所示。可以看到，【金额】与【核对金额】不同的记录只有5条，操作人员可据此核实具体的错误原因。

图 4-25

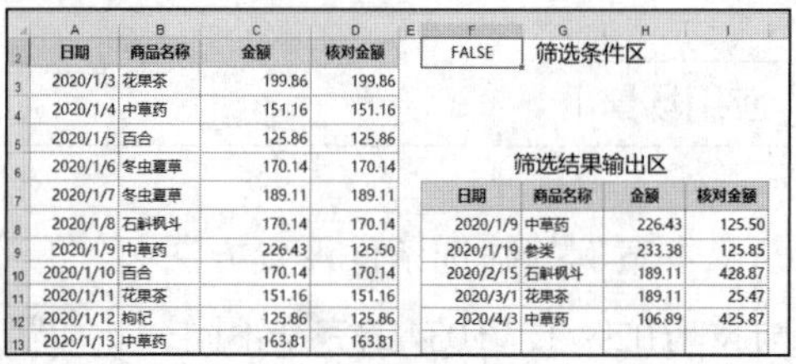

图 4-26

技巧 036
公式条件筛选

应用场景

为提扩展高级筛选的适用范围，高级筛选的条件区中还允许使用公式来自定义筛选条件。例如，图 4-27 是一张商品销售表，要筛选出冬虫夏草、枸杞、参类、百合 4 种商品的销售金额在 150 元以上的记录，就可以通过使用公式条件筛选的方式直接筛选出结果。

图 4-27

解决方案

（1）设置筛选条件区。在 F2:F5 单元格区域中分别录入冬虫夏草、枸杞、参类、百合 4 种商品名称，在对应的 G 列中输入公式【=D3>150】，输入后单元格中显示的结果为"TRUE"，如图 4-28 所示。其中，H2:H5 单元格中的内容是 G 列公式的示意。筛选条件区设置的原理是当商品名称等于冬虫夏草时，对应 D 列的金额必须大于

图 4-28

150；或者当商品名称等于枸杞时，对应 D 列的金额必须大于 150，以此类推。

（2）执行高级筛选操作，在【高级筛选】对话框中进行筛选参数设置，如图 4-29 所示。

（3）单击【确定】按钮，筛选结果如图 4-30 所示。

图 4-29

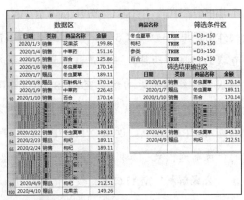

图 4-30

技巧 037
公式筛选法之从外部获取筛选条件

> 应用场景

在本例中要求按照预先提供的一组商品名称（K1:K4 单元格区域），筛选 A2:D100 单元格区域中 C 列（【商品名称】列）与 K1:K4 单元格区域中相同的记录，如图 4-31 所示。本案例中预先提供的商品名称可以在当前工作表中，也可以在其他工作表中。采用本案例中的操作方法可以把两个不相干的工作表关联，实现跨表获取筛选结果。

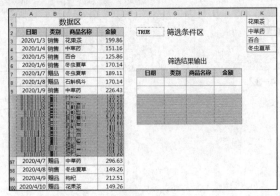

图 4-31

解决方案

（1）设置筛选条件区中的筛选条件公式。

在本案例中，筛选条件区中存放的不是固定的内容，而是一个公式。筛选条件区F3单元格中的公式为"=ISNUMBER(MATCH(C3,K$1:K$4,0))"，其中"MATCH(C3,K$1:K$4,0)"的作用是用C3、C4、C5……单元格的值在K1:K4单元格区域中查找，查找方式为精确查找。查找的结果有两种，一种是能够找到，并返回具体的位置数；另一种是没有找到，返回错误值。然后将返回结果交给ISNUMBER函数再处理。ISNUMBER函数的作用是判断MATCH函数的结果是不是数值，如果是数值，则返回"TRUE"；如果不是数值，则返回"FALSE"。返回"TRUE"说明满足了判断条件，在高级筛选中会将满足条件的记录筛选出来；如果是"FALSE"，则忽略此行记录。

公式解析：MATCH函数的语法结构如下。

> MATCH(查找值,查找区域,查找方式)

该函数的查找值可以是一个数字，也可以是一个汉字，还可以是某个单元格地址。查找区域可以是一行或一列单元格。查找方式参数有0、-1、1共3个选项，分别代表精确查找、降序近似查找和升序近似查找。本案例中使用的查找方式参数是0，即精确查找。

（2）选中数据区中的任意一个单元格，切换到【数据】选项卡，单击【排序和筛选】组中的【高级】按钮，弹出【高级筛选】对话框，按照图4-32所示设置筛选参数。

（3）单击【确定】按钮，只有数据区中的商品名称与K1:K4单元格区域中相同的记录被筛选出来，如图4-33所示。

图4-32

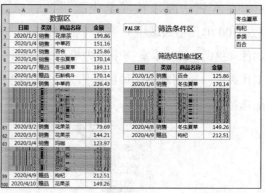

图4-33

技巧038

利用高级筛选功能拆分数据汇总表

应用场景

图 4-34 中的表 1 是包含表 2 的一张商品销售数据汇总表，也就是说表 2 是表 1 的子集。如果现要将表 1 中不包含表 2 的数据拆分出来，可以借助高级筛选功能来实现。本案例与上述案例的不同之处是两组数据的比对。两组数据比对的核心是每组数据必须有一列唯一的识别码，识别码可以是两组人员信息中的身份证号，也可以是两组入库记录中的入库单号等。本案例的识别码是四列数据中的编码。

	A	B	C	D	E	F	G	H	I
1	表1					表2			
2	编号	类别	商品名称	金额		编号	类别	商品名称	金额
3	HD2001	销售	花果茶	199.86		HD2003	销售	百合	125.86
4	HD2002	销售	中草药	151.16		HD2004	销售	冬虫夏草	170.14
5	HD2003	销售	百合	125.86		HD2005	赠品	冬虫夏草	189.11
6	HD2004	销售	冬虫夏草	170.14		HD2006	赠品	石斛枫斗	170.14
7	HD2005	赠品	冬虫夏草	189.11		HD2010	赠品	枸杞	125.86
8	HD2006	赠品	石斛枫斗	170.14		HD2013	销售	百合	189.11
9	HD2007	销售	中草药	226.43		HD2014	销售	百合	189.11
10	HD2008	销售	百合	170.14		HD2015	销售	百合	212.51
11	HD2009	销售	花果茶	151.16		HD2016	销售	百合	233.38
12	HD2010	赠品	枸杞	125.86					
13	HD2011	销售	中草药	163.81					
14	HD2012	销售	石斛枫斗	212.51					
15	HD2013	销售	百合	189.11					
16	HD2014	销售	百合	189.11					

图 4-34

解决方案

（1）设置筛选条件区和筛选结果输出区，设置结果如图 4-35 所示。

	A	B	C	D	E	F	G	H	I	J	K	L	M	N
1	表1					表2						筛选条件区		
2	编号	类别	商品名称	金额		编号	类别	商品名称	金额		TRUE			
3	HD2001	销售	花果茶	199.86		HD2003	销售	百合	125.86				筛选结果输出区	
4	HD2002	销售	中草药	151.16		HD2004	销售	冬虫夏草	170.14		编号	类别	商品名称	金额
5	HD2003	销售	百合	125.86		HD2005	赠品	冬虫夏草	189.11					
6	HD2004	销售	冬虫夏草	170.14		HD2006	赠品	石斛枫斗	170.14					
7	HD2005	赠品	冬虫夏草	189.11		HD2010	赠品	枸杞	125.86					
8	HD2006	赠品	石斛枫斗	170.14		HD2013	销售	百合	189.11					
9	HD2007	销售	中草药	226.43		HD2014	销售	百合	189.11					
10	HD2008	销售	百合	170.14		HD2015	销售	百合	212.51					
11	HD2009	销售	花果茶	151.16		HD2016	销售	百合	233.38					
12	HD2010	赠品	枸杞	125.86										
13	HD2011	销售	中草药	163.81										
14	HD2012	销售	石斛枫斗	212.51										
15	HD2013	销售	百合	189.11										
16	HD2014	销售	百合	189.11										

图 4-35

筛选条件区 K2 单元格中的筛选公式为“=ISERROR (MATCH(A3,F$3:F$11,0))”，其中“MATCH(A3,F$3:F$11,0)”的作用是用 A3、A4、A5…… 单元格的值在 F3:F11 单元格区域中查找，查找方式为精确查找。查找的结果有两种，一种是能够找到，返回的结果是一个位置数，即一个数字；另一种是没有找到，返回错误值，表示表 2 中没有表 1 中的编码。本案例的要求是将表 1 中不包含表 2 的数据拆分出来，因此凡是公式返回错误值的编码都属于表 1 中不包含表 2 的数据记录。但是错误值无法指挥高级筛选功能工作，需要转换成逻辑值“TRUE”，利用 ISERROR 函数可以达到此目的。当筛选条件公式“=ISERROR(MATCH(A3,F$3:F$11,0))”返回“TRUE”时，高级筛选功能将其筛选到指定的位置，即 K4:N4 单元格区域的下方。

（2）选中 A3 单元格，然后切换到【数据】选项卡，单击【排序和筛选】组中的

【高级】按钮,在弹出的【高级筛选】对话框中设置参数,设置【列表区域】为表1所在的区域,即A2:D16单元格区域,【条件区域】为K1:K2单元格区域,【复制到】为K4:N4单元格区域设置,如图4-36所示。

(3)单击【确定】按钮完成高级筛选操作,筛选结果如图4-37所示。

图 4-36

图 4-37

从图4-37的筛选结果中不难看出,表1中有的而表2中没有的数据记录都被筛选出来了,用编码对照看非常直观。

技巧 039
利用高级筛选功能快速对比数据

扫码看视频

应用场景

在工作中,有时我们需要对Excel表格中的数据进行对比。例如,对比两组银行账号、手机SIM卡号、销售额等,找出两组之间相同的和不同的数据,以往大家采用的方法是先各自进行排序,再并列放在一起观察对比,这种操作方式的效率极其低下。尤其是当数据量较大时正确率无法保障。利用高级筛选功能可实现数据的快速对比。对比的结果有3种:一是A有B无,二是B有A无,三是A、B共有。

在图4-38中,A列和C列分别存放着等待对比的"数据A"和"数据B",现需对这两组数据进行对比。

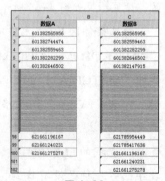

图 4-38

解决方案

(1)筛选A有B无的记录。

① 在数据区的右侧分别设置筛选条件区和筛选结果输出区,如图4-39所示。

② 在 E2 单元格中输入筛选公式【=ISERROR(MATCH(A2,$C$2:$C$102,))】，如图 4-40 所示。

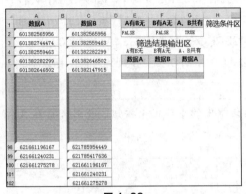

图 4-39

图 4-40

公式解析：MATCH(A2,$C$2:$C$102,) 的作用是用 A2 单元格中的值在 C2:C102 单元格区域中查找，查找的结果有两种，一种是能够找到，返回位置数；另一种是没有找到，返回错误值。ISERROR 函数的作用是负责检验 MATCH 函数的结果是不是错误值。

若 ISERROR(MATCH( ))=FALSE，说明 MACTH 函数的结果不是错误值，肯定是数值，进而说明 MATCH 函数找到了对应的值并返回位置数，属于"A、B 共有"的情况。

若 ISERROR(MATCH( ))=TRUE，说明 MATCH 函数的结果是错误值，A2 单元格的值在 C2:C102 单元格区域中没有找到，属于"A 有 B 无"的情况。

③ 选中 A2 单元格，切换到【数据】选项卡，单击【排序和筛选】组中的【高级】按钮，在弹出的【高级筛选】对话框中设置参数，选择【将筛选结果复制到其他位置】单选按钮，设置【列表区域】为 A1:A100 单元格区域，【条件区域】为 E1:E2 单元格区域，【复制到】为 E5 单元格，参数设置如图 4-41 所示。

④ 单击【确定】按钮，将 A 有 B 无的记录筛选到以 E5 单元格开始的列中，如图 4-42 所示。

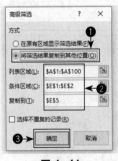

图 4-41

图 4-42

（2）筛选 B 有 A 无的记录。在 F2 单元格中输入筛选公式【=ISERROR(MATCH(C2,$A$2:$A$100,))】，高级筛选的参数设置如图 4-43（a）所示。

（3）筛选 A、B 共有的记录。在 G2 单元格中输入筛选公式【=ISNUMBER(MATCH(A2,$C$2:$C$102,))】，高级筛选的参数设置如图 4-43（b）所示。

> **注意**
>
> 在上述 3 个高级筛选操作前需要先选中一个单元格,然后再开始高级筛选的系列操作,而且每次选择的单元格是不同的。选择的单元格取决于筛选条件公式中 MATCH 后面的单元格地址。例如,筛选 B 有 A 无的筛选条件公式为"=ISERROR(MATCH(C2,$A$2:$A$100,))",因此选择的单元格为 C2。而其他两个筛选条件公式中,MATCH 后的地址均为 A2,所以需要先选中 A2 单元格。

(4)设置好参数后单击【高级筛选】对话框中的【确定】按钮,分别将 B 有 A 无的和 A、B 共有的记录筛选到以 F5 单元格和 G5 单元格开始的列中,如图 4-44 所示。

(a)B 有 A 无 (b)A、B 共有

图 4-43

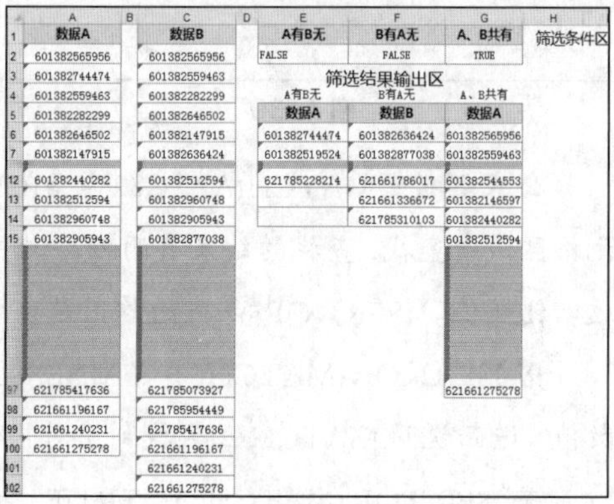

图 4-44

技巧 040
利用高级筛选功能快速对重复项目求和

扫码看视频

应用场景

Excel 的高级筛选中还具有筛选不重复记录的功能,借助这一功能,可以在重复记录的数据表中将不重复的记录全部筛选出来;也可以添加公式等筛选条件,筛选出符合条件的不重复项作为求和、求平均值等依据。例如,在图 4-45 所示的数据表中,现需对销售金额、赠品金额和购买金额进行求和计算。在求和前需要把求和字段中的重复项剔除,获取不重复类别名称作为求和依据。

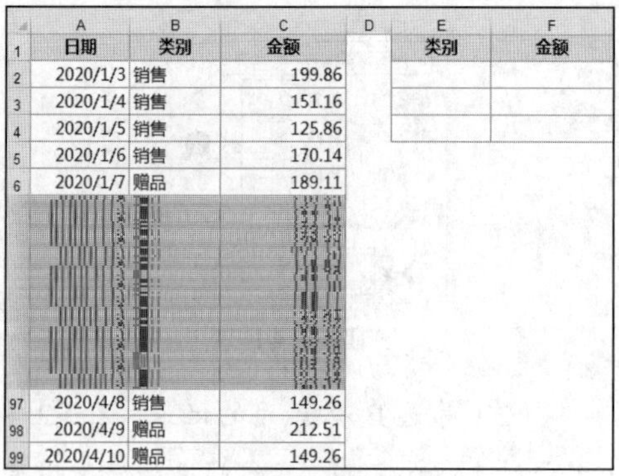

图 4-45

解决方案

（1）选中A2单元格，切换到【数据】选项卡，单击【排序和筛选】组中的【高级筛选】按钮，弹出【高级筛选】对话框，选择【将筛选结果复制到其他位置】单选按钮，设置【列表区域】为B1:B99单元格区域，设置【复制到】为E1单元格，保持【条件区域】为空，选择【选择不重复的记录】复选框，如图4-46所示。

（2）单击【确定】按钮完成筛选操作，筛选结果如图4-47所示。

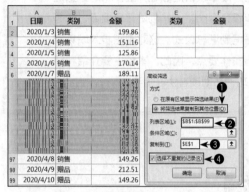
图 4-46

图 4-47

（3）筛选出不重复记录后，在F2单元格中利用SUMPRODUCT函数编辑一个分类求和公式"=SUMPRODUCT((B$2:B$99=E2)×C$2:C$99)，向下复制公式，即可生成一个分类汇总表，如图4-48所示。

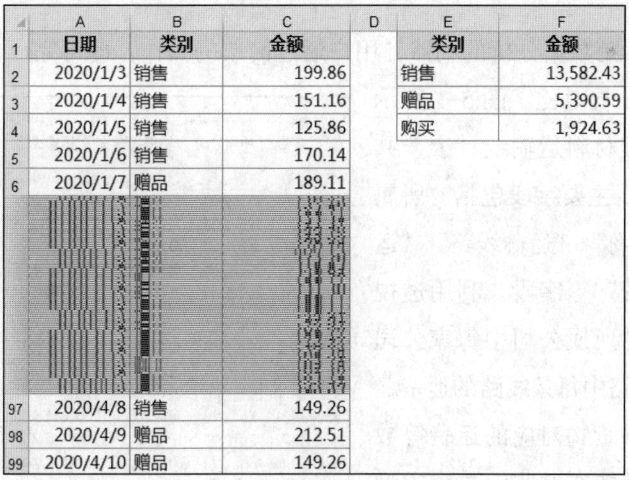

图 4-48

高级筛选功能作为基础操作中的一个重要功能，有着广泛的应用空间，既可以实现多字段组合条件的筛选，满足各种筛选需求；也可以完成复杂公式条件的筛选，获得意想不到的筛选结果，而且还能筛选出不重复的记录。

第 5 章

数据的汇总与统计

快速汇总数据是大多数人使用表格后的主要需求，无论是销售数据的分产品汇总、分业务员汇总，还是生产数据的分成本项目汇总等，工作中的数据汇总无处不在。而汇总过程中的关键操作步骤有 3 个，一是剔除重复项目，二是汇总表横向字段和纵向字段的选择，三是编制汇总公式。这对刚刚步入职场或即将步入职场的读者来说，很难快速掌握操作要点，因此，本章主要介绍利用数据透视表功能快速汇总与统计数据的技巧，帮助读者快速上手。

技巧 041
快速生成汇总表——数据透视表法

应用场景

数据透视表是数据分析的利器，用户通过简单的操作，即可完成各种角度、各种需求的数据统计与对比。图 5-1 所示为一张建设工程材料运输统计表，共有 1424 条记录，主要字段包括"所属公司""货物名称""运输线路""运输方式""运费"等字段。利用透视表功能可以统计所属公司中每家公司的运费、运输线路中每条线路的运费、货物名称中每种货物对应的运费等数据信息，而且还能在这些汇总表中进行自如的切换查看。

	A	B	C	D	E	F
1	序号	所属公司	货物名称	运输线路	运输方式	运费
2	1	水运公司	石粉	荆门--江北	集装箱	651.00
3	2	陆运公司	青砂	荆门--江北	集装箱	621.00
4	3	水运公司	青砂	兴润--草场	集装箱	223.00
5	4	水运公司	黄砂	兴润--土房子	散装	368.00
6	5	水运公司	青砂	兴润--江边	集装箱	368.00
7	6	陆运公司	石粉	兴润--草场	散装	828.00
...	...	...	...	...	...	...
1419	1418	陆运公司	青砂	兴润--江边	散装	229.00
1420	1419	陆运公司	石粉	兴润--江边	集装箱	849.00
1421	1420	陆运公司	石粉	兴润--江边	集装箱	728.00
1422	1421	水运公司	黄砂	兴润--草场	集装箱	639.00
1423	1422	陆运公司	渣土	兴润--草场	散装	224.00
1424	1423	水运公司	青砂	兴润--江边	集装箱	253.00
1425	1424	水运公司	青砂	兴润--江边	散装	321.00

图 5-1

解决方案

1. 数据源范围的选择

选中 A1:F1425 单元格区域，或者选中单元格区域中的任意一个单元格，例如 B2 单元格。

扫码看视频

> **注意**
> 如果数据区域不连续，如中间有整行的空白行，此时需要选中全部数据区域；如果数据区域连续，只需要选中数据区域中的任意一个单元格，系统会自动帮你选中有效的数据区。

> **技术看板**
> 选中一个数据量较大的数据源的便捷方法：先选中数据源左上角的第一个单元格，如本例中的 A1 单元格，然后将数据表右侧的纵向滚动条拉至数据表的最后一行，按住【Shift】键不放，用鼠标选择数据源右下角的最后一个单元格，如本例中的 F1425 单元格，即可将数据表中的全部数据源选中。

2. 选择横向字段和纵向字段

（1）切换到【插入】选项卡，单击【表格】组中的【数据透视表】按钮，如图5-2所示。

（2）在弹出的【创建数据透视表】对话框中核对选择的数据区域是否正确。如果有误，可在【表/区域】文本框中直接修改。再选择放置数据透视表的位置，如【新工作表】或【现有工作表】，一般选择【新工作表】，如图5-3所示。

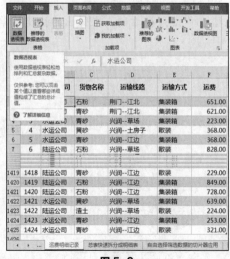

图 5-2

图 5-3

(3)单击【确定】按钮,在原数据表的左侧插入一张新工作表,如图5-4所示。

(4)在【数据透视表字段】任务窗格中,将添加到报表中的字段拖曳到相应的区域中。例如,将【货物名称】字段拖曳至【行】区域,将【运输线路】字段拖曳至【列】区域,将【运费】字段拖曳至【值】区域,在A3:E13单元格区域中即可生成一个货物名称与运输线路的二维汇总表,如图5-5所示。

图5-4

图5-5

3．添加/取消分项汇总

在【数据透视表字段】任务窗格中,如果将【货物名称】字段拖曳至【行】区域,将【运输线路】和【所属公司】字段拖曳至【列】区域,将【运费】字段拖曳至【值】区域,可以生成一个新的汇总表,如图5-6所示。在该汇总表中,可以清晰地看到每条运输线路下的不同运输公司所运货物的运费。在生成汇总表时,系统会自动添加各分项的小计行或小计列,如图5-6所示的D列中的荆门—江北线路的运费汇总。如果我们不想保留这类数据表中的分项小计类汇总数据,可以通过下面的设置取消。

扫码看视频

(1)选中图5-6中的汇总项,如D4单元格,单击鼠标右键,在弹出的快捷菜单中选择【字段设置】命令,如图5-7所示。

图5-6

图5-7

（2）弹出【字段设置】对话框，在【分类汇总和筛选】选项卡中选择【无】单选按钮，单击【确定】按钮完成设置，如图5-8所示。

单击【确定】按钮后，数据汇总表中的分项小计类汇总即被取消，如图5-9所示。

图 5-8　　　　　　　　　图 5-9

4. 按照表格设置字段

在【数据透视表】任务窗格中，当【行】区域中有两个以上的字段时，汇总表的显示样式如图5-10所示。这与常规的汇总表形式相去甚远，有的用户不太习惯这种显示样式，希望设置为常规的汇总表样式。常规的汇总表样式如图5-11所示。可以通过字段设置进行汇总表格式调整。

扫码看视频

图 5-10　　　　　　　　　图 5-11

（1）选中A5单元格，单击鼠标右键，在弹出的快捷菜单中选择【字段设置】命令，或者切换到【数据透视表工具】|【分析】选项卡，单击【活动字段】组中的【字段设置】按钮，如图5-12所示。

（2）弹出【字段设置】对话框，在【分类汇总和筛选】选项卡中选择【无】单选按钮，如图5-13所示。

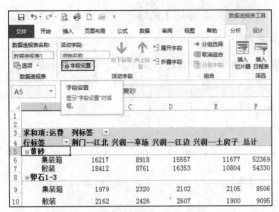
图 5-12

图 5-13

（3）切换到【布局和打印】选项卡，选择【以表格形式显示项目标签】单选按钮，如图 5-14 所示。

（4）单击【确定】按钮，汇总表便趋向于常规的样式，如图 5-15 所示，其与图 5-11 所示的样式非常相似。

图 5-14

图 5-15

5. 切换统计方式，选择求和或计数

（1）在汇总方式上可以任意选择求和或计数，如图 5-16 所示，在【值】区域中用于求和的值字段是运费。

（2）单击【值】区域中的【求和项：运费】，在弹出的快捷菜单中选择【值字段设置】命令，如图 5-17 所示。

扫码看视频

图 5-16

图 5-17

（3）在弹出的【值字段设置】对话框中，选择【值字段汇总方式】的【计算类型】为【计数】，如图5-18所示。

（4）单击【确定】按钮，退出【值字段设置】对话框，此时透视表中的数据立即变成了计数结果，如图5-19所示。以C5单元格中的"26"为例，该数据的含义是在"运费明细记录"工作表中，货物名称为黄砂的、所属公司为陆运公司的、运输线路为荆门—江北的笔数。

图5-18

图5-19

技术看板　在【值字段设置】对话框中，如果值字段汇总方式的计算类型设置为【求和】，则获得的结果是数据求和；如果设置为【计数】，则获得的结果是计数，或者说是统计个数。还可以设置为【平均值】、【最大值】或【最小值】，以便在透视表中获得不同口径的汇总表或统计表。

6. 插入表格

这里的插入表格指的是数据透视中的功能，即把数据透视表中的数据源设置成标准的表格格式，当增加数据记录后筛选范围自动更新。

（1）切换到【插入】选项卡，单击【表格】组中的【表格】按钮，如图5-20所示。

（2）弹出【创建表】对话框，选择【表包含标题】复选框，核对数据源的范围无误后，单击【确定】按钮，如图5-21所示。

扫码看视频

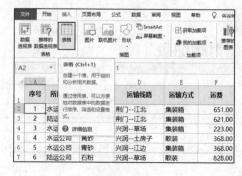

图5-20

图5-21

设置后的数据透视表的效果如图 5-22 所示，可以看到，数据行中出现间隔颜色，同时在字段行右侧出现筛选用的下拉按钮。

（3）如果希望将此表恢复成普通的单元格区域，可切换到【表格工具】|【设计】选项卡，单击【工具】组中的【转换为区域】按钮，如图 5-23 所示。

序号	所属公司	货物名称	运输线路	运输方式	运费
1	水运公司	石粉	荆门--江北	集装箱	651.00
2	陆运公司	青砂	荆门--江北	集装箱	621.00
3	水运公司	青砂	兴润--草场	集装箱	223.00
4	水运公司	黄砂	兴润--土房子	散装	368.00
5	水运公司	青砂	兴润--江边	集装箱	368.00
6	陆运公司	石粉	兴润--草场	散装	828.00
7	陆运公司	碎石1-3	兴润--江边	散装	470.00
8	水运公司	青砂	兴润--土房子	集装箱	778.00
9	水运公司	黄砂	荆门--江北	集装箱	603.00
10	陆运公司	石粉	兴润--草场	集装箱	666.00

图 5-22

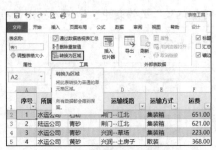

图 5-23

（4）执行【转换为区域】命令后，表格的颜色不会改变，需要人为设置填充色为【无填充】，如图 5-24 所示。

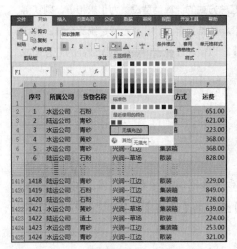

图 5-24

> **技术看板**
>
> “插入表格”一词中的“插入”容易让人产生误解，很多人第一次看到这里误以为是插入了一个新的表格，其实不是插入，而是把已有的表格，即“运费明细记录”工作表转换为“表格”形式，这个“表格”是特指专门用于配合透视表功能的一种表格形式，它比普通表格更智能。例如，普通数据表作为透视表的数据源，当对数据记录增减变更后，对透视表实施刷新操作时，引用的数据源不会自动识别新增的记录。如果采用“表格”功能，在新增记录后再执行透视表刷新操作，新增的记录会被自动识别出来，并纳入到透视表汇总中。

技巧 042

快速拆分汇总表为明细表

应用场景

按照技巧 041 中的方法，我们可以快速获得一张汇总表。但如果想获得汇总表中的某个汇总数据的明细记录，又该如何操作呢？

解决方案

（1）如果要拆分图 5-25 中运输货物为黄砂、运输方式为集装箱、运输线路为荆门—江北汇总数据对应的明细记录，可双击 C5 单元格，瞬间生成一张新工作表，并筛选出符合条件的记录，如图 5-26 所示。

图 5-25　　　　　　　　　　　图 5-26

从图 5-26 中可以看出，【所属公司】字段中既有水运公司，也有陆运公司，因为汇总表中没有涉及所属公司字段。

（2）如果要拆分图 5-27 中黄砂的运费总计的明细记录，可双击 G5 单元格。拆分结果如图 5-28 所示。此拆分结果与图 5-26 所示的拆分结果相比，【运输线路】字段中包含了所有的运输线路，而筛选结果只为运输货物为黄砂且运输方式为集装箱的记录。

图 5-27　　　　　　　　　　　图 5-28

技巧 043
利用切片器自由选择筛选数据

切片器是数据透视表中一个用于实现筛选功能的筛选器，筛选的字段可以自行选择，也可以设置多个切片器，实现多条件组合筛选。

解决方案

（1）选中数据透视表区域中的任意一个单元格，切换到【分析】选项卡，单击【筛选】组中的【插入切片器】按钮，如图5-29所示。

（2）在弹出的【插入切片器】对话框中选择要插入切片器的字段。在此对话框中可以单选，也可以多选。若单选，则弹出一个切片器；若多选，则弹出多个切片器。本案例中单独选择【货物名称】字段，如图5-30所示。

图5-29

图5-30

（3）单击【确定】按钮后弹出图5-31所示的切片器。通过选择其中的选项，可以实现在数据透视表中切换显示不同货物名称的筛选结果。例如，若选择【黄砂】选项，则筛选结果如图5-32所示。

图5-31

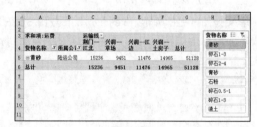

图5-32

（4）选中切片器，单击鼠标右键，在弹出的快捷菜单中选择【大小和属性】命令，在弹出的【格式切片器】任务窗格中可以设置切片器的格式。除设置切片器的位置外，还可以设置切片器中选项的列数，如图5-33所示。如果切片器中的选项较多，也可以将排列形式改为多列。例如，若要将图5-32中货物名称切片器的单列显示改为3列显示，则将【列数】设置为3，如图5-34所示，切片器立即调整为3列多行的形式。

图5-33

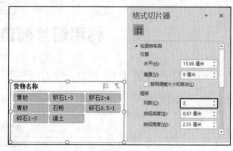

图5-34

技巧 044
更新追加数据后的汇总数据

应用场景

当在数据透视表的数据源中追加数据后，数据透视表中的汇总结果并不会自动更新，需要手工修改数据源的引用范围。

解决方案

（1）选中数据透视表区域中的任意一个单元格，切换到【数据透视表工具】|【分析】选项卡，单击【数据】组中的【更改数据源】按钮，如图5-35所示。

（2）在弹出的【更改数据透视表数据源】对话框中修改数据源范围。如果数据源范围从原来的A1:F1425单元格区域增加到A1:F2000单元格区域，只需要把【表/区域】文本框中的"1425"改成"2000"即可，如图5-36所示。

图 5-35

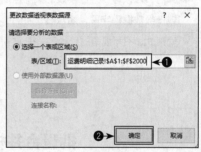

图 5-36

技巧 045
快速转换汇总布局

应用场景

数据透视表中的行字段和列字段可以随心所欲地转换。例如，在图5-37所示的数据透视表中，行字段是【货物名称】，列字段是【运输线路】。现需将行字段和列字段进行转换。

> 解决方案

选择【行】区域中的【货物名称】字段,将其拖曳到【列】区域;再选择【列】区域中的【运输线路】字段,然后将其拖曳到【行】区域中。拖动字段后的数据透视表的效果如图 5-38 所示。

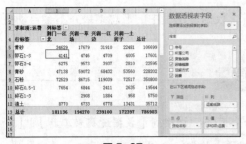

图 5-37

图 5-38

> **技术看板**
>
> 【数据透视表字段】任务窗格中有 4 个字段设置区域,分别是【筛选】区域、【列】区域、【行】区域和【∑值】区域。前三个区域用于设置分类字段,如工程项目、产品类别、地区、部门、班级等,这些字段的共同点是用于区分数据的不同属性;【∑值】区域用于设置求和或计数数据型字段,如数量、金额等。前三个区域中的字段可以相互置换位置,以构建出不同形式、不同视角的统计表。每个字段设置区域中可以添加一个字段,也可以添加多个字段。

技巧 046
批量合并相同内容的单元格

扫码看视频

> 应用场景

图 5-39(a)是一张多行、多列的数据表,现需要将具有相同内容的单元格合并,合并后的效果如图 5-39(b)所示。

图 5-39

> 解决方案

(1)将【销售量】列备份,如图 5-40 所示。

（2）对数据区进行分类汇总操作。在【数据】选项卡中，单击【分类显示】组中的【分类汇总】按钮，弹出【分类汇总】对话框，设置【分类字段】为【地区】，【汇总方式】为【求和】，【选定汇总项】为【备份销售量】，如图5-41所示。

	A	B	C	D
1	地区	姓名	销售量	备份销售量
2	北京	王颖慧	9880	9880
3	北京	张东康	2290	2290
4	北京	周洺宇	4950	4950
5	北京	张艳华	1270	1270
6	深圳	王颖慧	1960	1960
7	深圳	张东康	2050	2050
8	深圳	周洺宇	8320	8320
9	上海	王颖慧	5730	5730
10	上海	张东康	560	560
11	上海	周洺宇	5960	5960
12	上海	张艳华	7320	7320
13	上海	路华童	4900	4900

图5-40

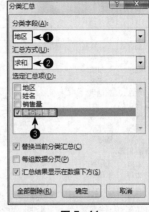

图5-41

（3）单击【确定】按钮退出【分类汇总】对话框。选中【备份销售量】列，如图5-42所示，在A列相同的地区的下方自动添加了合计行，合计数在D列（【备份销售量】列）中。

（4）选中D2:D17单元格区域，按键盘中的【F5】键或者【Ctrl】+【G】组合键，调出【定位】对话框，单击【定位条件】按钮，弹出【定位条件】对话框，选择【常量】单选按钮和【数字】复选框，单击【确定】按钮，如图5-43所示。

图5-42

图5-43

（5）退出【定位】对话框后，按键盘中的【Delete】键删除【备份销售量】列中的数据，然后切换到【开始】选项卡，单击【对齐方式】组中的【合并后居中】按钮。通过定位选中的是不包含公式的单元格，因此合并操作是一个分区域的合并，即把相同地区的数据区合并成一个单元格，合并操作后的效果如图5-44所示。

（6）选中数据区域中的任意一个单元格，再次切换到【数据】选项卡，单击【分类显示】组中的【分类汇总】按钮，弹出【分类汇总】对话框，单击对话框左下角的【全部删除】按钮，再单击【确定】按钮退出【分类汇总】对话框，如图5-45所示。

图5-44

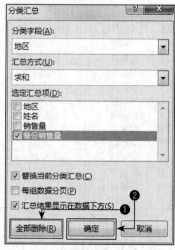

图5-45

（7）取消分类汇总后，在D列中，对应A列中相同地区名称的单元格处于合并状态。选中D2:D13单元格区域，按【Ctrl】+【C】组合键执行复制操作，效果如图5-46所示。

（8）选中A2单元格，单击鼠标右键，在弹出的快捷菜单中选择【选择性粘贴】命令，在弹出的【选择性粘贴】对话框中选择【格式】单选按钮，如图5-47所示。

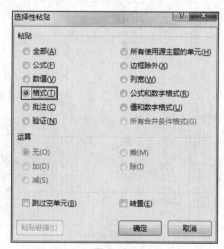

图5-46　　　　　　　　　图5-47

（9）单击【确定】按钮退出【选择性粘贴】对话框，合并后的效果如图5-48所示。复制、粘贴的实质是把D列的格式复制到A列，让相同的地区名称单元格合并为一个单元格。

图 5-48

（10）删除作为辅助操作区的 D 列内容，至此完成全部操作。

技巧 047
对合并单元格数据进行排序

扫码看视频

应用场景

在 Excel 中，当需要排序的数据区域中包含合并单元格时，就无法进行排序操作。例如，在图 5-49 所示的工作表中，【地区】列中的单元格有 3 行合并的，也有 4 行合并的，还有 5 行合并的，单元格大小各不相同。若对这样的数据区域进行排序操作会被 Excel 拒绝。只有取消合并且保持每个单元格中都有地区名称才能进行排序操作。若想将图 5-49 所示的工作表以【销售量】列的数据降序排序，该如何操作呢？

图 5-49

解决方案

（1）选中 A2:A13 单元格区域，在【开始】选项卡中，单击【对齐方式】组中的【合并后居中】按钮，取消合并单元格，效果如图 5-50 所示。

（2）选中取消合并后的 A2:A13 单元格区域，按【F5】键或【Ctrl】+【G】组合键，调出【定位】对话框，单击【定位条件】按钮，弹出【定位条件】对话框，选择【空值】单选按钮，如图 5-51 所示。

	A	B	C
1	地区	姓名	销售量
2	北京	王颖慧	9880
3		张东康	2290
4		周洺宇	4950
5		张艳华	1270
6	深圳	王颖慧	1960
7		张东康	2050
8		周洺宇	8320
9	上海	王颖慧	5730
10		张东康	560
11		周洺宇	5960
12		张艳华	7320
13		路华童	4900

图 5-50

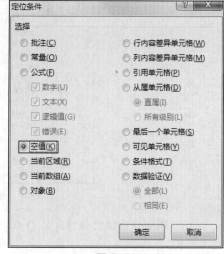

图 5-51

（3）单击【确定】按钮，退出【定位条件】对话框后，立即按下键盘中的等号键，再用鼠标选中等号键所在位置的上方单元格，即 A2 单元格，如图 5-52 所示。

（4）选中 A2 单元格后立即按【Ctrl】+【Enter】组合键，此时所有空白单元格被填充对应的地区名称，效果如图 5-53 所示。

	A	B	C
1	地区	姓名	销售量
2	北京	王颖慧	9880
3	=A2	张东康	2290
4		周洺宇	4950
5		张艳华	1270
6	深圳	王颖慧	1960
7		张东康	2050
8		周洺宇	8320
9	上海	王颖慧	5730
10		张东康	560
11		周洺宇	5960
12		张艳华	7320
13		路华童	4900

图 5-52

	A	B	C
1	地区	姓名	销售量
2	北京	王颖慧	9880
3	北京	张东康	2290
4	北京	周洺宇	4950
5	北京	张艳华	1270
6	深圳	王颖慧	1960
7	深圳	张东康	2050
8	深圳	周洺宇	8320
9	上海	王颖慧	5730
10	上海	张东康	560
11	上海	周洺宇	5960
12	上海	张艳华	7320
13	上海	路华童	4900

图 5-53

（5）采用定位方式批量填充的内容不是常量内容而是公式，因此需要把填充后的 A2:A13 单元格区域做一次去除公式但保留公式结果的操作。操作方法：复制 A2:A13 单元格区域，执行【选择性粘贴】命令，在【选择性粘贴】对话框中选择【数值】单选按钮，单击【确定】按钮退出【选择性粘贴】对话框，填充后的效果如图 5-54 所示。

	A	B	C
1	地区	姓名	销售量
2	北京	王颖慧	9880
3	北京	张东康	2290
4	北京	周洺宇	4950
5	北京	张艳华	1270
6	深圳	王颖慧	1960
7	深圳	张东康	2050
8	深圳	周洺宇	8320
9	上海	王颖慧	5730
10	上海	张东康	560
11	上海	周洺宇	5960
12	上海	张艳华	7320
13	上海	路华童	4900

图 5-54

（6）选中【销售量】列，在【开始】选项卡的【编辑】组中单击【排序和筛选】按钮，在弹出的下拉列表中选择【降序】命令，在弹出的【排序提醒】对话框中选择【以当前选定区域排序】单选按钮，单击【排序】按钮，关闭【排序提醒】对话框，如图 5-55 所示。排序后的效果如图 5-56 所示。

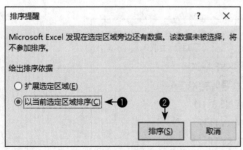

图 5-55

	A	B	C
1	地区	姓名	销售量
2	北京	王颖慧	9880
3	北京	张东康	8320
4	北京	周洺宇	7320
5	北京	张艳华	5960
6	深圳	王颖慧	5730
7	深圳	张东康	4950
8	深圳	周洺宇	4900
9	上海	王颖慧	2290
10	上海	张东康	2050
11	上海	周洺宇	1960
12	上海	张艳华	1270
13	上海	路华童	560

图 5-56

第6章 利用条件格式标识重点数据

在表格中对数据进行操作时，经常会有一些特殊的需求。例如，在录入产品编码时，对出现的重复编码实现自动提示；在录入销售额数据后，将排名前三的数据，或者将高于（低于）平均值的数据用颜色条来表示，等等。利用条件格式功能可轻松解决上述需求问题，实现数据的可视化。

技巧 048 凸显重复数据

扫码看视频

应用场景

在图 6-1 所示的产品明细表中，要求 A 列的"产品编码"数据中不能有重复值。此时可通过设置条件格式将"产品编码"中的重复值标识出来，以提示用户进一步处理。

	A	B
1	产品编码	产品名称
2	128400108	后网KYFA-30
3	128300010	12寸导风轮KYTA-30
4	128200049	底盘NSB-10
5	120010295	前壳KYTF-25
6	128200479	后壳KYTF-25
7	120330029	10寸导风轮KYTF-25
8	128200134	前壳KYTJ-30
9	128200133	后壳KYTJ-30
10	128200288	前壳FD-4011

图 6-1

解决方案

（1）选中需要设置重复提示标识的数据区域，这里选中 A 列单元格。在【开始】选项卡中单击【样式】组中的【条件格式】按钮，在弹出的列表中选择【突出显示单元格规则】→【重复值】命令，如图 6-2 所示。

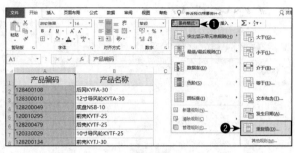

图 6-2

（2）在弹出的【重复值】对话框中设置提示方式。这里用户可以自定义设置含重复值的单元格格式，也可以采用系统默认的设置格式，设置完成后单击【确定】按钮，如图 6-3 所示。设置后的产品明细表的效果如图 6-4 所示。

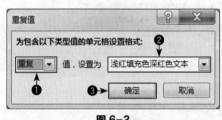

图 6-3

图 6-4

条件格式的设置有很多种方法，可以采用系统提供的制式设置（图 6-2 所示的【突出显示单元格规则】列表中的众多选项），也可以采用自定义方式设置，非常灵活。如果用户想采用自定义方式设置条件格式，以突出个人特色，则可按照如下方法进行设置。

（1）选中需要设置重复提示标识的数据区域，如图 6-1 中的 A 列。在【开始】选项卡中单击【样式】组中的【条件格式】按钮，在弹出的列表中选择【管理规则】命令，弹出【条件格式规则管理器】对话框，如图 6-5 所示。

（2）单击【新建规则】按钮，弹出【新建格式规则】对话框，在【选择规则类型】列表框中选择【仅对唯一值或重复值设置格式】选项，如图 6-6 所示。

图 6-5

图 6-6

（3）在确认【选定范围中的数值】为【重复】之后，单击【格式】按钮，弹出【设置单元格格式】对话框，在【填充】选项卡中选择一种填充颜色，如灰色，如图 6-7 所示。

（4）单击【确定】按钮完成填充颜色的设置，系统自动返回【新建格式规则】对话框，在【预览】区中可以看到设置的填充效果，在此无须做其他设置，单击【确定】按钮，如图 6-8 所示。

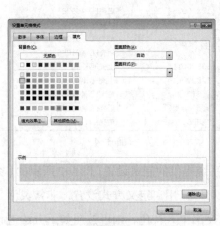

图 6-7

图 6-8

（5）返回【条件格式规则管理器】对话框，查看【应用于】文本框中的单元格范围是否正确。如果不正确，可单击【应用于】文本框右侧的 按钮，重新选择要应用规则的单元格范围。确认设置无误后单击【确定】按钮，完成全部设置，如图 6-9 所示。

设置完成后的效果如图 6-10 所示，可见 A 列中凡是重复的产品编码所在的单元格均被填充了灰色。

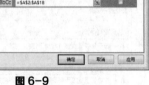

图 6-9

图 6-10

技巧 049
自动标记排名前三和后三的数据

> 应用场景

图 6-11 所示为一张商品销售明细表，为了突出显示该表中销售额排名前三和后三的数据记录，可借助条件格式将前三和后三的销售额记录用不同的颜色醒目地标记出来。

	A	B
1	商品名称	销售额
2	明艺坊	3332
3	点时秀	4092
4	伊美	5289
5	铃月靓	2500
6	我尚我酷	5585
7	澳宏	3541
8	艾可拉夫	7351
9	春泥	5653
10	菲尔诗伊	7968
11	春果	2283
12	嘉宁	2295
13	秀罗燕尔	6092
14	圣巴特	7946
15	魅力经典	7681
16	伊莎贝蒂（伊美）	7555
17	梦月莉人（亚伯丽斯）	2561

图 6-11

解决方案

（1）选中 B2:B17 单元格区域，在【开始】选项卡中单击【样式】组中的【条件格式】按钮，在弹出的列表中选择【管理规则】命令，如图 6-12 所示。

（2）弹出【条件格式规则管理器】对话框，单击【新建规则】按钮，在弹出的【新建格式规则】对话框中选择【仅对排名靠前或靠后的数值设置格式】选项，同时修改【最高】名次数为 3，然后单击【格式】按钮，如图 6-13 所示。

图 6-12

图 6-13

（3）弹出【设置单元格格式】对话框，切换到【填充】选项卡，选择填充单元格的颜色，单击【确定】按钮，如图 6-14 所示。

（4）返回【新建格式规则】对话框，无须其他设置，单击【确定】按钮，如图 6-15 所示。

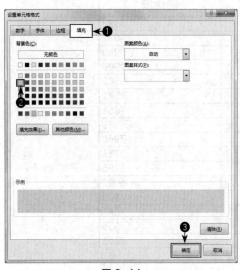

图 6-14

图 6-15

（5）返回【条件格式规则管理器】对话框，查看【应用于】文本框中的单元格范围是否正确。若不正确，可单击【应用于】文本框右侧的 按钮重新设置应用范围。确认设置无误后再次单击【新建规则】按钮，如图6-16所示。

（6）弹出【新建格式规则】对话框，设置排名后三的数值格式规则，如图6-17所示。

图6-16

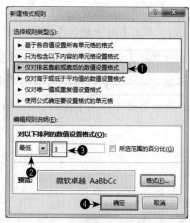

图6-17

（7）单击【确定】按钮，返回【条件格式规则管理器】对话框，单击【确定】按钮，完成设置，如图6-18所示。

设置了两个条件格式规则后的表格显示效果如图6-19所示。

图6-18

图6-19

技巧 050
标记高于或低于平均值的数据

应用场景

在图6-11所示的商品销售明细表中，可以用条件格式将高于或低于平均值的销售额记录用颜色标记出来，便于阅读者快速识别，一目了然。

解决方案

（1）选中 B2:B17 单元格区域，在【开始】选项卡中单击【样式】组中的【条件格式】按钮，在弹出的列表中选择【管理规则】命令，弹出【条件格式规则管理器】对话框，如图 6-20 所示。

（2）单击【新建规则】按钮，弹出【新建格式规则】对话框，在【选择规则类型】列表框中选择【仅对高于或低于平均值的数值设置格式】选项，同时确认【为满足以下条件的值设置格式】为【高于】选定范围的平均值。如果是低于平均值的设置，就选择【低于】，然后单击【格式】按钮，如图 6-21 所示。

图 6-20

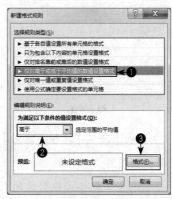
图 6-21

（3）在弹出的【设置单元格格式】对话框中选择一种填充颜色，单击【确定】按钮，如图 6-22 所示。

（4）返回【新建格式规则】对话框，再次单击该对话框中的【确定】按钮返回【条件格式规则管理器】对话框，查看【应用于】文本框中的单元格范围是否为数据列中的完整区域，如果有误，可以手工修改引用范围。确认无误后单击【确定】按钮，如图 6-23 所示。

图 6-22

图 6-23

设置后的效果如图 6-24 所示。

	A	B
1	商品名称	销售额
2	明艺坊	3332
3	点时秀	4092
4	伊美	5289
5	铃月靓	2500
6	我尚我酷	5585
7	澳宏	3541
8	艾可拉夫	7351
9	春泥	5653
10	菲尔诗伊	7968
11	春果	2283
12	嘉宁	2295
13	秀罗蒸尔	6092
14	圣巴特	7946
15	魅力经典	7681
16	伊莎贝蒂（伊美）	7555
17	梦月莉人（亚伯丽斯）	2561

图 6-24

技巧 051
用色阶标识数据的大小差异

应用场景

在图 6-11 所示的商品销售明细表中，可将销售额的大小用同一种颜色的深浅色来反映，从而实现数据大小的视觉差异。

解决方案

选中【销售额】列，在【开始】选项卡的【样式】组中单击【条件格式】按钮，在弹出的列表中选择【色阶】命令，在弹出的级联列表中选择一种色阶颜色样式，如图 6-25 所示。

图 6-25

设置色阶条件格式后的商品销售额明细表的效果如图 6-26 所示。

商品名称	销售额
明艺坊	3332
点时秀	4092
伊美	5289
铃月靓	2500
我尚我酷	5585
澳宏	3541
艾可拉夫	7351
春泥	5653
菲尔诗伊	7968
春果	2283
嘉宁	2295
秀罗燕尔	6092
圣巴特	7946
魅力经典	7681
伊莎贝蒂（伊美）	7555
梦月莉人（亚伯丽斯）	2561

图 6-26

技巧 052
用数据条展示数据大小

应用场景

利用条件格式中的数据条条件格式，将数据以长短不等的颜色条形式展示，有利于阅读者直观地对比数据的大小，提高数据分析的效率。

图 6-27 所示为某公司 2020 年的管理费用明细表，下面利用条件格式中的数据条条件格式，将各项费用数据以数据条的形式展示。

	A	B
1	管理费用	2020年
2	办公费	28019.05
3	招待费	32625.74
4	运输费	30348.61
5	差旅费	35979.8
6	工资	15406.82
7	资料费	12725.75
8	宣传费	28079.42
9	会议费	45924.03
10	保险费	17482.24

图 6-27

解决方案

（1）把 B 列的数据引入到 C 列。方法：在 C2 单元格中输入公式【=B2】，然后把鼠标指针放在 C2 单元格的右下角，待指针变成黑十字时向下拖曳至 C10 单元格，将 C2 单元格的公式复制至 C10 单元格，效果如图 6-28 所示。

（2）选中 C2:C10 单元格区域，在【开始】选项卡的【样式】组中，单击【条件格式】→【数据条】命令，从弹出的级联列表中选择【渐变填充】组中的浅蓝色数据条，如图 6-29 所示。设置数据条条件格式后的效果如图 6-30 所示。

图 6-28

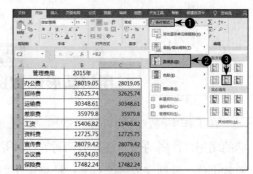
图 6-29

（3）隐藏数据，美化数据条。选中 C2:C10 单元格区域，单击鼠标右键，在弹出的快捷菜单中选择【设置单元格格式】命令，弹出【设置单元格格式】对话框，在【分类】列表框中选择【自定义】选项，在【类型】文本框中输入英文状态的 3 个分号，如图 6-31 所示。

图 6-30

图 6-31

（4）单击【确定】按钮完成设置，设置后的效果如图 6-32 所示。设置后的数据大小效果非常明显，其中 B2:B10 单元格区域为数据区，C2:C10 单元格区域为数据大小显示区。

图 6-32

技巧 053
用饼图展示数据的百分比关系

扫码看视频

在工作中经常用到百分比指标。饼图也称圆形图，是一个非常适合展现百分比指标的图形。饼图的使用场景有两种，一种是用于展示进度情况，如工程项目完工进度、回款进度、预算完成率等；另一种是用于展示结构关系，如某个公司的男女职工占比、学历结构占比、年龄结构占比等。下面就来看看如何用饼图展示数据的百分比关系。

应用场景 1

使用饼图展示销售任务完成比率，制作出的成品效果如图 6-33 所示。

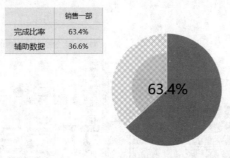

图 6-33

解决方案

（1）在绘制饼图之前，需要添加一个辅助数据，配合百分比数据共同作为图表的数据源。辅助数据等于 1 减去百分比数。例如，本例中的完成比率是 63.4%，则辅助数据 =1-63.4%=36.6%。

（2）同时选中百分比数据（B2 单元格）和辅助数据（B3 单元格），在【插入】选项卡的【图表】组中，单击【插入饼图或圆环图】按钮，在弹出的列表中单击【二维饼图】组中的【饼图】选项，如图 6-34 所示。

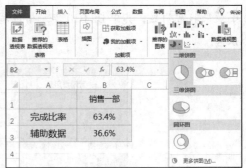

图 6-34

（3）插入饼图的效果如图 6-35（a）所示。为了保证饼图的外框线为一个正方形，可在【图表工具】|【格式】选项卡的【大小】组中，将【高度】和【宽度】设置为相同的数值。再删除图表标题和图例，效果如图 6-35（b）所示。

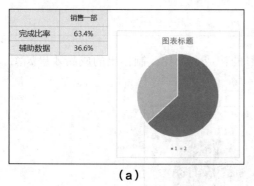
(a)

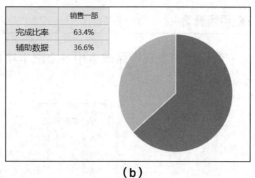
(b)

图 6-35

（4）双击选中辅助数据图表区，设置填充效果。选择与主数据图表区不相同的填充颜色或图案，效果如图 6-36 所示。

（5）选中一个任意的空白单元格，插入一个圆形，设置圆形为无线条、纯色填充，选择一种填充颜色，设置透明度为 80%，如图 6-37 所示。

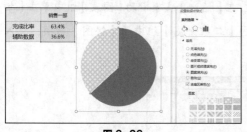

图 6-36

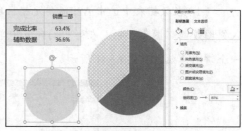

图 6-37

（6）选中圆形，在编辑栏中输入【=B2】，按【Enter】键后，效果如图 6-38 所示。

（7）拖动圆形到主数据图表区并居中放置，效果如图 6-39 所示。

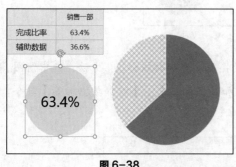

图 6-38

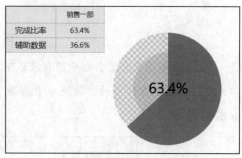

图 6-39

技术看板 为保证圆形居中放置于饼图上（二者为同心圆），可在选中圆形后，按住【Ctrl】键的同时选中饼图，在【图表工具】|【格式】选项卡的【排列】组中，单击【对齐】→【水平居中】命令，再单击【对齐】→【垂直居中】命令。

应用场景 2

利用饼图表现产品成本中各个成本项目的构成百分比,制作出的成品效果如图 6-40 所示。

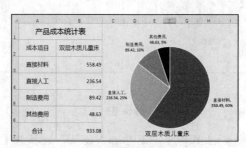

图 6-40

解决方案

(1)在数据表中选中 A2:B6 单元格区域,在【插入】选项卡的【图表】组中单击【插入饼图或圆环图】按钮,在弹出的列表中单击【二维饼图】组中的【饼图】选项,插入一个饼图,效果如图 6-41 所示。

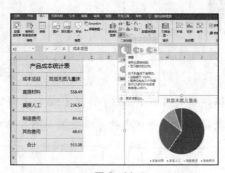

图 6-41

(2)调整图表位置,删除图表区域下方的图例,添加数据标签。方法:选中饼图,单击鼠标右键,在弹出的快捷菜单中选择【添加数据标签】→【添加数据标签】命令,如图 6-42 所示。

图 6-42

(3)选中数据标签,单击鼠标右键,在弹出的快捷菜单中选择【设置数据标签格式】命令,如图6-43所示。

图6-43

(4)弹出【设置数据标签格式】任务窗格,分别选中【类别名称】【百分比】【数据标签外】3个复选框,同时根据个人喜好设置数据标签的字体大小,设置后的效果如图6-44所示。

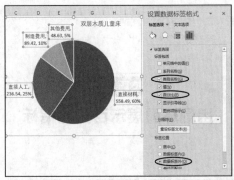

图6-44

(5)如果系统默认的图表配色方案不能满足用户的个性化设计需求,可以通过设置优化图表配色方案。方法:选中图表区,在【图表工具】|【设计】选项卡的【图表样式】组中,单击【更改颜色】下拉按钮,在弹出的调色板中选择一种颜色,如【单色调色板7】,即采用黑白灰系列颜色,如图6-45所示。

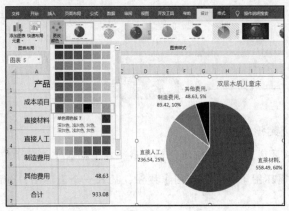

图6-45

> **注意**
>
> 用饼图表现结构百分比时，饼图能够展示的项目个数，一般在 3～5 个显示效果最佳。如果有十几个甚至几十个数据项，此时可将数据项进行归类处理。例如，某公司有 20 个产品，可以把销售量排名在前几名的产品保留，其他产品统一归入"其他产品"项目。图 6-46 是用原数据表直接制作的有 13 个扇区的饼图，其画面凌乱，没有重点；图 6-47 是数据项整合后的效果，只有 7 个扇区，重点突出，画面简洁。

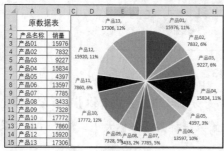
图 6-46

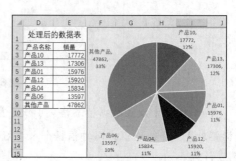
图 6-47

技巧 054
用圆环图展示百分比指标

扫码看视频

应用场景

圆环图也可以用于表现百分比指标。例如，假设完成比率为 64.45%，如果用圆环图展示，则效果如图 6-48 所示。

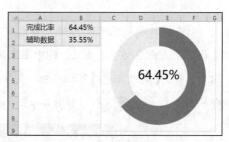
图 6-48

解决方案

（1）设置辅助数据，B2=1-B1。

（2）选中数据区域，即 B1:B2 单元格区域，在【插入】选项卡中找到【图表】组，单击【插入饼图或圆环图】→【圆环图】按钮，插入一个圆环图，如图 6-49 所示。

（3）删除图表区中的图表标题和图例，删除后圆环图自动被放大，效果如图6-50所示。

（4）设置圆环图中完成比率扇区的颜色为深灰色，辅助数据扇区的颜色为浅灰色，效果如图6-51所示。

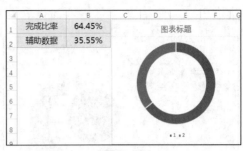

图6-49

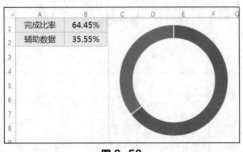

图6-50

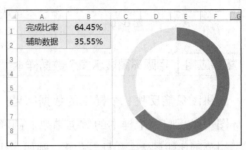

图6-51

（5）选中图表区中的圆环图部分，单击鼠标右键，在弹出的快捷菜单中选择【设置数据系列格式】命令，在弹出的【设置数据系列格式】任务窗格中找到【圆环图内径大小】选项，调整其值为60%。设置的数值越小，圆环的内径越小，圆环图越粗，如图6-52所示。

（6）选中图表区，在【插入】选项卡的【插图】组中，单击【形状】→【椭圆】按钮，按住【Shift】键的同时在图表区绘制一个圆形，如图6-53所示。

> **注意**
>
> 选中图表区再插入圆形与选中表格区再插入圆形的结果是不一样的，后者插入的圆形与图表区是"两张皮"，在拖动图表区时，插入的圆形不会随着一起移动。

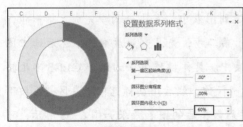

图6-52

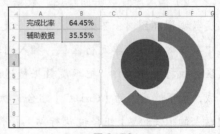

图6-53

（7）选中插入的圆形，在编辑栏中输入等号，然后用鼠标单击B1单元格并按【Enter】键，B1单元格中的数据便自动填写到圆形上，如图6-54所示。

（8）调整圆形的背景色为无色，轮廓为无线条，并设置其上的文字在水平和垂直方向上居中，同时调整字体大小，效果如图6-55所示。

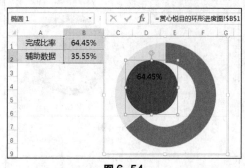

图 6–54

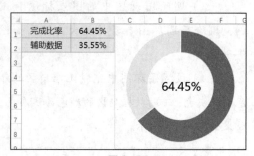

图 6–55

拓展应用 用圆环图展示多个数据样本

饼图只能反映一个样本的数据结果，而圆环图可以反映多个样本的数据结果。圆环图的适用范围比饼图大，并且变化多。例如，图 6–56 所示为某公司全年 12 个月的销售数据，若用饼图展示，只能反映每个月的数据大小关系；若用圆环图展示，还可以把季度数据的大小关系展示出来，使数据更具可读性。在图 6–56 中，A1:B13 单元格区域是全年 12 个月的销量数据（单位为万元，以下同），C1:D5 单元格区域是以季度为统计口径的销量数据。季度数据是全年数据按照所属季度求和的结果。依据此数据源绘制圆环图的过程如下。

	A	B	C	D	E	F
1	月份	销量	季度	销量		
2	1月	264	1季度	819		
3	2月	128	2季度	1363		
4	3月	427	3季度	1861		
5	4月	239	4季度	1892		
6	5月	620				
7	6月	504				
8	7月	683				
9	8月	468				
10	9月	710				
11	10月	708				
12	11月	862				
13	12月	322				

图 6–56

（1）插入月度数据圆环图。选中 A1:B13 单元格区域，插入一个圆环图，如图 6–57 所示。

（2）插入季度数据圆环图。数据表中月度数据和季度数据是相互关联的，在制作季度数据圆环图时，不能一次性地将数据输送到图表中，需要分两步完成。第一步，选中数据源 C1:D5 单元格区域，插入圆环图；第二步，先复制季度数据，然后选中图表区并执行粘贴操作，把季度数据传送到图表中。具体操作方法为选中 C1:D5 单元格区域，按下键盘上的【Ctrl+C】组合键执行复制操作，然后用鼠标选中图表区，再按下键盘上的【Ctrl+V】组合键执行粘贴操作。粘贴数据后的图表效果如图 6–58 所示，可见在原有 12 个数据扇区的外层又添加了一组数据环，其中 4 个扇区分别代表 4 个季度数据。

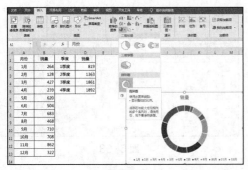
图 6-57

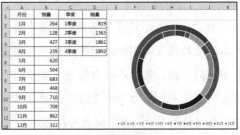
图 6-58

（3）调整圆环图的环形大小。系统默认的圆环比较"单薄"，需要适当调大。选中圆环图，单击鼠标右键，在弹出的快捷菜单中选择【设置数据系列格式】命令，如图 6-59 所示。

（4）弹出【设置数据系列格式】任务窗格，设置【圆环图圆环大小】为 50%，或者根据个人喜好设置合适的百分比，调整后的效果如图 6-60 所示。

图 6-59

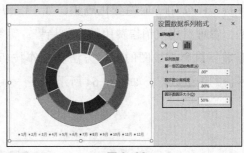
图 6-60

（5）优化圆环图颜色。圆环图中的扇区较多，扇区颜色杂乱无章，需要做一些优化处理。优化的原则是将外环上 4 个季度的数据扇区设置为同一色系中两个深浅不同的颜色；内环上 12 个月度数据扇区以 3 个月为一个循环周期，一个周期内的扇区设置方案相同，即用同一色系下的不同深浅色加以区分。设置后的效果如图 6-61 所示。

（6）添加数据标签。选中外圆环图，单击鼠标右键，在弹出的快捷菜单中选择【添加数据标签】→【添加数据标签】命令，如图 6-62 所示。

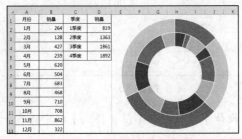
图 6-61

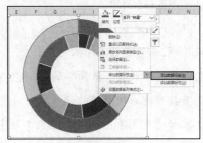
图 6-62

（7）按照同样的方法为内圆环图添加数据标签，添加后的效果如图 6-63 所示。

对于图 6-63，从季度数据的角度来看，一二季度的销量远不如三四季度的。观察每个季度的数据，还可以看出每个季度中销量较大的月份和较小的月份。通过这种分区设计，数据的识别效果有了较大的改善。

月份	销量	季度	销量
1月	264	1季度	819
2月	128	2季度	1363
3月	427	3季度	1861
4月	239	4季度	1892
5月	620		
6月	504		
7月	683		
8月	468		
9月	710		
10月	708		
11月	862		
12月	322		

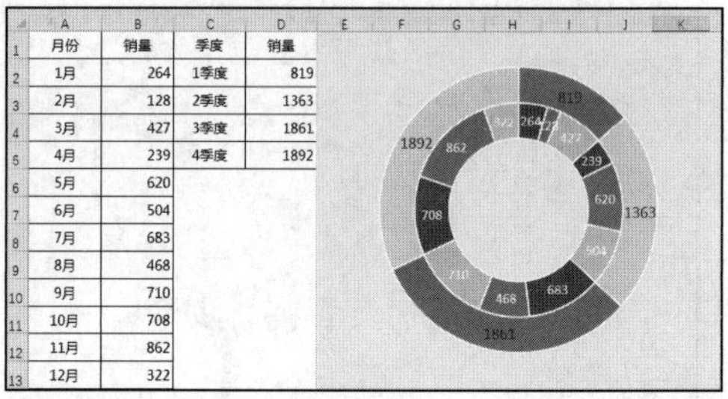

图 6-63

技巧 055

用折线图展示数据的趋势变化

应用场景

折线图常用于反映变化趋势，如 12 个月中，销量的变动趋势，管理费用或销售费用的变化趋势，等等。下面通过一组销量数据讲解折线图的制作方法和制作技巧。这是某公司 12 个月份的销量数据，如图 6-64 所示。

月份	销量
1月	581
2月	578
3月	358
4月	778
5月	448
6月	547
7月	438
8月	650
9月	787
10月	311
11月	610
12月	727

图 6-64

解决方案

（1）选中 A1:B13 单元格区域，在【插入】选项卡的【图表】组中，单击【插入折线图或面积图】→【带数据标记点的折线图】按钮，系统会自动插入一个折线图，如图 6-65 所示。

图 6-65

（2）系统默认的图表格式比较单调，如果想凸显个人特色，还要做进一步设置。最简单的方式是直接应用系统提供的标准样式。比如选中图表区，在【图表工具】|【设计】选项卡的【图表样式】组中选择一种心仪的样式，如【样式 12】，图表的效果瞬间发生了变化，如图 6-66 所示。

（3）在上述基础上若选择【样式 2】，图表又变成了另一种风格，如图 6-67 所示。

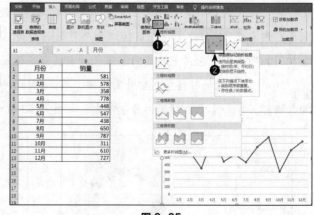

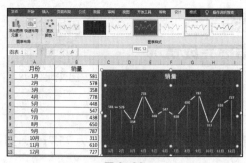

图 6-66　　　　　　　　　　图 6-67

（4）还可以对标记点的大小进行设置。选中折线图，单击鼠标右键，在弹出的快捷菜单中选择【设置数据标签格式】命令，如图 6-68 所示。

（5）在弹出的【设置数据系列格式】任务窗格中选择【标记】选项卡，在【标记选项】组中选择【内置】单选按钮，同时调整【大小】为 30，如图 6-69 所示。

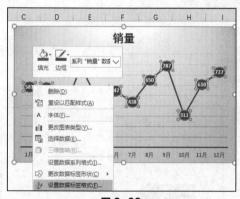 

图 6-68　　　　　　　　　　图 6-69

（6）调整标记点的大小是为调整数据标签的大小做准备。当数据位数较多时，无法将数据全部"装入"标记点中，此时就需要提前增加标记点的直径。调整标记点中数据的字号，调整后的效果如图 6-70 所示。

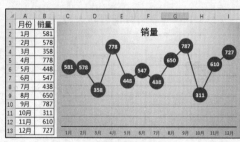

图 6-70

（7）图表中每个元素都可以进行个性化的设置，例如标记点的填充色、标记点的字体颜色、折线的宽窄、折线的颜色、背景的颜色等。鉴于本书篇幅，此处不再一一列举，感兴趣的读者可自行尝试。

技巧 056
用条形图展示指标完成情况

扫码看视频

应用场景

条形图常用于展示工程进度的完成情况。假设某工程的完成比率为 75.71%，用条形图展示的效果如图 6-71 所示。

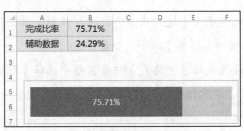

图 6-71

解决方案

（1）设置辅助数据 B2=1-B1，选中数据区 B1:B2 单元格区域，在【插入】选项卡的【图表】组中，单击【插入柱形图或条形图】→【堆积条形图】按钮，插入一个条形图，如图 6-72 所示。

（2）选中图表区，单击【图表工具】|【设计】选项卡，在【数据】组中单击【切换行/列】按钮，如图 6-73 所示。切换行列后的效果如图 6-74 所示。

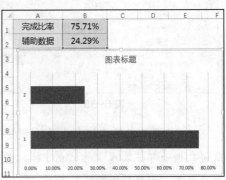

图 6-72

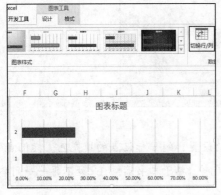

图 6-73

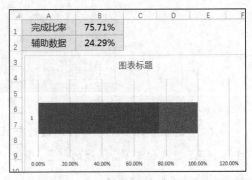

图 6-74

（3）选中条形图，在【设置数据系列格式】任务窗格中设置【分类间距】为0，如图6-75所示。

（4）选中图表区的坐标值，单击鼠标右键，在弹出的快捷菜单中选择【设置坐标轴格式】命令，在弹出的【设置坐标轴格式】任务窗格中按照图6-76所示设置水平坐标轴的最小值为0，最大值为1.0，同时确保参数值右侧均显示【重置】字样。

图6-75

图6-76

（5）设置水平坐标值后的图表效果如图6-77所示。删除图表区中的图表标题、水平坐标值、系列名称，效果如图6-78所示。

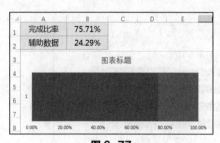

图6-77

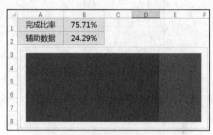

图6-78

（6）选中条形图，单击鼠标右键，在弹出的快捷菜单中选择【添加数据标签】命令，再调整数据标签的字体，调整后的效果如图6-79所示。

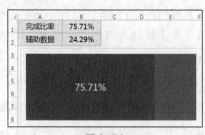

图6-79

（7）选中条形图的左侧区域，设置填充色为深灰色；再选中条形图的右侧区域，设置填充色为浅灰色。如果数据标签的颜色与背景色反差太小，也可以把标签颜色设置为白色。至此完成全部操作，条形图的最终效果如图6-71所示。

拓展应用　用条形图展示回款率

某公司有4个销售分区，分别是华北区、东北区、西南区、东南区，现有全年销售额和回款额统计表，如图6-80所示，要求用条形图展示回款率。

依据图6-80的数据源，绘制条形图的过程如下。

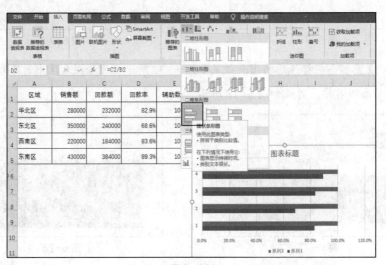

图6-80

（1）在图6-80中，B、C两列展示的数据分别是实际完成的销售额和回款额数据；D列中的回款率等于回款额除以销售额；E列中的辅助数据是手工录入的，在制作条形图时起辅助作用。选中D2:E5单元格区域，在【插入】选项卡的【图表】组中单击【插入柱形图或条形图】→【簇状条形图】按钮，如图6-81所示。

图6-81

（2）在插入的簇状条形图中，较短的条形图是回款率数据生成的，较长且等长的条形图是辅助数据生成的。下面调整两组条形图的主、次坐标轴，以辅助数据条形图为主坐标轴，以回款率条形图为次坐标轴。调整方法为选中较短的一组条形图，单击鼠标右键，在弹出的快捷菜单中选择【设置数据系列格式】命令，如图6-82所示。

（3）在弹出的【设置数据系列格式】任务窗格中选中【次坐标轴】单选按钮。选中该单选按钮后，图中的回款率条形图重叠在辅助数据条形图上，如图6-83所示。同时在图中坐标系的上方又增加了一组横向坐标轴，其中长短不一的回款率条形图使用的是上方的横向坐标轴，长短一致的辅助数据条形图使用的是下方的横向坐标轴。需要特别注意的是，由于两组数据的大小不同，造成上、下两组坐标不匹配，如上方坐标轴的最大值是100%，而下方坐标轴的最大值是120%，这是系统自动调节的结果，需要用户手动设置成一致的坐标值。

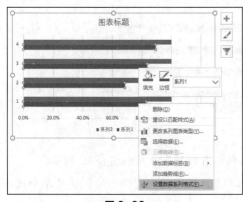

图 6-82

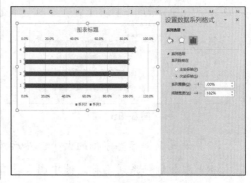

图 6-83

>
> 在柱形图、条形图中都可以将两组图形设置成两个坐标轴。如果两组数据是动态数据，必须手工设置两组坐标的最小值和最大值，否则当数据变动后，系统会自动调整坐标轴的值，使上、下两组坐标值不一致，造成两组图形的对比关系混乱。当【坐标轴选项】组中的【最大值】和【最小值】右侧显示"自动"字样时，说明坐标值是处于自动调整状态；当显示"重置"字样时，说明坐标值处于人为设定状态。

（4）选中下方的坐标值，在【设置数据系列格式】任务窗格中找到【坐标轴选项】组，将【边界】的【最小值】改为【0.0】，【最大值】改为【1.0】，待两个坐标值后面的按钮字样均显示为"重置"时，说明已经设置成功，如图6-84所示。

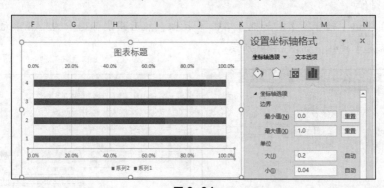

图 6-84

（5）美化图表。选中回款率条形图，设置其填充颜色为【黑色，文字1，淡色50%】，如图6-85所示。按照同样的方法，设置辅助数据条形图的填充颜色为【白色背景1，深色15%】。

（6）添加数据标签。选中回款率条形图，单击鼠标右键，在弹出的快捷菜单中选择【添加数据标签】→【添加数据标签】命令，如图6-86所示。

图6-85　　　　　　　　　　　图6-86

（7）设置数据标签字体的大小，然后编辑图表标题，效果如图6-87所示。

（8）添加数据系列名称。选中图表区，单击鼠标右键，在弹出的快捷菜单中选择【选择数据】命令，如图6-88所示。

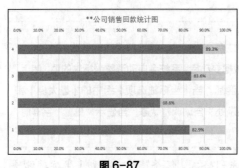
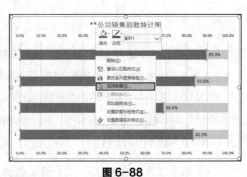

图6-87　　　　　　　　　　　图6-88

（9）弹出【选择数据源】对话框，单击【水平（分类）轴标签】下方的【编辑】按钮，如图6-89所示。

（10）弹出【轴标签】对话框，单击 按钮，然后用鼠标选中 A2:A5 单元格区域，再单击【确定】按钮，如图6-90所示。

图6-89　　　　　　　　　　　图6-90

（11）上述设置仅仅是对"系列1"的水平（分类）轴标签进行设置，还需要对"系列2"的水平（分类）轴标签进行设置。选中【系列2】，再次按照步骤10中的流程添加轴标签内容，如图6-91所示。

（12）设置后的效果如图6-92所示，在纵向坐标上添加了每组条形图对应的区域名称。

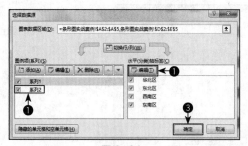

图 6-91

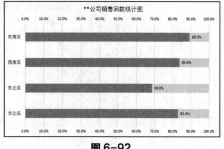

图 6-92

至此条形图的绘制全部完成。在图 6-92 中，回款率条形图（深色条形图）的作用是显示数据的大小以及相互间的大小关系，辅助数据条形图（浅色条形图）的作用是衬托回款率，同时还能显示出百分比的位置。

技巧 057
用瀑布图展示数据增减幅度

应用场景

瀑布图多用于展示一组相关数据间的变动及大小关系。例如，项目总投资与各项支出之间的关系，企业总收入与各项成本、费用、利润之间的关系。下面以投资案例为例，用瀑布图展示投资额在不同支出项中的分布情况。数据源表如图 6-93 所示。

	A	B
1	项目指标	金额
2	项目总投资	3,500,000.00
3	基础设施建设	-1,153,200.00
4	购置设备	-1,170,360.00
5	建设期费用	-657,000.00
6	启动资金	-519,440.00
7		

图 6-93

解决方案

（1）选中 A1:B6 单元格区域，在【插入】选项卡的【图表】组中，单击【插入瀑布图或股价图】→【瀑布图】按钮，如图 6-94 所示。

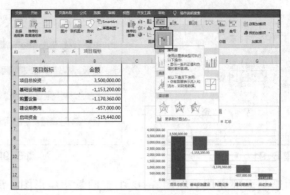

图 6-94

（2）插入瀑布图后修改图表标题，调整图表区中字体的字号，调整后的效果如图 6-95 所示。如果对系统提供的填充颜色不满意，用户还可以进行个性化修改。

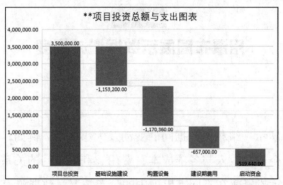

图 6-95

技术看板　瀑布图数据表中为什么有正值和负值之分呢？因为数据表中的项目内容是完全相反的两类指标，项目总投资指的是已有或即将准备好的货币，而购置设备、基础设施建设等项目指的是花出去的货币。在数据表中用正值和负值加以区分，在瀑布图中才能将正值和负值的累积影响展示出来。

还可以用瀑布图展现财务数据中的流入和流出指标，效果如图 6-96 所示。其中，收入与成本或费用是一对相反的指标，因此用正值反映收入，就需要用负值反映成本或费用。

图 6-96

第 7 章

IF 函数的嵌套应用

IF 函数是 Excel 中最常用的函数之一,它可以对值和期待值进行逻辑比较。大多数 Excel 用户都听说过这个函数,甚至也很熟悉这个函数,然而很多人在看过无数遍函数原理和其参数的使用介绍后,还是不得要领,一旦遇到新问题仍然束手无策!问题究竟出在哪里?本章就带领大家从实战入手,围绕多种条件判断和 IF 函数的嵌套应用,结合 7 个典型案例帮你找到问题的答案。

技巧 058
双结果单条件判断取值

应用场景

图 7-1 所示为某公司的工资表,要求根据员工的岗位自动计算岗位津贴。

在图 7-1 中,T 列和 U 列分别是每个员工的岗位名称和级别名称,F 列为岗位津贴。岗位津贴的发放标准有具体的规定,规定不同,编辑的公式也不同。下面针对不同的岗位津贴的规定,讲解如何编制对应的岗位津贴公式。

序号	部门	姓名	职务工资	级别工资	岗位津贴	值班补贴	饭补	交通补助	手机补助	防暑采暖	奖励	生活补贴	应发工资	社保扣款	公积金扣款	实发数	签名	岗位	级别
												***** 有限公司工资表							
	编报日期:2013年7月																		
1	综合办	郑紫光	3360	2500		200	260	300	500				7120	552	400	6168		干部岗	县处级正职
2	综合办	霍玲霞	3360	2500			140		200		500		6700	382	400	5918		干部岗	县处级正职
3	综合办	刘林峰	3010	2500		100	260		200				6070	472	400	5198		干部岗	县科级正职
4	综合办	张晓星	3000	2000		400	260	200	500				6360	565	400	5395		普通岗	县科级正职
5	综合办	孙玲玉	2860	2000			50						5110	324	400	4386		普通岗	县处级正职
6	财务部	董振虎	2680	2000		260	300	300					5740	658	400	4682		普通岗	县处级正职
7	财务部	虎宏民	3300	2200		600	250		500				6850	354	400	6096		干部岗	乡科级正职
8	财务部	张展照	3280	2800			90	200	200				6570	421	400	5749		干部岗	乡科级正职
9	财务部	孙姜乾	3950	2800		200	260		500				8010	341	400	7269		干部岗	乡股级副职
10	财务部	李静萍	3020	2800			260	100	500		1000		7680	255	400	7025		普通岗	乡股级副职
11	营销部	孙惠芳	3370	2200			250		500				6520	562	400	5558		组员岗	乡科级副职
12	营销部	李晓雨	3840	2000			220	200	500				6460	389	400	5671		工人岗	乡股级副职
13	营销部	齐纪生	3420	2000			160		500				6080	514	400	5166		工人岗	乡股级副职
14	营销部	刘佳玲	3380	2000			60	300	200				5940	313	400	5227		组长岗	乡科级副职
15																			
	合计		32300		0	1700	2780	2100	4500	0	2000	0	91210	6102	5600	79508			
制表人:					分公司负责人:														

图 7-1

> 解决方案

（1）假设该公司对岗位津贴的发放有如下规定：干部岗每月补助500元，其他岗位没有补助。那么在F4单元格中应输入如下公式：

=IF(T4=" 干部岗 ",500,0)

IF 函数语法格式：IF(判断表达式，条件成立时返回的值，条件不成立时返回的值)

公式解析：如果T4单元格的内容等于"干部岗"，则返回500，否则返回0。

在上述公式中，为干部岗添加的双引号是用英文输入法录入的。凡是在公式中出现的中文或字母、符号类的内容，都必须添加英文双引号，数字则不用添加。例如，如果B2单元格的值大于100，则公式返回10，否则返回5，对应的公式如下：

=IF(B2>100,10,5)

该公式中出现的3个数字常量100、10、5，均无须使用英文双引号。

（2）选中F4单元格，将鼠标指针放在F4单元格的右下角，待指针变成黑十字形状后按下鼠标左键不放，向下拖曳至F17单元格后释放鼠标左键，此时复制公式后的F4~F17单元格效果如图7-2所示。凡是T列中"岗位"为"干部岗"的，F列中对应的结果都是500，否则为0。

图 7-2

（3）切换到【公式】选项卡，在【公式审核】组中单击【显示公式】按钮，包含公式的F4~F17单元格就完整显示公式的状态，如图7-3所示。

图 7-3

技巧059

三结果单条件 IF 函数嵌套判断取值

应用场景

沿用技巧 058 中的案例源数据（见图 7-1），假设该公司对岗位津贴的发放有如下规定：干部岗每月补助 500 元，普通岗每月补助 300 元，其他岗位每月补助 200 元。要求根据员工的岗位自动计算岗位津贴。

解决方案

（1）在 F4 单元格中输入如下公式，输入公式后的效果如图 7-4 所示。

=IF(T4=" 干部岗 ",500,IF(T4=" 普通岗 ",300,200))

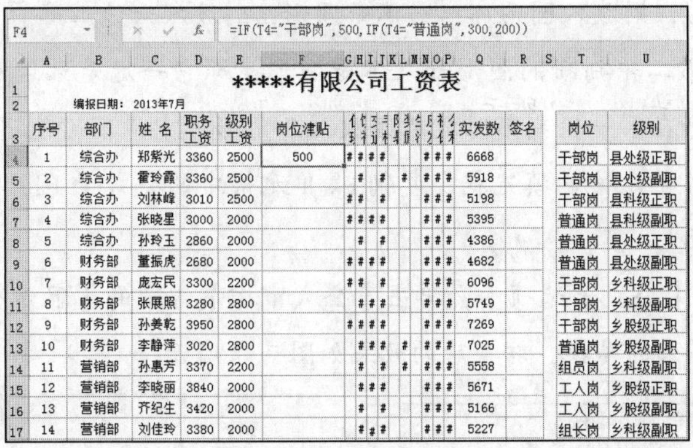

F4 =IF(T4="干部岗",500,IF(T4="普通岗",300,200))

	A	B	C	D	E	F	G	H	I	J	K	L	M	N	O	P	Q	R	S	T	U
1	*****有限公司工资表																				
2		编报日期：	2013年7月																		
3	序号	部门	姓 名	职务工资	级别工资	岗位津贴											实发数	签名		岗位	级别
4	1	综合办	郑紫光	3360	2500	500	#	#	#	#				#	#	#	6668			干部岗	县处级正职
5	2	综合办	霍玲霞	3360	2500			#		#		#		#	#	#	5918			干部岗	县处级副职
6	3	综合办	刘林峰	3010	2500		#	#		#				#	#	#	5198			干部岗	县科级正职
7	4	综合办	张晓星	3000	2000		#	#	#	#				#	#	#	5395			普通岗	县科级副职
8	5	综合办	孙玲玉	2860	2000			#		#				#	#	#	4386			普通岗	县处级正职
9	6	财务部	董振虎	2680	2000		#	#	#	#				#	#	#	4682			普通岗	县处级副职
10	7	财务部	庞宏民	3300	2200		#	#		#				#	#	#	6096			干部岗	乡科级正职
11	8	财务部	张展照	3280	2800			#	#	#				#	#	#	5749			干部岗	乡科级副职
12	9	财务部	孙姜乾	3950	2800		#	#	#	#				#	#	#	7269			干部岗	乡股级正职
13	10	财务部	李静萍	3020	2800			#	#	#		#		#	#	#	7025			普通岗	乡股级副职
14	11	营销部	孙惠芳	3370	2200			#		#		#		#	#	#	5558			组员岗	乡科级副职
15	12	营销部	李晓丽	3840	2000			#	#	#				#	#	#	5671			工人岗	乡股级正职
16	13	营销部	齐纪生	3420	2000			#		#				#	#	#	5166			工人岗	乡股级副职
17	14	营销部	刘佳玲	3380	2000			#	#	#				#	#	#	5227			组长岗	乡科级副职

图 7-4

IF 函数嵌套语法格式：IF(判断表达式 , 条件成立时返回的值 ,IF(判断表达式，条件成立时返回的值，条件不成立时返回的值))

公式解析：上述公式是 IF 函数的嵌套应用。所谓嵌套是指两次以上的条件判断。IF(T4=" 干部岗 ",500,IF(T4=" 普通岗 ",300,200)) 的运行原理是，先进行第一轮判断——T4=" 干部岗 "，判断 T4 单元格的内容是否等于“干部岗”，如果等于“干部岗”，则公式返回 500，判断取值结束，后面的判断不再执行。如果 T4 单元格的内容不等于“干部岗”，则进入第二轮判断——T4=" 普通岗 "，判断 T4 单元格的内容是否等于“普通岗”，如果等于“普通岗”，则公式返回 300，判断取值结束；如果不等于“普通岗”，则公式返回 200。

理解该公式的最大难点在于公式的判断过程比较抽象，无法在大脑中构建一条判断回路。下面利用一张图演示一下判断的过程，如图 7-5 所示。

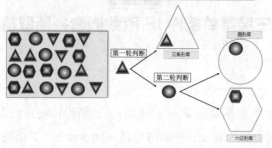

图 7-5

在图 7-5 中，左侧是一组待判断的图形，我们将其称为主图形库；中间的三角形是第一轮判断，圆形是第二轮判断。从左侧的主图形库中任意取出一个图形，先经过第一轮判断，若是三角形，则放置在三角形库中。之后从主图形库中再取出一个图形进行判断，如果在第一轮判断中判断不是三角形，则进入第二轮判断。在第二轮判断中，判断是否是圆形，若是圆形，则放入圆形库；若不是圆形，则放入六边形库。上述判断过程的关键点在于，进入第二轮判断的图形如果不是圆形，那它一定是六边形，绝对不会是三角形，因为三角形在第一轮判断时就已经放入三角形库中，不可能进入第二轮判断。

（2）拖曳 F4 单元格的填充柄，复制 F4 单元格中的公式至 F17 单元格，复制后的效果如图 7-6 所示。

（3）切换到【公式】选项卡，单击【公式审核】组中的【显示公式】按钮，可以实现公式与公式结果的转换，转换后的效果如图 7-7 所示。

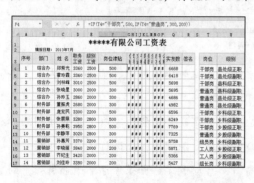

图 7-6　　　　　　　　　　　　图 7-7

技巧 060
双结果双条件（或）判断取值

> 应用场景

沿用技巧 058 中的案例源数据（见图 7-1），假设该公司对岗位津贴的发放有如下规定：干部岗或普通岗每月补助500元，其他岗位每月补助200元。要求根据员工的岗位自动计算岗位津贴。

解决方案

（1）在F4单元格中输入如下公式，输入公式后的效果如图7-8所示。

=IF(OR(T4="干部岗",T4="普通岗"),500,200)

公式解析：上述公式中的OR(T4="干部岗",T4="普通岗")的作用是判断T4单元格的内容或者等于"干部岗"，或者等于"普通岗"。无论是等于"干部岗"，还是等于"普通岗"，判断表达式都成立；如果既不等于"干部岗"，也不等于"普通岗"，则返回不成立时返回的值。

图7-8

OR是一个逻辑"或"判断函数，用来解决多个条件判断的问题。这里用一个简单的例子来说明。某公司招聘员工，规定要么有本科毕业文凭，要么有5年以上工作经验，二者有一条符合都可以进入复试。

（2）拖曳F4单元格的填充柄，复制F4单元格中的公式至F17单元格，复制后的效果如图7-9所示。

（3）切换到【公式】选项卡，单击【公式审核】组中的【显示公式】按钮，可以实现公式与公式结果的转换，转换后的效果如图7-10所示。

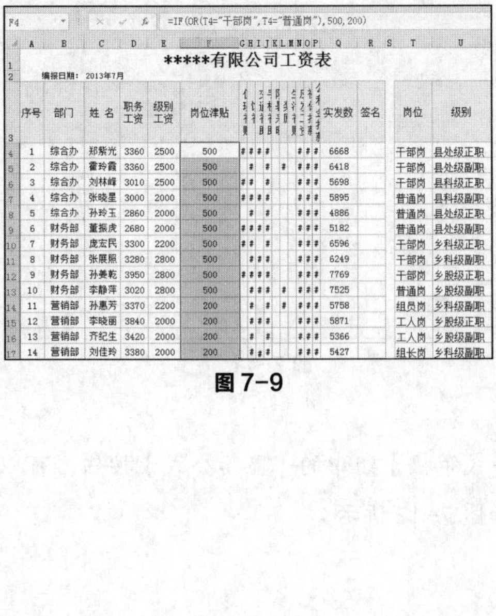

图7-9

图7-10

技巧 061
双结果双条件（并且关系）不等判断取值

应用场景

沿用技巧058中的案例源数据（见图7-1）。假设该公司对岗位津贴的发放有如下规定：级别为县处级正职、县处级副职、县科级正职、县科级副职、乡科级正职、乡科级副职的，补助300；其他级别的，没有补助。要求根据员工的级别自动计算岗位津贴。

我们来看一下规定的内容。该补助规定采用正列举法指出了有补助的级别名称。在所有的级别名称中一共有8个级别，规定中列举了6个级别，剩下的两个级别没有补助。如果采用技巧060中的方法，则需要6个等于判断公式，不如用反列举法的2个不等于判断公式更简洁。

按照分析重新调整规定的内容：级别不等于"乡股级正职"，并且不等于"乡股级副职"的，补助300元；其他级别的，没有补助。

解决方案

（1）在F4单元格中输入如下公式：
=IF(AND(U4<>"乡股级正职",U4<>"乡科级副职"),300,0)

公式解析：上述公式中的AND(U4<>"乡股级正职",U4<>"乡科级副职")的作用是当U4单元格的内容既不等于"乡股级正职"，也不等于"乡科级副职"时，公式返回300，否则返回0。

AND是一个逻辑"与"函数，其作用是综合多个判断表达式的结果，并且要求多个判断表达式的结果都成立。例如，公司评选年度优秀员工，在本年度内既没有受过处分，也没有请假超过1个月的员工，均有权参与优秀员工的评选。

（2）拖曳F4单元格的填充柄，复制F4单元格中的公式至F17单元格，复制后的效果如图7-11所示。

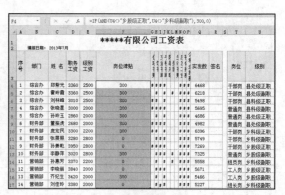

图7-11

（3）切换到【公式】选项卡，单击【公式审核】组中的【显示公式】按钮，可以实现公式与公式结果的转换，转换后的效果如图7-12所示。

图 7-12

技巧 062

双结果双条件（并且关系）相等判断取值

应用场景

技巧 061 中的 IF 公式是双条件不等判断取值，那么有没有双条件相等判断的情况呢？当然是有的。沿用技巧 058 中的案例源数据（见图 7-1），假设该公司对岗位津贴的发放有如下规定：岗位为干部岗，并且级别为县处级正职的，每月补助 500 元；其他级别的，每月补助 200 元。要求根据员工的岗位和级别自动计算岗位津贴。

解决方案

（1）在 F4 单元格中输入如下公式，输入公式后的效果如图 7-13 所示。
=IF(AND(T4=" 干部岗 ",U4=" 县处级正职 "),500,200)

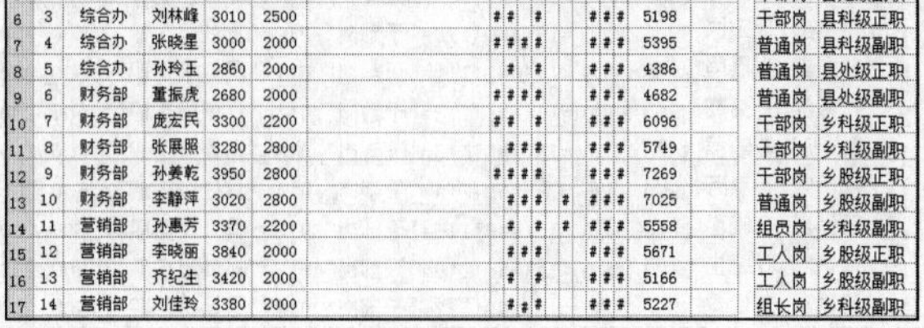

图 7-13

公式解析：上述公式中的判断表达式 AND(T4=" 干部岗 ",U4=" 县处级正职 ") 的作用是判断当 T4 单元格的内容等于“干部岗”，并且 U4 单元格的内容等于“县处级正职”时，公式返回 500，其他情况均返回 200。这是一个典型的双条件判断案例，主要特点是对两个字段做“与”关系（并且关系）的判断。凡是需要对多个条件做“与”关系判断时，均可借助 AND 函数实现。在实际应用中，“与”关系判断无处不在。例如，销售的产品为“新品”，业务员为“初级”的，销售额提成追加 2%。

（2）拖曳 F4 单元格的填充柄，复制 F4 单元格中的公式至 F17 单元格，复制后的效果如图 7-14 所示。

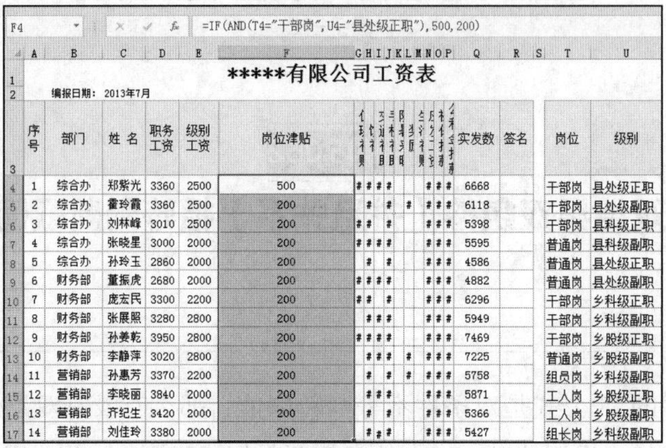
F4　=IF(AND(T4="干部岗",U4="县处级正职"),500,200)

*****有限公司工资表

编报日期：2013年7月

序号	部门	姓名	职务工资	级别工资	岗位津贴	G	H	I	J	K	L	M	N	O	P	实发数	签名	岗位	级别
1	综合办	郑紫光	3360	2500	500	#	#	#	#				#	#	#	6668		干部岗	县处级正职
2	综合办	霍玲霞	3360	2500	200		#		#		#		#	#	#	6118		干部岗	县处级副职
3	综合办	刘林峰	3010	2500	200	#	#		#				#	#	#	5398		干部岗	县科级正职
4	综合办	张晓星	3000	2000	200	#	#	#	#				#	#	#	5595		普通岗	县科级副职
5	综合办	孙玲玉	2860	2000	200		#		#				#	#	#	4586		普通岗	县处级正职
6	财务部	董振虎	2680	2000	200	#	#	#	#				#	#	#	4882		普通岗	县处级副职
7	财务部	庞宏民	3300	2200	200	#	#		#				#	#	#	6296		干部岗	乡科级正职
8	财务部	张展照	3280	2800	200		#	#	#				#	#	#	5949		干部岗	乡科级副职
9	财务部	孙姜乾	3950	2800	200	#	#	#	#				#	#	#	7469		干部岗	乡股级正职
10	财务部	李静萍	3020	2800	200		#	#	#		#		#	#	#	7225		普通岗	乡股级副职
11	营销部	孙惠芳	3370	2200	200		#		#		#		#	#	#	5758		组员岗	乡科级副职
12	营销部	李晓丽	3840	2000	200		#	#	#				#	#	#	5871		工人岗	乡股级正职
13	营销部	齐纪生	3420	2000	200		#		#				#	#	#	5366		工人岗	乡股级副职
14	营销部	刘佳玲	3380	2000	200		#	#	#				#	#	#	5427		组长岗	乡科级副职

图 7-14

（3）切换到【公式】选项卡，单击【公式审核】组中的【显示公式】按钮，可以实现公式与公式结果的转换，转换后的效果如图 7-15 所示。

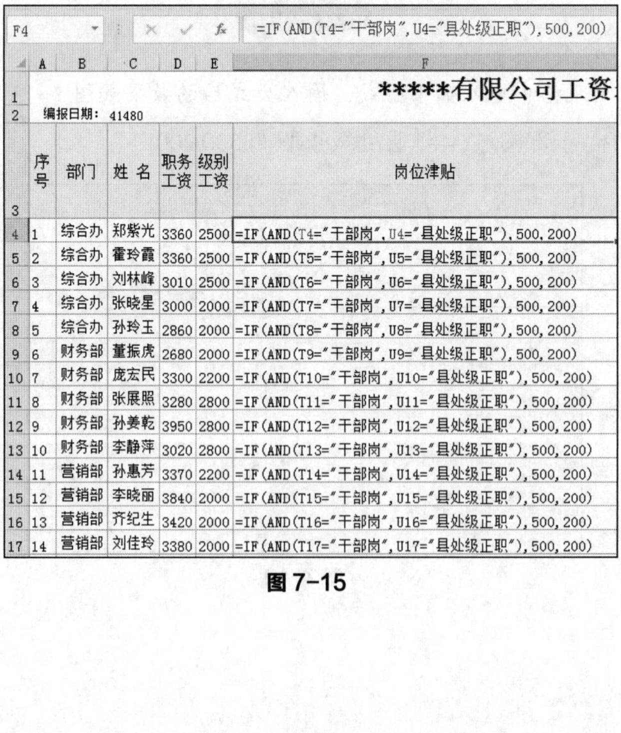
F4　=IF(AND(T4="干部岗",U4="县处级正职"),500,200)

*****有限公司工资

编报日期：41480

序号	部门	姓名	职务工资	级别工资	岗位津贴
1	综合办	郑紫光	3360	2500	=IF(AND(T4="干部岗",U4="县处级正职"),500,200)
2	综合办	霍玲霞	3360	2500	=IF(AND(T5="干部岗",U5="县处级正职"),500,200)
3	综合办	刘林峰	3010	2500	=IF(AND(T6="干部岗",U6="县处级正职"),500,200)
4	综合办	张晓星	3000	2000	=IF(AND(T7="干部岗",U7="县处级正职"),500,200)
5	综合办	孙玲玉	2860	2000	=IF(AND(T8="干部岗",U8="县处级正职"),500,200)
6	财务部	董振虎	2680	2000	=IF(AND(T9="干部岗",U9="县处级正职"),500,200)
7	财务部	庞宏民	3300	2200	=IF(AND(T10="干部岗",U10="县处级正职"),500,200)
8	财务部	张展照	3280	2800	=IF(AND(T11="干部岗",U11="县处级正职"),500,200)
9	财务部	孙姜乾	3950	2800	=IF(AND(T12="干部岗",U12="县处级正职"),500,200)
10	财务部	李静萍	3020	2800	=IF(AND(T13="干部岗",U13="县处级正职"),500,200)
11	营销部	孙惠芳	3370	2200	=IF(AND(T14="干部岗",U14="县处级正职"),500,200)
12	营销部	李晓丽	3840	2000	=IF(AND(T15="干部岗",U15="县处级正职"),500,200)
13	营销部	齐纪生	3420	2000	=IF(AND(T16="干部岗",U16="县处级正职"),500,200)
14	营销部	刘佳玲	3380	2000	=IF(AND(T17="干部岗",U17="县处级正职"),500,200)

图 7-15

技巧 063
双结果多条件（或关系）判断取值

> 应用场景

沿用技巧 058 中的案例源数据（见图 7-1），假设该公司对岗位津贴的发放有如下规定：级别为县处级正职或者县科级正职的，岗位为干部岗的，每月补助 500 元；其他级别的，每月补助 200 元。要求根据员工的岗位和级别自动计算岗位津贴。

> 解决方案

（1）在 F4 单元格中输入如下公式，输入公式后的效果如图 7-16 所示。

=IF(AND(OR(U4=" 县处级正职 ",U4=" 县科级正职 "),T4=" 干部岗 "),500,200)

公式解析：上述公式中的判断表达式是解题的关键。在判断表达式 AND(OR(U4=" 县处级正职 ",U4=" 县科级正职 "),T4=" 干部岗 ") 中，既有"与"判断（AND 函数），又有"或"判断（OR 函数），所以整个公式的作用是"级别"等于"县处级正职"或"县科级正职"的，并且"岗位"必须等于"干部岗"的，公式返回 500，否则返回 200。符合条件的组合有两种：一种是"县处级正职"的级别配合"干部岗"的岗位，另一种是"县科级正职"的级别配合"干部岗"的岗位。

再举个通俗的例子。某企业招聘员工的要求："211"院校毕业的或者"985"院校毕业的硕士研究生。"211"院校和"985"院校是"或"关系，二者居其一即可。但是无论是两个院校中的哪一个，学历必须是硕士研究生，因为院校和学历之间是"并且"关系。如果学历是硕士研究生，但不是"211"院校和"985"院校中的任意一个，也不能满足条件。基于该招聘条件编写的公式：IF(AND(OR(院校 ="211", 院校 ="985"), 学历 =" 硕士研究生 "), 合格 , 不合格)

（2）拖曳 F4 单元格的填充柄，复制 F4 单元格中的公式至 F17 单元格，复制后的效果如图 7-17 所示。

图 7-16　　　　　　　　　　图 7-17

技巧 064

多条件的三类结果嵌套判断取值

应用场景

沿用技巧 058 中的案例源数据（见图 7-1），假设该公司对岗位津贴的发放有如下规定：级别为县处级正职或者县科级正职的，每月补助 500 元；级别为乡科级正职的，每月补助 300 元；其他级别的，每月补助 200 元。要求根据员工的级别自动计算岗位津贴。

解决方案

（1）在 F4 单元格中输入如下公式，输入公式后的效果如图 7-18 所示。

=IF(OR(U4=" 县处级正职 ",U4=" 县科级正职 "),500,IF(U4=" 乡科级正职 ",300,200))

F4 =IF(OR(U4="县处级正职",U4="县科级正职"),500,IF(U4="乡科级正职",300,200))

	A	B	C	D	E	F	G	H	I	J	K	L	M	N	O	P	Q	R	S	T	U
1						*****有限公司工资表															
2		编报日期：2013年7月																			
3	序号	部门	姓 名	职务工资	级别工资	岗位津贴											实发数	签名		岗位	级别
4	1	综合办	郑紫光	3360	2500	500	#	#	#	#				#	#	#	6668			干部岗	县处级正职
5	2	综合办	霍玲霞	3360	2500			#		#		#		#	#	#	5918			干部岗	县处级副职
6	3	综合办	刘林峰	3010	2500		#	#		#				#	#	#	5198			干部岗	县科级正职
7	4	综合办	张晓星	3000	2000		#	#	#	#				#	#	#	5395			普通岗	县科级副职
8	5	综合办	孙玲玉	2860	2000			#		#				#	#	#	4386			普通岗	县处级正职
9	6	财务部	董振虎	2680	2000		#	#	#	#				#	#	#	4682			普通岗	县处级副职
10	7	财务部	庞宏民	3300	2200		#	#		#				#	#	#	6096			干部岗	乡科级正职
11	8	财务部	张展照	3280	2800			#	#	#				#	#	#	5749			干部岗	乡科级副职
12	9	财务部	孙姜乾	3950	2800		#	#	#	#				#	#	#	7269			干部岗	乡股级正职
13	10	财务部	李静萍	3020	2800			#	#	#		#		#	#	#	7025			普通岗	乡股级副职
14	11	营销部	孙惠芳	3370	2200			#		#		#		#	#	#	5558			组员岗	乡科级副职
15	12	营销部	李晓丽	3840	2000			#	#	#				#	#	#	5671			工人岗	乡股级正职
16	13	营销部	齐纪生	3420	2000			#		#				#	#	#	5166			工人岗	乡股级副职
17	14	营销部	刘佳玲	3380	2000			#	#	#				#	#	#	5227			组长岗	乡科级副职

图 7-18

公式解析：上述公式是一个嵌套的 IF 函数判断（其语法格式参见技巧 059），第一轮判断是处理级别为县处级正职或县科级正职、岗位津贴为 500 的情况，第二轮判断是处理级别为乡科级正职、岗位津贴为 300 的情况，其余岗位津贴均为 200 元的情况。该公式中之所以用到 IF 函数嵌套判断，是因为同一个字段（级别）中有 3 种津贴标准（500、300、200），必须通过两次判断才能实现。

（2）拖曳 F4 单元格的填充柄，复制 F4 单元格中的公式至 F17 单元格，复制后的效果如图 7-19 所示。

F4 =IF(OR(U4="县处级正职",U4="县科级正职"),500,IF(U4="乡科级正职",300,200))

*******有限公司工资表**

编报日期：2013年7月

序号	部门	姓 名	职务工资	级别工资	岗位津贴											实发数	签名	岗位	级别
1	综合办	郑紫光	3360	2500	500	#	#	#	#				#	#	#	6668		干部岗	县处级正职
2	综合办	霍玲霞	3360	2500	200		#		#		#		#	#	#	6118		干部岗	县处级副职
3	综合办	刘林峰	3010	2500	500	#	#		#				#	#	#	5698		干部岗	县科级正职
4	综合办	张晓星	3000	2000	200	#	#	#	#				#	#	#	5595		普通岗	县科级副职
5	综合办	孙玲玉	2860	2000	500		#		#				#	#	#	4886		普通岗	县处级正职
6	财务部	董振虎	2680	2000	200	#	#	#	#				#	#	#	4882		普通岗	县处级副职
7	财务部	庞宏民	3300	2200	300	#	#		#				#	#	#	6396		干部岗	乡科级正职
8	财务部	张展照	3280	2800	200		#	#	#				#	#	#	5949		干部岗	乡科级副职
9	财务部	孙姜乾	3950	2800	200	#	#	#	#				#	#	#	7469		干部岗	乡股级正职
10	财务部	李静萍	3020	2800	200		#	#	#		#		#	#	#	7225		普通岗	乡股级副职
11	营销部	孙惠芳	3370	2200	200		#		#		#		#	#	#	5758		组员岗	乡科级副职
12	营销部	李晓丽	3840	2000	200		#	#	#				#	#	#	5871		工人岗	乡股级正职
13	营销部	齐纪生	3420	2000	200		#		#				#	#	#	5366		工人岗	乡股级副职
14	营销部	刘佳玲	3380	2000	200		#	#	#				#	#	#	5427		组长岗	乡科级副职

图 7-19

技术看板

IF 函数应用的难点在于多条件的组合判断，遇到难拆解的问题时，可以采用数轴的方法直观地分析判断。

例如，35 岁（含）以下的队员每天做 30 个俯卧撑，35 岁以上和 45 岁（含）以下的队员每天做 10 个俯卧撑，45 岁以上的队员每天做 5 个俯卧撑。根据上述描述条件，绘制的分析数轴如图 7-20 所示。

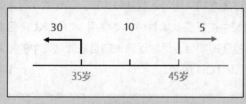

图 7-20

由图 7-20 可得出 IF 判断公式：

=IF(B2<=35,30,IF(B2<=45,10,5))

应用上述公式后的表格效果如图 7-21 所示。

姓名	年龄	俯卧撑个数
苏静	28	30
吴昌林	38	10
吴昌森	48	5

图 7-21

第 8 章

数据的查找

查找数据是 Excel 软件中应用非常广泛的一类需求,其中尤以用代码查找对应内容的需求最多。例如,用工号查找员工的姓名、基本工资、入职时间等。查找按照数据源的不同,分为本表查找和跨表查找。本表查找指的是查找公式与数据源在同一个工作表中,跨表查找指的是查找公式与数据源不在同一个工作表中,有的甚至不在同一个工作簿中。按照查找的类型,又可以分为精确查找和模糊查找。精确查找指的是查找值与被查找值完全一致。模糊查找也称为归档查找,若查找时没有对应的值,可以按照归档的原则返回对应的内容。模糊查找在工作中的应用更广。例如,对于销售业绩的提成奖金,规定销售额在 0~100 万元的提成系数为 0.5%,销售额在 100 万~500 万元的提成系数为 1.0% 等,类似这样的计算提成奖金的需求都可以通过模糊查找实现。

本章所介绍的数据查找匹配技巧是基于 VLOOKUP、MATCH 函数实现的。VLOOKUP 和 MATCH 函数是 Excel 中常用的查找和引用函数,多用于核对数据、多个工作表之间快速导入数据等方面。二者的不同之处在于当需要在表格或单元格区域中按行查找项目时,要使用 VLOOKUP 函数;当需要在范围单元格中搜索特定的项目,然后返回该项目在此区域中的相对位置而非项目本身时,要使用 MATCH 函数。

技巧 065
用工号本表查找姓名

应用场景

图 8-1 所示为某公司的员工档案表。现需要查找工号为 KT006 的员工的姓名,并输入到相应的单元格区域。当然,我们可以一个一个地手动查找,但当数据量很大的时候,使用手动查找就需要做大量的重复性工作,既费时又费力,这无疑是个笨方法,因此,我们优先使用 VLOOKUP 函数进行查找。

VLOOKUP

工号	姓名	性别	籍贯	出生年月
KT001	刘小玲	女	北京	1970年8月
KT002	李旭	男	天津	1980年9月
KT003	赵林祥	男	河北	1975年3月
KT004	王建峰	男	河南	1985年12月
KT005	席潮海	男	黑龙江	1970年8月
KT006	丁克曾	男	陕西	1980年9月
KT007	管正坤	女	广东	1975年3月
KT008	陈伟霆	男	福建	1985年12月
KT009	熊学胜	男	江苏	1970年8月
KT010	简春雷	男	甘肃	1980年9月

图 8-1

解决方案

为了清楚展示 VLOOKUP 函数的使用方法，这里对图 8-1 做了一点儿变化，如图 8-2 所示。其中 B2:F12 单元格区域为数据源区域，右侧的查找值指要查找的员工工号，返回值指查找到的员工姓名。用查找值在数据源的第一列（工号列）查找，找到后返回指定列中的内容，本例中返回的是员工姓名。

VLOOKUP

工号	姓名	性别	籍贯	出生年月
KT001	刘小玲	女	北京	1970年8月
KT002	李旭	男	天津	1980年9月
KT003	赵林祥	男	河北	1975年3月
KT004	王建峰	男	河南	1985年12月
KT005	席潮海	男	黑龙江	1970年8月
KT006	丁克曾	男	陕西	1980年9月
KT007	管正坤	女	广东	1975年3月
KT008	陈伟霆	男	福建	1985年12月
KT009	熊学胜	男	江苏	1970年8月
KT010	简春雷	男	甘肃	1980年9月

查找值	返回值

图 8-2

在 H4 单元格（查找值）中输入需要查询的员工工号，在 I4 单元格（返回值）中输入如下公式：

=VLOOKUP(H4,B3:F12,2,0)

公式解析：

VLOOKUP(查找值 , 查找区域 , 返回的列数 , 查找类型)

↑ ↑ ↑ ↑

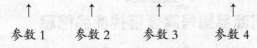

参数 1 参数 2 参数 3 参数 4

参数 1：查找值可以是文本，也可以是数值，还可以是引用的单元格或单元格区域。

参数 2：查找区域就是数据源区域，要求查找值必须与查找区域的第一列匹配。如果查找值不在查找区域的第一列，VLOOKUP 函数将无法正常运行。

参数 3： 指定返回的列数。查找区域中有很多列，而公式只能返回一个值，因此，需要指定返回数据源区域的第几列。本例中，VLOOKUP(H4,B3:F12,2,0) 函数的返回列数是 2，故该公式返回的是姓名。

参数 4： 查找类型有两类，一类是 TRUE（或 1）或省略，另一类是 FALSE（或 0）。如果查找类型为 TRUE（或 1）或省略，则返回近似匹配值。也就是说，如果找不到精确匹配值，则 VLOOKUP 函数将返回小于查找值（参数 1）的最大数值；如果查找类型为 FALSE（或 0），则 VLOOKUP 函数将返回精确匹配值。

本例中，VLOOKUP(H4,B3:F12,2,0) 的作用是用 H4 单元格在 B3:F12 单元格区域的第一列中查找，找到后返回该行次的第二列（姓名），查找方式为精确查找。如果将该公式中的第三个参数“2”修改为“4”，即 VLOOKUP(H4,B3:F12,4,0)，则公式的结果为 B3:F12 单元格区域中的第四列，即籍贯。

如果有多个查找值，I4 单元格中的公式应修改成：

=VLOOKUP(H4,B$3:F$12,2,0)

查找效果如图 8-3 所示。

VLOOKUP

工号	姓名	性别	籍贯	出生年月
KT001	刘小玲	女	北京	1970年8月
KT002	李旭	男	天津	1980年9月
KT003	赵林祥	男	河北	1975年3月
KT004	王建峰	男	河南	1985年12月
KT005	席潮海	男	黑龙江	1970年8月
KT006	丁克曾	男	陕西	1980年9月
KT007	管正坤	女	广东	1975年3月
KT008	陈伟霆	男	福建	1985年12月
KT009	熊学胜	男	江苏	1970年8月
KT010	简春雷	男	甘肃	1980年9月

查找值	返回值
KT006	丁克曾
KT007	管正坤
KT008	陈伟霆
KT009	熊学胜

图 8-3

上述公式中，第二个参数（查找区域）是 B$3:F$12，在行号 3 和行号 12 的前面分别添加了绝对引用符号“$”，作用是当复制 I4 单元格中的公式到 I7 单元格时，引用的范围 B$3:F$12 不变。绝对引用符号“$”的作用是锁定行号，在复制公式时不会因公式所在行的位置改变而变化。把 $ 放在行号的前面，锁定的是行位置；把 $ 放在列标的前面，锁定的是列位置。

技巧 066

用商品编号跨表查找商品信息

应用场景

平时工作中，我们经常会遇到跨工作表查找与自动调用的情况。例如，某公司的商品编码表和商品入库单之间的调用关系。现需要根据商品编码在商品编码表中查找商品的名称及规格,并调用到入库表中。之所以这样设计,主要是考虑到每次录入商品名称及其规格型号的信息的工作量较大,而且多次出现的入库记录都需要录入商品全称,一旦录入错误,会为后续的汇总计算带来麻烦。解决此类问题最佳的方案就是制定商品编码,将商品编码单独存放在一个工作表中,待入库表或出库表中需要使用商品名称及规格时,只需要录入商品编码即可,其他信息可以使用函数调取。

---解决方案---

(1)制作商品编码表,如图 8-4 所示。其中,A 列为商品编码列,用来存放商品编码;B 列为商品名称及规格列。对商品编码的要求是不能出现重复的编码,这有点像我们每个人的身份证号码,一旦出现重复的就会给双方当事人带来无穷的麻烦,商品编码也是一样。

(2)制作商品入库表,如图 8-5 所示。其中,A 列的序号、B 列的商品编码、D 列的入库数量、E 列的价格等信息均为手工填写,F 列的金额由入库数量乘以价格获得,C 列的商品名称及规格将利用 B 列中的编码从商品编码表中调取。

图 8-4　　　　　　　　　图 8-5

(3)公式解析。在 C2 单元格中输入如下公式:
=VLOOKUP(B2,商品编码表!A:B,2,0)

该公式与技巧 065 中的公式"=VLOOKUP(H4,B$3:F$12,2,0)"的主要区别在于,技巧 065 公式中的查找值"H4"和查询区域"B$3:F$12"在同一个工作表中,而本案例中的查询区域"商品编码表!A:B"在另一个工作表中。两个查询区域的区别有两个,一个是前一个区域前没有工作表名称,而后一个查询区域前有工作表名称"商品编码表";另一个是前者是一个多列多行的区域,后者是两个整列区域。在使用中的区别是前者的范围是固定的,一旦遇到查询区域的记录增加,势必需要重新调整公式的查询区域,而后者遇到查询区域的记录增加,仍然可以使用,不必调整。

跨表引用"商品编码表!A:B"中,"商品编码表"是工作表名称,感叹号"!"用来分隔工作表名和单元格区域名,"A:B"是单元格区域名。因此,跨表调用单元格或单元格区域的语法结构可总结为"工作表名+感叹号+单元格名"。

在该公式中,"=VLOOKUP(B2,商品编码表!A:B,2,0)"的作用是用查找值"B2"在查找区域"商品编码表!A:B"的第一列进行查找，找到后返回第二列中的内容，查找的方式为"0"，即精确查找。查找区域的列数与第三个参数"2"之间存在着匹配关系，如果查找区域有5列，那么返回的列数可以是1、2、3、4、5其中的任意一个。如果列数超过5，公式将返回错误值，换句话说第三个参数的大小不能超过第二个参数，即查找区域的列数。第四个参数有两个选项，一个是"1"，代表模糊查找；另一个是"0"，代表精确查找。

技巧 067
工龄级别归档查询

应用场景

在工作中经常会遇到归档查询的问题。例如，某公司规定工龄在0至5年的为一级，补贴金额为200元；工龄在5至10年的为二级，补贴金额为500元；工龄在10至20年的为三级，补贴金额为1000元；工龄在20年以上的为四级，补贴金额为2000元。想要根据员工的工龄数据自动计算出对应的补贴金额，需要把上述文字形式的规定转换成表格形式，便于公式取数。转换后的效果如图8-6所示。

要求录入一个具体工龄数据，即可实现自动调用补贴数据的功能，我们可以利用VLOOKUP函数实现自动归档查询并返回该档次对应的补贴数据。归档查询是指，如果输入1~4，则自动归为一级，返回的补贴值为200元；如果输入10~19，则自动归为三级，返回的补贴值为1000元。公式的应用效果如图8-7所示。

	A	B	C	D
1	级别	工龄起始（年）	工龄终止（年）	补贴（元）
2	一级	0	5	200
3	二级	5	10	500
4	三级	10	20	1000
5	四级	20		2000

图 8-6

	A	B	C	D	E	F	G
1	级别	工龄起始（年）	工龄终止（年）	补贴（元）			
2	一级	0	5	200		工龄数	补贴
3	二级	5	10	500		3	200
4	三级	10	20	1000		8	500
5	四级	20		2000		16	1000

图 8-7

解决方案

在F3单元格（工龄数）中输入工龄数，在G3单元格（返回的补贴值）中输入如下公式：
=VLOOKUP(F3,B$2:D$5,3,1)

公式解析：在上述由VLOOKP函数构建的公式中一共有4个参数，第一个参数"查找值"为F3单元格；第二个参数"查找区域"（数据源）为B$2:D$5单元格区域；第三个参数"返回的列数"为3；第四个参数"查询方式"为1，代表模糊查询。

在第二个参数查找区域"B$2:D$5"中，真正起作用的是B列和D列，C列对于公式的运行没有任何作用，但是作为使用者来说，我们习惯有起始节点和终止节点。如果只保留B列"工龄起始"不太符合大众的使用习惯。

以上就是VLOOKUP函数第四个参数取值为1的模糊查询过程。模糊查询最大的特点就是分段匹配。按照模糊查询的原理，可将模糊查询功能应用到更广泛的领域中，例如销售业绩提成。下面列举一个销售提成的案例，看看VLOOKUP函数的模糊查询是如何发挥作用的。

技巧 068
销售业绩考核归档查询

应用场景

某公司规定根据业务员的级别和签单额计算提成。其中业务员级别分为五级，分别是试用期、业务员、业务主管、业务经理和大区经理。签单金额也分为五档，分别是50万元以下、50万至100万元、100万至150万元、150万至200万元和200万元以上。不同级别对应不同的签单档次有相应的提成比例。将上述文字形式的规定转换成表格形式的业绩指标表如图8-8所示。其中，A3:A7单元格区域为业务员的5个级别；B1:F2单元格区域为签单金额的5个档次，第一行为起始值，第二行为终止值；B3:F7单元格区域为具体的提成比例数据区。

根据业绩指标规定，自动计算出每个业务人员的绩效提成金额，业务员销售提成表如图8-9所示。其中，A列为业务员的姓名，B列为业务员对应的级别，C列为实际完成的签单金额，D列为需要结算的提成金额，本案例最终需要解决的问题要落实在D列中。

图8-8   图8-9

解决方案

1. 设置单元格格式

在解决业绩提成问题之前，需要先对业绩指标表B1:F2单元格区域中的格式设置进行说明。如图8-10所示，当选中B2单元格时，在编辑栏中看到的内容是500000，而在单元格中显示的却是 50.0 万，这是由设置的单元格格式造成的。而这样设置的目的有两个，一是显示效果直观，使用户一目了然；二是方便后续计算。如果在单元格中直接输入文本"50.0 万"，虽然显示效果同样直观，但是"50.0 万"是文本，不是数字，无法参与后续的计算。所以以万元为单位显示数字经常被应用在表格中，既直观又不影响计算。

万元单位的设置方法如下。

（1）选中需要设置万元单位的单元格区域，如 B1:F2 单元格区域，单击鼠标右键，在弹出的快捷菜单中选择【设置单元格格式】命令，如图 8-11 所示。

（2）弹出【设置单元格格式】对话框，在【数字】选项卡的【分类】列表框中选择【自定义】选项，在右侧的【类型】文本框中输入【0"."#," 万"】，单击【确定】按钮完成设置，如图 8-12 所示。设置后的效果如图 8-10 所示。

图 8-11

图 8-12

2. 编辑提成公式

在编辑公式前先来分析一下问题。本案例是一个根据业务员级别和签单金额自动获取提成比例的问题。提成比例所在的位置为 B3:F7 单元格区域，设计公式的思路是用业务员的级别在图 8-10 所示的 A3:A7 单元格区域中查找并获得行位置，用签单金额在 B2:F2 单元格区域中查找获得列位置，利用行位置和列位置返回提成比例所在的位置上的比例值。

> 在接下来的公式编辑中，B2:F2 单元格区域的数据没有被用到，即使把第二行数据全部删除也不影响公式的运行，之所以保留第二行数据，是为了延续大众的习惯用法，使每个业绩分档的上、下限清晰、明了。

根据上面的设计思路,将问题解决过程拆解成如下3个步骤。

第一步:查找行位置。在E1单元格中输入如下查找行位置的公式,效果如图8-13所示。

=MATCH(B2,业绩指标!A$3:A$7,0)

根据MATCH函数的语法结构,对应本公式,查找值为B2单元格,即当前行业务员的业务级别;查找区域为业绩指标工作表中的A$3:A$7单元格区域,即业务员级别区域;查找方式为0,即精确查找。返回的结果是"B2"在"业绩指标!A$3:A$7"区域中的位置。如果业务员的级别是"试用期",则公式返回的结果是1;如果业务员的级别是业务经理;则公式返回的结果是3。将该公式向下复制,获得所有业务员业务级别的行位置,如图8-14所示。

图 8-13

图 8-14

第二步:查找列位置。用业务员的签单金额在B1:F1单元格区域中查找列位置,在F2单元格中输入如下公式,效果如图8-15所示。

=MATCH(C2,业绩指标!B$1:F$1,1)

图 8-15

本公式的查找值为C2单元格,即签单金额;查找区域为业绩指标工作表中业绩分档的数据;查找方式为1,即升序近似查找。

MATCH函数的第三个参数取值为1的作用:当遇到近似匹配的查找问题时,可以利用MATCH函数的近似匹配功能。该功能要求查找区域的数据必须是从下到上升序排列,如"业绩指标!B$1:F$1"区域,当查找值C2在查找区域中没有找到完全相同的值时,返回小于等于查找值的最大值的位置数。例如,某业务员的签单额为113万元,在查找区域0、50万、100万、150万、200万中查找,没有完全相等的值,但在查找区域中,小于等于查找值 113 万的有 0、50 万、100 万 3 个数，其中的最大值是 100 万，所在的位置是 3，则公式返回 3。

将该公式向下复制，复制后的结果如图 8-16 所示。

第三步：利用行位置数和列位置返回提成比例。利用行位置和列位置两个计算结果，运用 INDEX 函数获取提成比例区域中行列交叉点上的提成比例。

在 G1 单元格中输入如下公式，效果如图 8-17 所示。

=INDEX(业绩指标 !B$3:F$7,E2,F2)

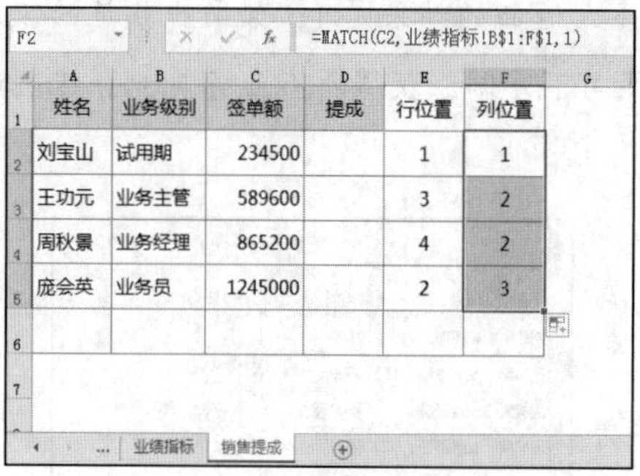

F2 =MATCH(C2,业绩指标!B$1:F$1,1)

姓名	业务级别	签单额	提成	行位置	列位置
刘宝山	试用期	234500		1	1
王功元	业务主管	589600		3	2
周秋景	业务经理	865200		4	2
庞会英	业务员	1245000		2	3

图 8-16

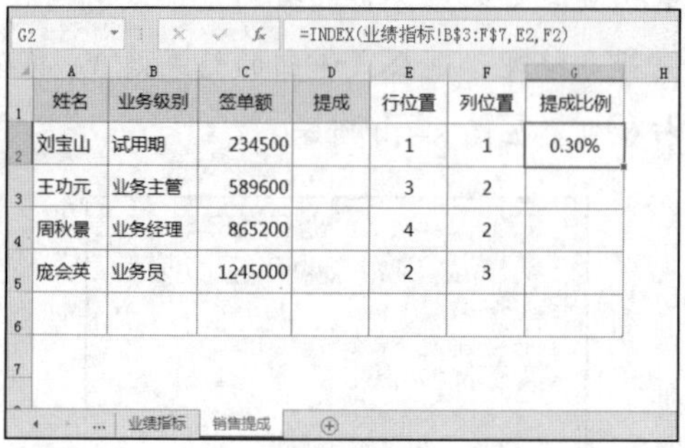

G2 =INDEX(业绩指标!B$3:F$7,E2,F2)

姓名	业务级别	签单额	提成	行位置	列位置	提成比例
刘宝山	试用期	234500		1	1	0.30%
王功元	业务主管	589600		3	2	
周秋景	业务经理	865200		4	2	
庞会英	业务员	1245000		2	3	

图 8-17

INDEX 函数的语法结构：INDEX（单元格区域，行数，列数）

INDEX 函数中有 3 个参数，第一个参数是一个多列、多行的单元格区域，如 A1:C15、C3:F20 等；第二个参数是行位置数；第三个参数是列位置数。该函数的作用是返回第一个参数中行位置和列位置指向的单元格中的内容。例如，公式“INDEX(A1:D10,6,3)”的作用是返回 A1:D10 单元格区域中的第六行和第三列交叉点上的内容，第三列是 C 列，故返回的是 C6 单元格中的内容。

本公式“INDEX(业绩指标 !B$3:F$7,E2,F2)”返回的是业绩指标工作表 B3:F7 单元格区域中，指定行（E2）和指定列（F2）对应位置上的值。

最后，将上述 3 个分解步骤的公式整合在一起，在 D2 单元格中输入公式后的效果如图 8-18 所示。

=INDEX(业绩指标 !B$3:F$7,MATCH(B2, 业绩指标 !A$3:A$7,0),MATCH(C2, 业绩指标 !B$1:F$1,1))

此公式中的 3 个参数的功能说明如下。

第一个参数——单元格区域：业绩指标 !B$3:F$7。

第二个参数——行位置：MATCH(B2, 业绩指标 !A$3:A$7,0)。

第三个参数——列位置：MATCH(C2, 业绩指标 !B$1:F$1,1)。

通过整合取消了中间步骤，一个步骤便可以获得提成比例。本案例的题目要求是具体的提成金额，在此步骤的基础上再乘以签单金额就可以获得最终的计算结果。

在 D2 单元格原有公式的基础上乘以 C2，具体修改如下：

=INDEX(业绩指标 !B$3:F$7,MATCH(B2, 业绩指标 !A$3:A$7,0),MATCH(C2, 业绩指标 !B$1:F$1,1))*C2

将该公式复制至 D5 单元格后的最终效果如图 8-19 所示。

图 8-18

图 8-19

技巧 069
查找编码所在的位置数

应用场景

通常情况下，公司每月员工工资表个人缴费一栏中的数据需要从社保统筹表中获取，获取的方法是利用员工姓名或员工编号从社保统筹表中查找。如果公司规模较小，员工没有重名现象，可以直接使用员工姓名索引查找；如果不确定是否存在重名现象，必须使用员工编号、员工工号等没有重复的编码进行索引查找。

某有限公司的员工社保统筹表如图 8-20 所示；员工工资表如图 8-21 所示，其中 N 列为社保扣款数据。现需要从员工社保统筹表中提取个人缴费数据到工资表的社保扣款列。

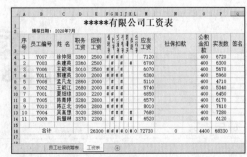

图 8-20

图 8-21

解决方案

本案例是利用 VLOOKUP 函数的查找返回功能，实现查找员工姓名返回个人缴费数据。具体的操作方法如下。

（1）在图8-22中的N4单元格中输入如下公式：

=VLOOKUP(B4,员工社保统筹表!A:C,3,0)

VLOOKUP函数有4个参数：查找值、查找区域、返回的列数和查找方式，对应公式中的具体参数说明如下。

第一个参数——查找值：B4，为员工编号。

第二个参数——查找区域：员工社保统筹表!A:C。

第三个参数——返回的列数：3，表示返回查询区域中的第三列。

第四个参数——查找类型：0，表示精确查找。

查找的过程是用查找值B4在员工社保统筹表的A列至C列区域的第一列，即A列进行查找，找到相同的员工编号时，返回所在行第三列中的内容。如果A列中没有相同的员工编号，则返回错误值。

（2）复制N4单元格中的公式到N14单元格，复制后的效果如图8-23所示。

图8-22

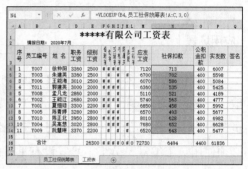

图8-23

本技巧经常被用于利用编码返回名称或数据之类的匹配查询中，如出入库管理中的材料编码查找，银行流水中的银行账号查找等。

技巧070
快速比对两组数据中的相同内容

应用场景

比对两组编码、账号、卡号、税号等是一项较常见的工作。有的人会采用对两组编码分别排序再肉眼比对的方法；还有人会采用固定其中一组编码，通过对另一组编码进行筛选，再将筛选出来的相同编码标记颜色来确认二者匹配。这两种比对方法虽然应用的人多，但比对效率低，并且出错率较高。本技巧虽然与技巧039中利用高级筛选功能比对两组数据有相似之处，但是高级筛选的方法比较呆板，不够灵活，如果遇到不同工作表（工作簿）中的两组编码比对，或者编码周围的表格结构比较复杂时，高级筛选就无能为力了。而本技巧不受应用场景的限制，可以对在同一个表中的两组数据进行比对，也可以对在不同表中的两组数据进行比对，即使是两组数据分别在不同的工作簿中也可以比对。

编码 A 和编码 B 是两组待比较的编码，如图 8-24 所示。下面将应用 MATCH 函数快速比对这两组编码。

图 8-24

解决方案

（1）在 C2 单元格中输入如下公式：
=MATCH(B2,$E$2:$E$33,0)

公式解析：该公式的原理是用 B2 单元格在 E2:E33 单元格区域查找，找到后返回位置数。

（2）在 F2 单元格中输入如下公式：
=MATCH(E2,$B$2:$B$33,0)

图 8-25

公式解析：该公式的原理是用 E2 单元格在 B2:B33 单元格区域中查找，找到后返回位置数。

（3）复制这两个公式至数据区的最后一行，效果如图 8-25 所示。

在图 8-25 中，C 列和 F 列中数据是两个公式的返回结果。返回结果有两类，一类是数字，另一类是错误值"#N/A"。A、B 两组编码比对后，理论上有 3 种比对结果，即 A 有 B 无、B 有 A 无和 A、B 共有。结合公式结果，C 列中的错误值属于 A 有 B 无类，F 列的错误值属于 B 有 A 无类，C 列和 F 列中的数字属于 A、B 共有类。把 C 列、F 列中的不同的结果通过排序的方法，可实现三类编码归集。

技巧 071
用公式查找数据表中的最后一条记录

工作中有一类需求是查找数据表中最后一条记录的数据。例如，查找日记账中最后一行的余额。可能有人会质疑，把表拉到最下面就可以看到了，为什么还要多此一举地用公式查找呢？如果仅仅是看看，当然不用多此一举，但如果希望在另一张表中获得一个动态的余额，用"看"的方法就不好用了。必须编制动态获取余额的公式，换句话说就是随着记录的增加，余额的位置也随之变化，而公式却能始终锁定最后一行的余额数。下面通过案例讲解动态余额的获取方法。

应用场景

本案例中有两个银行日记账表（工商银行表、交通银行表）和一个总表，如图 8-26 ~ 图 8-28 所示。

总表中，A2 和 A3 单元格中为银行账户名称，B2 和 B3 单元格中为对应的期末余额，本案例希望通过编辑公式在 B2、B3 单元格中获得前两个日记账的余额，而且随着日记账记录的增加，可以获得动态的余额。

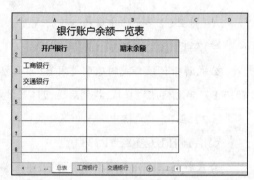

工商银行日记账

日期	交易码	币别	种类	借方	贷方	余额
20200115	PAL	CNY	000000	20,000.00		20,000.00
20200120	NCD	CNY	000000	2,500.00		22,500.00
20200129	NCD	CNY	000000	6,000.00		28,500.00
20200216	PAL	CNY	000000		230.20	28,269.80
20200220	NCD	CNY	000000	3,500.00		31,769.80
20200228	NCD	CNY	000000		10,000.00	21,769.80
20200316	PAL	CNY	000000		0.00	21,769.80
20200317	NCD	CNY	000000	3,000.00		24,769.80
20200321	INT	CNY	000000		13.25	24,756.55

总表 工商银行 交通银行

图 8-26

交通银行日记账

日　期	交易码	币别	种类	借　方	贷　方	余　额
20200115	PAL	CNY	000000	18,000.00		18,000.00
20200117	NCD	CNY	000000	5,000.00		23,000.00
20200128	NCD	CNY	000000	6,000.00		29,000.00
20200216	PAL	CNY	000000		5,490.00	23,510.00
20200221	NCD	CNY	000000	3,500.00		27,010.00
20200227	NCD	CNY	000000		6,000.00	21,010.00
20200316	PAL	CNY	000000		5,570.00	15,440.00
20200318	NCD	CNY	000000	2,600.00		18,040.00
20200321	INT	CNY	000000		15.25	18,024.75

总表 工商银行 交通银行

图 8-27

银行账户余额一览表

开户银行	期末余额
工商银行	
交通银行	

总表 工商银行 交通银行

图 8-28

解决方案

（1）打开工商银行表，选一个不影响日记账记录和计算的空白单元格，本例中选择的是 H1 单元格，在该单元格中输入如下公式，以获得最新余额，输入公式后的效果如图 8-29 所示。

H1 =LOOKUP(9E+307,G:G)

工商银行日记账 | 24,756.55

日期	交易码	币别	种类	借方	贷方	余额
20200115	PAL	CNY	000000	20,000.00		20,000.00
20200120	NCD	CNY	000000	2,500.00		22,500.00
20200129	NCD	CNY	000000	6,000.00		28,500.00
20200216	PAL	CNY	000000		230.20	28,269.80
20200220	NCD	CNY	000000	3,500.00		31,769.80
20200228	NCD	CNY	000000		10,000.00	21,769.80
20200316	PAL	CNY	000000		0.00	21,769.80
20200317	NCD	CNY	000000	3,000.00		24,769.80
20200321	INT	CNY	000000		13.25	24,756.55

总表 工商银行 交通银行

图 8-29

=LOOKUP(9E+307,G:G)

公式解析：LOOKUP 函数中有两个参数，一个是查找值"9E+307"，"9E+307"代表 Excel 系统能够接受的最大值；另一个参数是查找区域"G:G"，"G:G"代表 G 列整列。LOOKUP 函数是利用二分法的查找原理，用查找值"9E+307"在查找区域 G 列中查找。查找时，先与 G 列所有数据中位置在中间的那个值进行对比。由于查找值"9E+307"是一个非常大的值，所以一定大于这个中间位置上的值，于是启动下一轮的查找。第二轮查找的区域为中间位置的值至 G 列最后一个值，查找的方法仍然是与

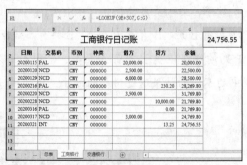

查找区域中间位置上的值进行对比。如果大于中间值，则进入第三轮查找，以此类推。由于查找值是一个最大的值，因此无论与查找区域中的哪个值对比，都是它大。这个查询过程将一直进行到与 G 列的最后一个数字进行对比，由于后面再没有其他数据了，LOOKUP 函数只能返回最后一个与之对比的数据，即最后一个数据。

这里用一个简单的案例演示一下二分法的查找过程。用"9E+307"在 1 至 100 之间查找，查找的过程如下：第一轮用"9E+307"与 1 至 100 之间的中间值 50 对比，由于大于 50，因此开启第二轮查找；第二轮是在 51 至 100 之间查找，中间值是 75，查找值"9E+307"也大于 75，因此开启第三轮查找；第三轮是在 76 至 100 之间查找，中间值是 88，查找值"9E+307"也大于 88，因此开启第四轮查找；第四轮是在 88 至 100 之间查找，中间值是 94，查找值"9E+307"也大于 94，因此开启第五轮查找；以此类推，直至开启第七轮查找，现在只剩下 100 了，没有其他可以用来对比的数据，因此公式完成查找过程后返回 100，即 1 至 100 之间的最后一个值。

本案例中公式"=LOOKUP(9E+307,G:G)"的作用是返回 G 列中最后一个数据，而最后一个数据就是日记账的最新余额。

（2）按照步骤（1）中的方法，在交通银行表的 H1 单元格中输入同样的公式，用以获取日记账的最新余额。输入公式后的效果如图 8-30 所示。

（3）如果公司开设的银行账户不止这两个，都需要按照上述方法进行设置，建议所有最新余额的公式放在工作表中相同的位置上。

（4）设置好日记账余额公式后打开总表，在期末余额单元格中输入公式，引用每个日记账中的余额数。例如，在 B3 单元格中输入【=】，之后立即用鼠标打开工商银行表，选择其中的 H1 单元格，然后按【Enter】键，确认数据引用，引用效果如图 8-31 所示。

图 8-30

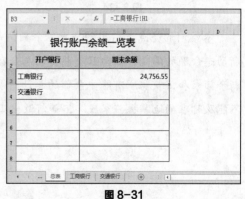

图 8-31

（5）采用同样的方法把交通银行表中的余额数引入总表的 B4 单元格中，引入后的效果如图 8-32 所示。

（6）在两个日记账工作表中分别增加几条记录，期末余额会随之改变，同时两个表中的 H1 单元格无须任何操作即可获得最新余额。例如，在工商银行日记账中增加记录后的效果如图 8-33 所示。H1 单元格中的公式没有任何变化，但是余额已随着记录的增加而自动改变了。

图 8-32　　　　　　　　　　　图 8-33

（7）在交通银行日记账中增加记录后的效果如图 8-34 所示。

（8）总表中的结果也随之改变。同时，在表格的下方编制一个求和公式，可以计算出所有账户的余额合计，如图 8-35 所示。

图 8-34　　　　　　　　　　　图 8-35

本案例的亮点是引用动态数据余额，每个使用过 Excel 的读者大概都曾有过获取最新动态余额的渴望，因为只有获得动态余额才有可能制作一张汇总表，把各个账户的最新余额求和，获取所有账户余额的总计结果，这可是企业当前的所有资金"家底"，若不能及时准确地掌握"家底"，如何做出正确的管理决策呢？！

第 9 章

数据的保护

在日常工作中，经常有这样的需求：编制一个模板，让其他人在其中填写数据，但不允许模板的样式，包括其中的公式、布局等被修改；数据涉及商业机密，不希望他人随便打开查看或者修改，诸如此类的保护需求，在 Excel 中均可解决。

技巧 072 设置工作簿打开权限

扫码看视频

应用场景

只有在输入正确的密码后才能打开工作簿。

解决方案

（1）打开需要设置打开权限的工作簿，选择【文件】选项卡中的【另存为】命令，选择一个保存位置，弹出【另存为】对话框，如图 9-1 所示。

（2）选择工作簿要保存的具体位置。如果不想生成两个文件，即一个加密文件，一个不加密文件，就默认选择原位置保存。然后单击【工具】下拉按钮，在弹出的列表中选择【常规选项】，如图 9-2 所示。

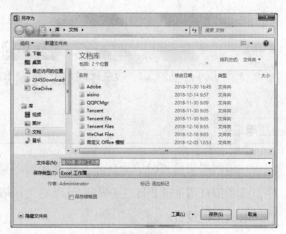

图 9-1

（3）弹出【常规选项】对话框，在【打开权限密码】文本框中输入密码，单击【确定】按钮如图 9-3 所示。

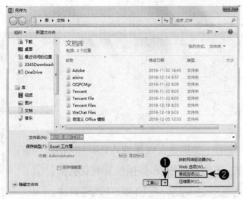
图 9-2

图 9-3

（4）弹出【确认密码】对话框，在【重新输入密码】文本框中再次输入密码，确保两次输入的密码一致，然后单击【确定】按钮，如图 9-4 所示。

（5）弹出【确认另存为】对话框，提示是否替换原文件，单击【是】按钮，完成所有操作，如图 9-5 所示。

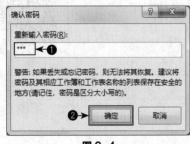
图 9-4

图 9-5

技巧 073
保护和取消保护工作簿

【应用场景】

在编制报表模板时，为防止其他使用者随意更改工作表的名称、工作表的前后顺序，或者擅自增加或删除工作表，可以对工作簿进行保护。如果不想保护工作簿，还可以取消保护设置。

【解决方案】

1. 保护工作簿

（1）打开需要设置保护的工作簿，切换到【审阅】选项卡，单击【保护】组中的【保护工作簿】按钮，如图9-6所示。

（2）弹出【保护结构和窗口】对话框，在【密码】文本框中输入密码，保持【结构】复选框的默认选中，如图9-7所示。

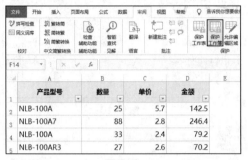

图9-6

图9-7

（3）单击【确定】按钮，弹出【确认密码】对话框，在【重新输入密码】文本框中再次输入密码，确保两次输入的密码一致。然后单击【确定】按钮，完成保护工作簿的设置，如图9-8所示。

设置保护工作簿后，无论是新增工作表、删除工作表，还是重命名工作表都将被禁止。

2. 取消保护工作簿

如果想取消保护工作簿，可进行如下操作。

（1）再次单击【审阅】选项卡下【保护】组中的【保护工作簿】按钮，弹出【撤销工作簿保护】对话框，如图9-9所示。

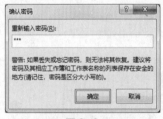

图9-8

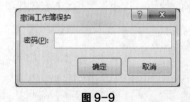

图9-9

（2）在【密码】文本框中输入加密时的密码，单击【确定】按钮，即可取消对工作簿的保护设置。

技巧074
保护工作表之正向操作法

扫码看视频

应用场景

保护工作表的目的是禁止其他用户修改工作表。限定工作表的可编辑区域，也可以起到保护工作表的作用。例如，在图 9-10 中，A~C 列为数据录入区，允许用户操作；D 列为公式区，也就是说该区域包含公式：金额 = 单价 * 数量。公式区需要保护，以避免公式被破坏。

	A	B	C	D
1	产品型号	数量	单价	金额
2	NLB-100A	25	5.7	142.5
3	NLB-100A7	88	2.8	246.4
4	NLB-100A	33	2.4	79.2
5	NLB-100AR3	27	2.6	70.2
6	NLB-100AT	18	3.7	66.6
7	NLB-100ATS	24	2.6	62.4
8	NLB-100B9S	36	4.9	176.4
9	NLB-100D	19	5.8	110.2
10				

图 9-10

解决方案

（1）按【Ctrl】+【A】组合键，全选工作表，如图 9-11 所示。

（2）把鼠标指针放在选中的区域上并单击鼠标右键，在弹出的快捷菜单中选择【设置单元格格式】命令，弹出【设置单元格格式】对话框，切换到【保护】选项卡，取消【锁定】复选框的选中，单击【确定】按钮，如图 9-12 所示，单元格的初始属性将由锁定改为非锁定。

	A	B	C	D
1	产品型号	数量	单价	金额
2	NLB-100A	25	5.7	142.5
3	NLB-100A7	88	2.8	246.4
4	NLB-100A	33	2.4	79.2
5	NLB-100AR3	27	2.6	70.2
6	NLB-100AT	18	3.7	66.6
7	NLB-100ATS	24	2.6	62.4
8	NLB-100B9S	36	4.9	176.4
9	NLB-100D	19	5.8	110.2
10				

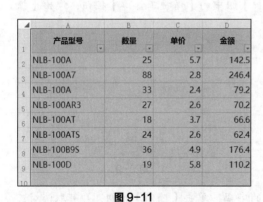

图 9-11

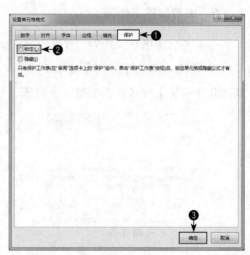

图 9-12

> **注意**
>
> 在一个新建的工作簿中，所有的工作表和所有的单元格的初始属性均为锁定。在设置保护工作表操作之前，需先将所有单元格的初始属性修改为非锁定。

（3）选中 D2:D9 单元格区域，单击鼠标右键，在弹出的快捷菜单中选择【设置单元格格式】命令，如图 9-13 所示。

（4）弹出【设置单元格格式】对话框，切换到【保护】选项卡，选择【锁定】复选框，单击【确定】按钮退出对话框，如图9-14所示。

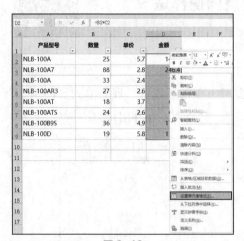

图9-13　　　　　　　　　　　　图9-14

（5）切换到【审阅】选项卡，单击【保护】组中的【保护工作表】按钮，在弹出的【保护工作表】对话框中设置取消工作表保护时使用的密码，单击【确定】按钮，如图9-15所示。

（6）弹出【确认密码】对话框，再次输入密码，单击【确定】按钮，如图9-16所示。

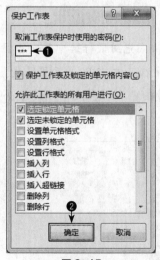
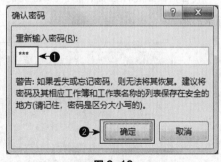

图9-15　　　　　　　　　　　　图9-16

 　　保护工作表之正向操作法的操作过程可简单描述为锁定哪个单元格区域就设定哪个单元格区域的属性为锁定，之后再执行保护工作表的命令。

技巧 075
保护工作表之反向操作法

扫码看视频

应用场景

在图 9-17 所示的产品进货登记表中，金额 = 单价 * 数量。现要求到货时间、产品型号、数量、单价及备注等列允许用户修改，金额列不允许用户修改。

	A	B	C	D	E	F
1	到货时间	产品型号	数量	单价	金额	备注
2	2020/6/24	枫木灰色漆板 910*60*15	205.0	4.7	963.5	
3	2020/6/30	枫木直拼素板 1210*1210*18	315.0	11.9	3,748.5	
4	2020/7/18	枫木直拼素板 1210*1210*18	290.0	10.4	3,016.0	
5	2020/7/23	实木复合地板 880*128*15	385.0	23.1	8,893.5	
6	2020/8/6	枫木灰色阻燃 910*60*15	483.0	12.0	5,796.0	
7	2020/8/14	枫木灰色阻燃 910*60*15	407.0	10.1	4,110.7	
8	2020/8/26	枫木V拼素板 1210*1210*18	409.0	8.2	3,353.8	
9	2020/9/18	枫木直拼素板 1518*905*20	500.0	4.9	2,450.0	

图 9-17

解决方案

（1）选中允许修改数据的区域。快速选中方法：先用鼠标选中第一个区域，如 A2:D9 单元格区域，之后按住【Ctrl】键不放，再用鼠标选中 F2:F9 单元格区域。

（2）单击鼠标右键，在弹出的快捷菜单中选择【设置单元格格式】命令，如图 9-18 所示。

图 9-18

（3）在弹出的【设置单元格格式】对话框中选择【保护】选项卡，取消【锁定】复选框的勾选，单击【确定】按钮，如图9-19所示。

（4）选择【审阅】选项卡，单击【保护】组中的【保护工作表】按钮，在弹出的【保护工作表】对话框中输入密码后单击【确定】按钮，在弹出的【确认密码】对话框中输入密码后单击【确定】按钮，完成保护工作表的操作，如图9-20所示。

图 9-19

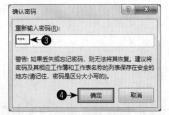

图 9-20

保护工作表之反向操作法的操作过程可简单理解为放开哪个单元格区域，或者说允许在哪个单元格区域中修改数据，就把哪个单元格区域的属性设置为非锁定，再执行保护工作表的命令。

技巧076
保护工作表中允许操作的项目

应用场景

实施工作表保护之后，不仅限制了更改单元格内容的操作，同时也限制了诸如自动筛选、删除整行或整列、编辑对象等操作，这就在使用性上给用户造成了不便。通过设置保护项目可以实现有选择地允许用户操作工作表中的项目。

解决方案

（1）执行【保护工作表】命令之后，系统会弹出【保护工作表】对话框，在输入密码前，先在【允许此工作表的所有用户进行】列表框中选择实施保护后允许用户操作的项目，如图9-21所示。

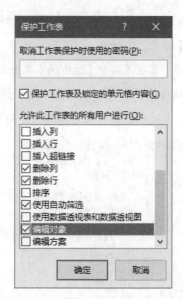

图 9-21

（2）设置好后单击【确定】按钮，退出该对话框。

> **技术看板**
>
> 在设置单元格锁定状态的【设置单元格格式】对话框中有一个【隐藏】复选框，如果单元格中有公式，你既希望保护单元格且不误删除公式，又想隐藏公式不被他人看到，就可以勾选此复选框，如图 9-22 所示。当执行完保护工作表操作之后，公式即会被隐藏起来。

图 9-22

技巧 077
设置表格内报表区域的编辑权限

扫码看视频

应用场景

在工作中，有时一张表需要不同的部门分别提供数据。通常采用的方法是各部门提供数据后复制、粘贴到一个工作表中。高效的方法是对同一个表格的不同区域分别授予权限，通过输入预先设定的密码才允许填写、修改内容。这样就可以实现多人、多部门共同编辑一张表，而又不会误删除他人的数据。

解决方案

（1）选中表格中的一个数据区域，如 A3:C15 单元格区域，切换到【审阅】选项卡，单击【保护】组中的【允许编辑区域】按钮，如图 9-23 所示。

（2）在弹出的【允许用户编辑区域】对话框中单击【新建】按钮，如图 9-24 所示。

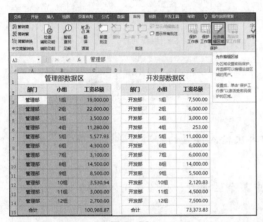

图 9-23

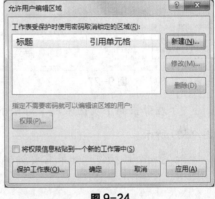

图 9-24

（3）弹出【新区域】对话框，在【标题】文本框中输入一个标题，等同于给选择的数据区域起个名字。【引用单元格】就是之前选择的数据区域，在此核对一下数据区的范围是否正确。如果有误，可以单击【引用单元格】文本框右侧的折叠按钮重新选择单元格区域。在【区域密码】文本框中输入一个密码（未来把这个密码告知对应的部门，在编辑该数据区域前需要输入此密码），单击【确定】按钮退出该对话框，如图 9-25 所示。

（4）选择开发部数据区的 E3:G15 单元格区域，按照上述操作为开发部数据区域设置一个允许编辑区域，设置过程如图 9-26 所示。

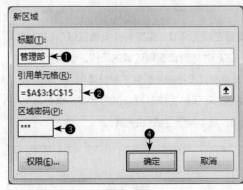

图 9-25

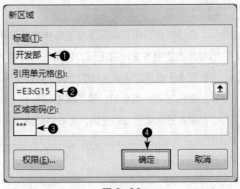

图 9-26

（5）返回【允许用户编辑区域】对话框，单击【保护工作表】按钮，如图9-27所示。

（6）弹出【保护工作表】对话框，输入取消工作表保护时使用的密码，单击【确定】按钮，如图9-28所示。

图9-27

图9-28

（7）在弹出的【确认密码】对话框中再次输入设置的密码，单击【确定】按钮，如图9-29所示。

至此完成全部操作，如果需要编辑其中某个区域时，必须先输入密码，如图9-30所示。

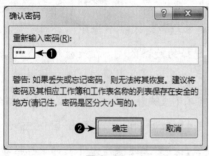

图9-29

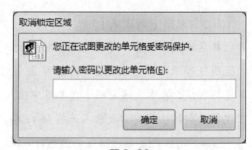

图9-30

> **注意**
>
> 在设置允许用户编辑区域的操作中多次出现设置密码的环节。设置各个编辑区域的密码是给对应的使用者设计的密码，只有在正确输入密码之后才能启动编辑区域的操作。这类密码的个数取决于设置的编辑区域的个数，有几个编辑区域就有几个密码，而且不能设置相同的密码。以上密码是第一类密码。第二类密码只有一个，是在执行保护工作表时设置的密码，该密码可以视同是系统管理员的密码，是表格整体保护的密码，级别高于区域级的密码。

第10章

巧用定位功能加工数据

掌握一些通用工具，无论是应对公司内部的各种数据处理要求，还是应对专用财务软件导出数据的深加工，你都能游刃有余。本章介绍几个利用定位功能高效加工数据的方法，包括快速求和、批量输入内容、批量定位相同内容的单元格等。

技巧078
批量添加求和公式

扫码看视频

应用场景

在实际工作中，我们经常会遇到这样的情况：一张有规则的数据表，如图10-1所示的资产统计表，需要快速生成各资产原值的小计数。通常我们可以使用SUM公式来逐一完成，但借助定位功能和快捷键组合操作，我们可以更加快速地实现这一目标。

	A	B	C
1	资产类别	资产名称	原值
2	运输车辆	迈腾	214,000.00
3	运输车辆	本田CRV	231,400.00
4	运输车辆	本田雅阁	218,500.00
5	运输车辆	3.5T货车	138,000.00
6		小计	
7	电子设备	台式电脑	3,800.00
8	电子设备	台式电脑	3,600.00
9	电子设备	电子测温仪	5,400.00
10		小计	
11	办公设备	壁挂空调	3,100.00
12	办公设备	柜式空调	8,500.00
13	办公设备	复印机	12,000.00
14		小计	

图10-1

解决方案

（1）选中需要计算小计的单元格区域，如选中C2:C14单元格区域。然后按【Ctrl】+【G】组合键，弹出【定位】对话框，如图10-2所示。

（2）单击【定位条件】按钮，在弹出的【定位条件】对话框中选择【空值】单选按钮，单击【确定】按钮退出对话框，如图10-3所示。

图 10-2

图 10-3

（3）按【Alt】+【=】组合键，所有小计行的求和公式瞬间添加完毕。添加求和公式后的效果如图 10-4 所示。

	A	B	C
1	资产类别	资产名称	原值
2	运输车辆	迈腾	214,000.00
3	运输车辆	本田CRV	231,400.00
4	运输车辆	本田雅阁	218,500.00
5	运输车辆	3.5T货车	138,000.00
6		小计	801,900.00
7	电子设备	台式电脑	3,800.00
8	电子设备	台式电脑	3,600.00
9	电子设备	电子测温仪	5,400.00
10		小计	12,800.00
11	办公设备	壁挂空调	3,100.00
12	办公设备	柜式空调	8,500.00
13	办公设备	复印机	12,000.00
14		小计	23,600.00

图 10-4

技巧 079
批量填充资产类别列中的空白单元格

扫码看视频

应用场景

对于带有项目字段或类别字段的数据表，填写相同的项目名称或类别名称是一项重复性很高的工作。凡是在录入数据、计算求和、查找等操作中有重复性操作的工作都可以采用批量操作的便捷方法来完成。下面以在一列中批量录入不同的项目名称为例进行介绍。

解决方案

（1）选中需要批量录入项目名称的单元格区域，这里选择 A2:A14 单元格区域，如图 10-5 所示。

（2）按【Ctrl】+【G】组合键，弹出【定位】对话框，单击【定位条件】按钮，在弹出的【定位条件】对话框中选择【空值】单选按钮，单击【确定】按钮，如图 10-6 所示。

图 10-5

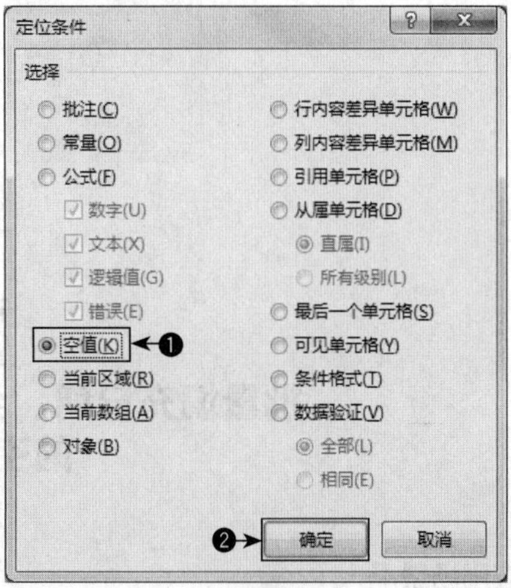

图 10-6

（3）快速按【=】键，手工输入【A2】或用鼠标选择 A2 单元格，如图 10-7 所示。

（4）按【Ctrl】+【Enter】组合键确认填充，获得填充后的效果如图 10-8 所示。

图 10-7

图 10-8

（5）填充后的内容是公式形式的，需要把公式转化成数值。复制 A2:A14 单元格区域，在【开始】选项卡中单击【剪贴板】组中的【粘贴】下拉按钮，在弹出的列表中选择【选择性粘贴】命令，弹出【选择性粘贴】对话框，选择【数值】单选按钮，单击【确定】按钮，如图 10-9 所示。

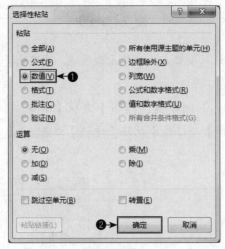

图 10-9

技巧 080
批量填充日期、会计期间、凭证字号列的空白单元格

扫码看视频

应用场景

图 10-10 是一张导入 Excel 的会计凭证。现需要填充各科目代码对应的日期、会计期间、凭证字号等信息，以便每笔凭证信息完整显示。

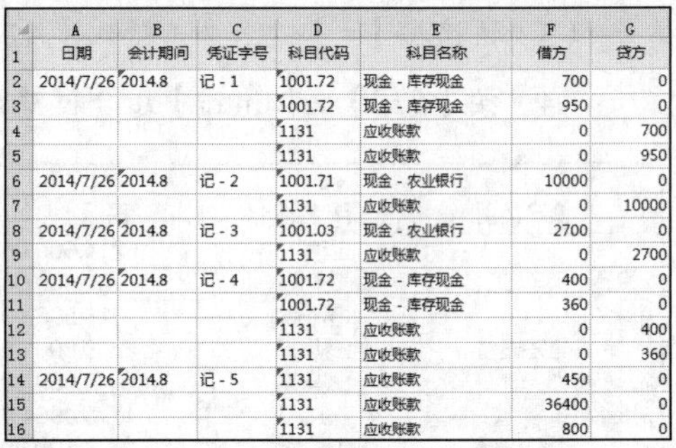

图 10-10

解决方案

（1）选中待填充的单元格区域，本案例中为 A2:C16 单元格区域，如图 10-11 所示。

（2）按【Ctrl】+【G】组合键，弹出【定位】对话框，单击【定位条件】按钮，在弹出的【定位条件】对话框中选择【空值】单选按钮，单击【确定】按钮，如图 10-12 所示。

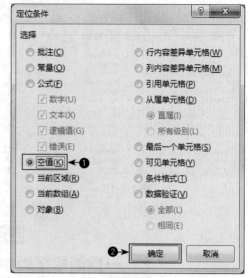

图 10-11　　　　　　　　　　　　　　图 10-12

（3）按键盘上的【=】键，此时可以看到光标在 A3 单元格中闪动，再用鼠标选择 A2 单元格，即等号所在单元格的上一行的单元格，如图 10-13 所示。

（4）按【Ctrl】+【Enter】组合键，确认批量填充公式，填充效果如图 10-14 所示，可见所有空白单元格均已填充上内容。

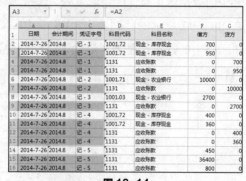

图 10-13　　　　　　　　　　　　　　图 10-14

（5）由于填充后的单元格中都是公式（见图 10-15），如果带着公式进行排序之类的操作，会导致已经填充的内容发生改变，造成数据混乱，因此，需要将公式转换成数值。操作方法：选中 A2:C16 单元格区域，按【Ctrl】+【C】组合键复制，在【开始】选项卡中单击【剪贴板】组中的【粘贴】下拉按钮，在弹出的列表中选择【粘贴数值】组中的【值】选项，结果如图 10-16 所示。

图 10-15   图 10-16

技巧 081 一键清除报表中的非公式区数据

扫码看视频

应用场景

在编制分月报表时，常规的操作是先复制一个上月报表副本，将月份信息修改为当前月份，清除里面的数据但保留原公式，重新录入新数据。对于一些复杂的月报表，其中的数据区、公式区错综复杂，每次删除数据时稍有不慎就会把公式误删除。例如，在图 10-17 所示的利润表中，C5、C10、C15 及 C17 单元格中均有公式，而 C 列其他单元格中的数据都是需要删除的。利用快速定位功能，可以一次性清除这些非公式区内容。

	A	B	C
1	项目	行次	本月数
2	一、主营业务收入	1	2,000,000.00
3	减：主营业务成本	4	1,500,000.00
4	主营业务税金及附加	5	120,000.00
5	二、主营业务利润	10	380,000.00
6	加：其他业务利润	11	335,000.00
7	减：营业费用	14	147,000.00
8	管理费用	15	263,000.00
9	财务费用	16	118,000.00
10	三、营业利润	18	187,000.00
11	加：投资收益	19	20,000.00
12	补贴收入	22	5,000.00
13	营业外收入	23	3,000.00
14	减：营业外支出	25	60,000.00
15	四、利润总额	27	155,000.00
16	减：所得税	28	38,750.00
17	五、净利润	30	116,250.00

图 10-17

解决方案

（1）选中 C2:C17 单元格区域，按【Ctrl】+【G】组合键，弹出【定位】对话框，如图 10-18 所示。

（2）单击【定位条件】按钮，弹出【定位条件】对话框，选择【常量】单选按钮，单击【确定】按钮，如图 10-19 所示。

图 10-18

图 10-19

（3）退出【定位条件】对话框后立即按【Delete】键，即可删除 C 列中所有数据，原公式所在单元格中显示为"0.00"，如图 10-20 所示。

	A	B	C
1	项目	行次	本月数
2	一、主营业务收入	1	
3	减：主营业务成本	4	
4	主营业务税金及附加	5	
5	二、主营业务利润	10	0.00
6	加：其他业务利润	11	
7	减：营业费用	14	
8	管理费用	15	
9	财务费用	16	
10	三、营业利润	18	0.00
11	加：投资收益	19	
12	补贴收入	22	
13	营业外收入	23	
14	减：营业外支出	25	
15	四、利润总额	27	0.00
16	减：所得税	28	
17	五、净利润	30	0.00

图 10-20

技巧 082
标记公式单元格

应用场景

在编辑一个长时间不用的或不熟悉的含有公式的数据表格时，经常会将含有公式的单元格覆盖或删除。如果将含有公式的单元格做上标记，如填充颜色，在后续的使用中，于人于己都会很方便。在图10-21所示的表格中，C5、C10、C15及C17单元格中均有公式，下面利用定位功能，用颜色来标记这些单元格，使其凸显。

	A	B	C
1	项目	行次	本月数
2	一、主营业务收入	1	1,101,796.43
3	减：主营业务成本	4	809,238.55
4	主营业务税金及附加	5	7,271.85
5	二、主营业务利润	10	285,286.03
6	加：其他业务利润	11	
7	减：营业费用	14	11,011.50
8	管理费用	15	87,345.98
9	财务费用	16	2,456.28
10	三、营业利润	18	184,472.27
11	加：投资收益	19	
12	补贴收入	22	12,000.00
13	营业外收入	23	25.60
14	减：营业外支出	25	2,200.00
15	四、利润总额	27	194,297.87
16	减：所得税	28	23,579.40
17	五、净利润	30	170,718.47

图 10-21

解决方案

（1）选中 C2:C17 单元格区域，按【Ctrl】+【G】组合键，弹出【定位】对话框，单击【定位条件】按钮。

（2）在弹出的【定位条件】对话框中，只选择【公式】单选按钮及其下方的【数字】复选框，单击【确定】按钮，如图10-22所示。

（3）在【开始】选项卡中，单击【字体】组中的【填充颜色】下拉按钮，在弹出的列表中选择一种填充颜色，这里选择【主题颜色】组中的【白色，背景1，深色35%】选项，如图10-23所示。

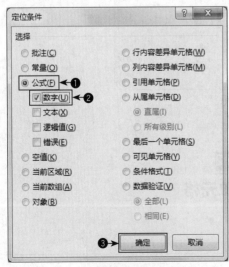

图 10-22

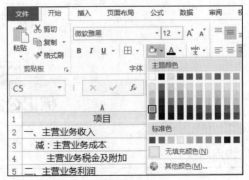

图 10-23

填充颜色后的效果如图 10-24 所示。

	A	B	C
1	项目	行次	本月数
2	一、主营业务收入	1	1,101,796.43
3	减：主营业务成本	4	809,238.55
4	主营业务税金及附加	5	7,271.85
5	二、主营业务利润	10	285,286.03
6	加：其他业务利润	11	
7	减：营业费用	14	11,011.50
8	管理费用	15	87,345.98
9	财务费用	16	2,456.28
10	三、营业利润	18	184,472.27
11	加：投资收益	19	
12	补贴收入	22	12,000.00
13	营业外收入	23	25.60
14	减：营业外支出	25	2,200.00
15	四、利润总额	27	194,297.87
16	减：所得税	28	23,579.40
17	五、净利润	30	170,718.47

图 10-24

技术拓展

为表格中的文本单元格填充颜色的方法与此类似，不同之处在于【定位条件】对话框中的选项，应选择【常量】单选按钮及【文本】复选框，如图 10-25 所示。

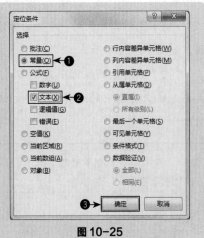

图 10-25

技巧 083
批量制作工资条

扫码看视频

应用场景

工资条是员工所在单位定期给员工发放的工资项目清单。一般由两部分组成：表头和各项目明细数据。工资条是基于员工工资统计表按照指定格式生成的。图 10-26 是一张员工工资统计表，我们需要将这张统计表做成一行表头、一行明细数据的工资条。为了方便裁剪，还需要在每条记录中插入一个空白行来分割每位员工的工资信息。

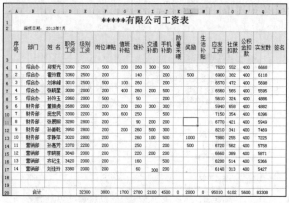

图 10-26

> 解决方案

（1）复制工资表到一个新的工作表中，删除表头和合计行，同时删除签名列，即R列，如图 10-27 所示。

（2）在后续的操作中需要用到定位功能定位空白单元格并批量填充字段行，因此需要先将工资表中的所有空白单元格填充零值。选中 A2:Q15 单元格区域，如图 10-28 所示。

图 10-27

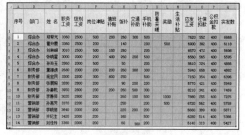

图 10-28

（3）按【Ctrl】+【G】组合键，弹出【定位】对话框，单击【定位条件】按钮，如图 10-29 所示。

（4）弹出【定位条件】对话框，选中其中的【空值】单选按钮，如图 10-30 所示。

图 10-29

图 10-30

（5）单击【确定】按钮退出【定位条件】对话框后，立即输入【0】，输入后的效果如图10-31所示。

（6）按【Ctrl】+【Enter】组合键，实现批量输入零值，效果如图10-32所示。

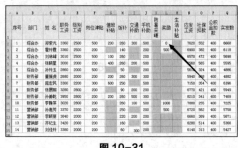

图10-31　　　　　　　　　　　　　　图10-32

（7）完成上述操作后，工作表中所有的单元格均已填充内容。然后在序号列的最后一行的下面依次输入1.5、2.5、3.5、……、13.5，如图10-33所示。如果行数较多，可以在前两行中输入1.5和2.5后，选中这两个单元格并拖曳填充柄实现批量填充序号。

（8）以序号列为依据，对整个数据表做升序排序，排序后的效果如图10-34所示。

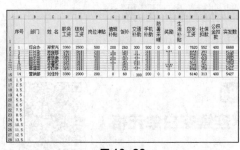

图10-33　　　　　　　　　　　　　　图10-34

（9）选中B1:Q1字段行，如图10-35所示，按【Ctrl】+【C】组合键，复制该字段行。

（10）在B1:Q1字段行处于复制状态下，选中B2:Q28单元格区域，如图10-36所示。

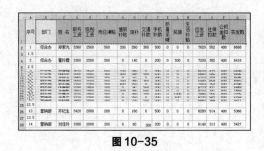
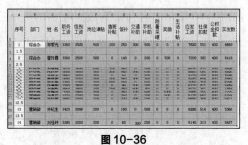

图10-35　　　　　　　　　　　　　　图10-36

（11）按【Ctrl】+【G】组合键，在打开的【定位】对话框中单击【定位条件】按钮，打开【定位条件】对话框，选择【空值】单选按钮，如图10-37所示。

（12）单击【确定】按钮，退出【定位条件】对话框后，按【Ctrl】+【V】组合键执行【粘贴】命令，粘贴效果如图10-38所示。

图 10-37

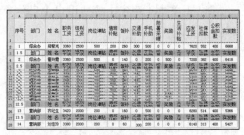
图 10-38

（13）根据美化需要对行高和列宽进行调整，调整后的工资条效果如图 10-39 所示。

图 10-39

技巧 084

批量删除数据间的不连续空白单元格

扫码看视频

应用场景

当复制或导入数据到 Excel 中时，数据间有时会存在不连续的空白单元格，如图 10-40 所示，这会影响数据展示的美观度。现要求批量删除数据区中的空白单元格，并将所有的数据自动右移，填充空白单元格。

	A	B	C	D	E	F	G	H	I	J
1	年度	店仓编号	店铺名称	收款01	收款02	收款03	收款04	收款05	收款06	收款07
2	2020	SJZJ04	仓储库谈园店	801				870		771
3	2020	SJZJC7	北荣街2店		571		303	848		609
4	2020	SJZS06	海州海兴泊信商厦店	441	643		286	270	528	
5	2020	SJZS08	海州华北商厦专厅			656	373			
6	2020	SJZJC8	海州黄骅渤海路店					688		
7	2020	SJZJ06	海州黄骅店			853			135	167
8	2020	SJZJ07	海州任丘京开道店	146			777	302		548
9	2020	SJZJ08	海州商城专卖店	871	127		422	320		485
10	2020	SJZS10	海州新华路华北四期店	673			446	175	355	162
11	2020	SJZJ11	海州颐和广场店	393	353	794	226			288
12	2020	SJZJD9	东风路1店	269	136			877		
13	2020	SJZJ12	东购专卖店	325						
14	2020	SJZJE5	海兴兴盛街店	521		657		763	600	296
15	2020	SJZJ13	中州大名大名府路店			632	200	673	372	437
16	2020	SJZJ13	中州大名店							864

图 10-40

解决方案

（1）选中数据区，按【Ctrl】+【G】组合键，在弹出的【定位】对话框中单击【定位条件】按钮，在弹出的【定位条件】对话框中选择【空值】单选按钮，单击【确定】按钮，如图 10-41 所示。

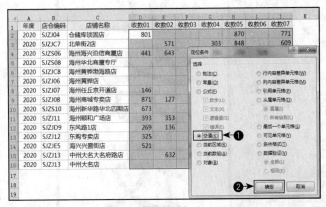

图 10-41

（2）将鼠标指针悬停在选中的数据区的任意一个单元格上，单击鼠标右键，在弹出的快捷菜单中选择【删除】命令，如图 10-42 所示。

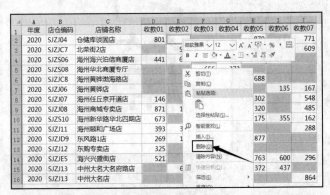

图 10-42

（3）在弹出的【删除】对话框中选择【右侧单元格左移】单选按钮，如图 10-43 所示。

（4）单击【确定】按钮退出对话框。删除后的效果如图 10-44 所示。

图 10-43

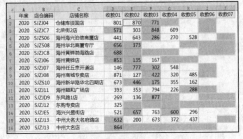

图 10-44

业务技巧篇

第 11 章

二维数据图表分析法

在工作中，我们经常会遇到各种各样的数据表，其中二维数据表是最常见的一种数据表。所谓二维数据表就是一组横向字段（行字段）与一组纵向字段（列字段）共同组成的数据表，表格中的每个数据都同时隶属于一个横向字段和一个纵向字段。例如，某个生产小组有 12 个人，全年中每个人每月都有一个工时数据，用这组数据编制的 12 行 ×12 列的统计表就是一个标准的二维数据表。

面对这样一张极其普通又极其常见的二维数据表，在进行数据分析时，大多数人都很难想到有什么更好的展示方式。其实，借助二维图，可以让这些看似"平庸"的二维数据变得更加生动、直观，更具说服力。本章就介绍几个常用的二维数据图表分析法，加深你对二维数据表的认知。

技巧 085
二维柱形图数据分析法

很多电商企业为了不断扩大业务量，增加覆盖范围，在淘宝、天猫、京东等平台陆续开设店铺。而随着营业收入的增加，对数据分析的需求越来越强烈。例如，哪个平台销量大，哪个平台销量小；哪个月份销量大，哪个月份销量小；哪些平台销售是成长型的，哪些是持续低迷型的……这些问题都需要通过数据分析给出答案。在此基础上还可以进一步向纵深展开分析。例如，对主要产品的全年销售数据进行分析，可以获得帮助企业做出销售决策的重要依据；而对于销量与季节的关系、销量与产品的关系、产品与季节的关系、产品与销售地区的关系等，以及产品何时上架 / 下架、什么产品适合什么地区、什么季节适合销售什么产品等，都可以通过二维数据图表分析法获得数据支持。

本案例采用柱形图来展示二维数据。在 Excel 的各类图表中，柱形图特别适合用于显示一段时间内的数据更改或各数据项之间的对比效果。在财务分析中，也多采用对比的方法，因此，柱形图是最主要的财务数据表现方式。

案例背景

图 11-1 所示为 A 公司 2019 年淘宝店、天猫店、京东店、1 号店、微店的收入明细（单位：元）。要求根据该数据表中的数据，绘制图 11-2 所示的柱形图。通过单击数值调节钮控件的上、下箭头按钮，在 A1 单元格中切换收入类别名称，对应的数据被输送到图表里，形成控件、数据表、图表的三级联动，获得一个自如切换数据的动态图表。目的是通过动态图表，对比分析收入数据每月浮动的原因。

收入类别	1月	2月	3月	4月	5月	6月	7月	8月	9月	10月	11月	12月
淘宝收入	7290	5442	6139	8961	3901	8517	3082	4196	4359	3197	4792	2615
天猫收入	4326	8067	1478	2031	6481	1272	3240	5876	1751	7330	2495	5216
京东收入	6331	7720	2652	1719	4534	8468	3839	5907	4490	4790	5742	3398
1号店收入	4406	5132	3674	1884	8409	8856	2141	2115	1550	8197	8936	3386
微店收入	4957	4151	6470	8954	5773	3020	7140	4814	6319	7738	1333	8376
合计	27310	30512	20413	23549	29098	30133	19442	22908	18068	31252	23298	22991

图 11-1

图 11-2

解决方案

1. 数据准备

新建一张空白表格，在 A3:A7 单元格区域中输入收入类别，在 C1:N1 单元格区域中输入 1~12 个月的月份名称，如图 11-3 所示。

2. 插入控件并编写公式

（1）插入控件。

① 在【开发工具】选项卡的【控件】组中，单击【插入】下拉按钮，在弹出的列表中选择【表单控件】组中的【数值调节钮（窗体控件）】，如图 11-4 所示。

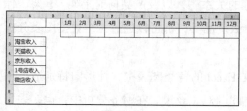

图 11-3

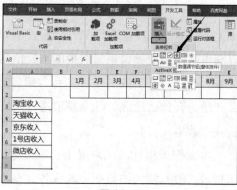

图 11-4

技术看板

系统默认状态下的菜单栏中没有【开发工具】选项卡,需要通过设置才能调出,具体的设置方法如下。

(1)单击菜单栏中的【文件】选项卡,选择【选项】,如图 11-5 所示。

(2)在弹出的【Excel 选项】对话框中选择【自定义功能区】,在右侧选择【开发工具】复选框,单击【确定】按钮,如图 11-6 所示。

图 11-5

图 11-6

② 按住鼠标左键在 A8 单元格中绘制数值调节钮控件。然后选中该控件,单击鼠标右键,在弹出的快捷菜单中选择【设置控件格式】命令,如图 11-7 所示。

③ 弹出【设置控件格式】对话框,设置【最大值】为收入类别的个数,即 5;设置【最小值】为 1,链接的单元格是 B1;设置【步长】为 1,即当单击控件的上箭头或下箭头按钮时,B1 单元格的值会增加 1 或减少 1,变化的范围是 1~5。设置完成后单击【确定】按钮,如图 11-8 所示。

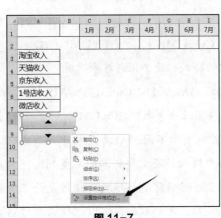

图 11-7

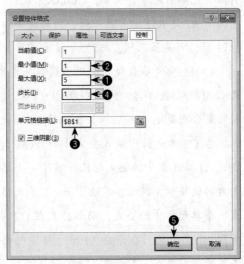

图 11-8

（2）编写公式。

① 在 A1 单元格中输入公式【=OFFSET(数据源!A1,6-B1,)】。

公式解析：OFFSET 函数的语法格式如下。

OFFSET(起始定位点，向下偏移量，向右偏移量，区域高度，区域宽度)

OFFSET 函数共有 5 个参数，该公式中只用到了两个参数，第一个参数是起始定位点"数据源!A1"，即以它为定位单元格；第二个参数是向下偏移量"6-B1"，即当 B1 单元格等于 1 时，6-B1 等于 5。该公式的作用是返回从"数据源!A1"出发且向下移动 5 行，即数据源表 A6 单元格的内容。该公式运行的原理是，当单击数值调节钮控件的上箭头按钮时，B1 单元格的值由 1 变成 2、3、4、5，则 6-B1 的结果为 5、4、3、2、1，而公式则依次获取 A6、A5、A4、A3、A2 单元格中的内容，从而形成一套联动体系，即数值调节钮控件带动 B1 单元格，B1 单元格带动 A1 单元格，联动的最终目的是获取数据源表中 A6 至 A2 单元格中的收入类别名称。之所以出现 A6、A5、A4、A3、A2 这样的倒序设计，是为了实现当单击数值调节钮控件的上箭头按钮时，获取的收入类别也是从下向上依次获取。

该公式中的最后一个逗号看起来似乎没什么用，其实作用巨大。该函数的语法约定当只用两个参数，即起始定位点参数和向下偏移量参数时，必须在第二个参数后面添加一个逗号，否则公式被认为语法错误。

② 在编写 C2 单元格中的公式前先了解一下 COLUMN 函数。该函数的作用是返回引用单元格的列号。例如，COLUMN(A1) 的结果是 1，COLUMN(A12) 的结果也是 1，原因是 A1 与 A12 都是第一列，因此两个结果都是 1。再如，COLUMN(C5) 的结果是 3，原因是 C 列是第三列，与"5"没有关系，即便是 COLUMN(C30)，其结果也是 3。

COLUMN 函数经常被用于获取一连串序列号的场景中。例如，当向右复制时，公式 COLUMN(A1) 会自动变为 COLUMN(B1)、COLUMN(C1)、COLUMN(D1)，对应的结果分别是 1、2、3、4。在编写 C2 单元格中的公式时便会用到这个功能。

在 C2 单元格中输入公式【=OFFSET(数据源!$A1,6-$B1,COLUMN(A1))】，该公式与 A1 单元格中的公式相比，多了一个参数，即第三个参数"COLUMN(A1)"，代表向右的偏移量，因此在用法上与 A1 单元格中的公式有所不同。A1 单元格中的公式仅仅是一个单元格中的公式，而本公式在 C2 单元格中输入后还需要将其向右复制，一直复制到 N2 单元格。在介绍 A1 单元格中的公式时已经明确前两个参数的作用是为了获取不同的收入类别，或者说是为了解决纵向引用的问题，即调取的内容以"数据源!$A1"为出发点向下移动若干行来获取相应内容。而本公式需要获取 C2:N2 这 12 个单元格的数据，因此在编辑公式时，需要设计如何解决横向获取数据的问题，使得在输入 C2 单元格的公式并向右复制时，能够分别获得某个收入类别对应的 1～12 月的数据。

举例说明，假如公式"=OFFSET(数据源!$A1,6-$B1,COLUMN(A1))"中的B1等于2，"6-$B1"就等于4（6-2=4），则公式结果为"=OFFSET(数据源!$A1,4,1)"，即以"数据源!$A1"为出发点，向下移动4行，向右移动1列，结果为4406，如图11-9所示。

当将该公式向右侧复制时，对应的单元格中的公式分别为

C2=OFFSET(数据源!$A1,6-$B1,COLUMN(A1))

D2=OFFSET(数据源!$A1,6-$B1,COLUMN(B1))

E2=OFFSET(数据源!$A1,6-$B1,COLUMN(C1))

……

对应的中间过程和最终结果为

C2=OFFSET(数据源!$A1,4,1)=4406

D2=OFFSET(数据源!$A1,4,2)=5132

E2=OFFSET(数据源!$A1,4,3)=3674

……

该公式获得的结果如图 11-10 所示。

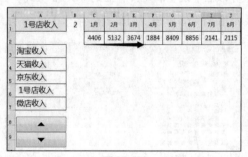

图 11-9　　　　　　　　　　图 11-10

3. 设置条件格式

为了提高观赏性，可在 A3:A7 单元格区域中设置条件格式。由于 A1 单元格与数值调节钮控件有联动关系，当单击数值调节钮控件时，B1 单元格的值会随之变动，连带着 A1 单元格的内容也发生改变。通过设置条件格式，当 A3:A7 单元格区域中的某一单元格内容与 A1 单元格相同时，填充背景颜色为黑色，同时改变字体颜色为白色。设置后的效果如图 11-11 所示。

设置条件格式的操作步骤如下。

（1）选择 A3:A7 单元格区域，在【开始】选项卡的【样式】组中单击【条件格式】下拉按钮，在弹出的列表中选择【管理规则】命令，弹出【条件格式规则管理器】对话框，如图 11-12 所示。

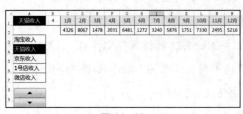

图 11-11

图 11-12

（2）单击【新建规则】按钮，弹出【新建格式规则】对话框，在【选择规则类型】列表框中选择【只为包含以下内容的单元格设置格式】选项；在【编辑规则说明】列表框中，设置【单元格值】等于 A1 单元格，如图 11-13 所示。设置规则的目的是当选中的 A3:A7 单元格区域中的值与 A1 单元格的值相同时便满足条件。

（3）单击【新建格式规则】对话框右下方的【格式】按钮，在弹出的【设置单元格格式】对话框中设置满足条件后的单元格格式。在【填充】选项卡中，选择【背景色】为黑色，如图 11-14 所示；切换到【字体】选项卡，设置字体颜色为白色，如图 11-15 所示。

图 11-14

图 11-15

（4）单击【确定】按钮返回【新建格式规则】对话框，在【预览】区域可以预览黑色背景和白色字体的效果，如图 11-16 所示。

（5）单击【确定】按钮，返回【条件格式规则管理器】对话框，此时在【规则】列表框中已经添加了一条规则，如图 11-17 所示。对于任意一个单元格或单元格区域都可以设置多条规则，如果需要增加规则，可再次单击【新建规则】按钮进行设置；如果想修改已有的规则，如把背景色改为红色，可单击【编辑规则】按钮，按照步骤（3）

和步骤（4）的操作进行设置。同理，如果想删除其中的某条规则，可选中该规则，然后单击【删除规则】按钮。最后单击【确定】按钮，即可完成条件格式的全部设置。

图 11-16

图 11-17

4．绘制柱形图

使用 C1:N2 单元格区域的数据绘制柱形图，具体的绘制过程如下。

（1）绘制图表。

选中 C1:N2 单元格区域，切换到【插入】选项卡，在【图表】组中单击【插入柱形图或条形图】按钮，在弹出的列表中选择【二维柱形图】组中的【簇状柱形图】，如图 11-18 所示。

单击按钮后，系统将自动在表格中插入一个柱形图，如图 11-19 所示。

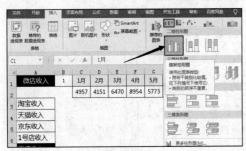

图 11-18

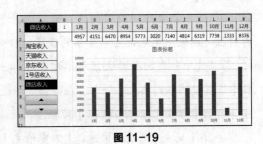

图 11-19

（2）插入矩形框关联收入名称。

插入的柱形图中有一个图表标题，为了单击数值调节钮控件时，A1 单元格的内容会随之在不同的收入类别之间切换，需要再插入一个与图表标题类似的标题，用于管理 A1 单元格。当单击数据调节钮控件时，A1 单元格的内容变动，同时连带着图表中的新插入的标题也随之变动。具体的插入过程如下。

① 选中图表区，切换到【插入】选项卡，在【插图】组中单击【形状】下拉按钮，在弹出的列表中选择【矩形】，如图 11-20 所示。

② 在图表区的左上角绘制一个矩形，之后选中矩形，用鼠标在编辑栏内单击，看到光标闪动后按下键盘上的【=】键，再用鼠标选择 A1 单元格，效果如图 11-21 所示。

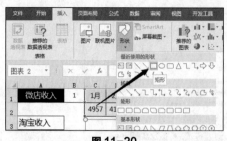

图 11-20

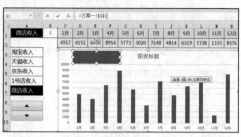

图 11-21

③ 按【Enter】键完成矩形与 A1 单元格的关联。再设置该矩形的填充色为无色，字体颜色为黑色，图形的边框设置为无边框。

④ 将图表标题修改为【数据分析图】，此时在图表区出现两个标题，左侧的标题为动态标题，与 A1 单元格相关联，当 A1 单元格的内容变动时，该标题也随之变动；右

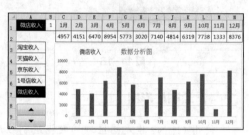

图 11-22

侧的标题为静态标题，设置后的效果如图 11-22 所示。

> **提示**
>
> 插入矩形并设置为动态标题的功能为 Excel 中专有，WPS 中没有此项功能。

（3）美化图表。

① 选中图表中间的主图区，设置背景色为浅灰色，然后再对柱形图做渐变色设置。具体的设置过程如下。

a. 选中柱形图并单击鼠标右键，在弹出的快捷菜单中选择【设置数据系列格式】命令，在弹出的【设置数据系列格式】任务窗格中单击【填充与线条】按钮。

b. 在【填充】选项组中选择【渐变填充】单选按钮，在【类型】下拉列表框中选择【线性】，在【方向】下拉列表框中选择【线性向右】或【线性向左】，在【渐变光圈】滑杆上设置 3 个光圈（如果系统默认的光圈数较多，可以单击按钮删除）。把左侧和右侧的两个光圈拉至两端，再把中间的光圈拖曳至 50%处，并将两端的光圈颜色设置成深灰色（白深色 50%），中间的光圈设置成白色，如图 11-23 所示。

图 11-23

② 选中柱形图，单击鼠标右键，在弹出的快捷菜单中选择【添加数据标签】命令，为柱形图添加数据标签。至此完成所有的操作，最终效果如图 11-24 所示。

关于图表的美化，除了上述操作方法之外，还有一种较为省事的快速美化方法，即在插入图表后单击【图表工具】|【设计】选项卡，在【图表样式】组中选择一款心仪的款式，如图 11-25 所示。

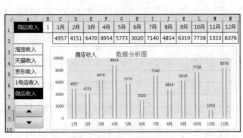

图 11-24

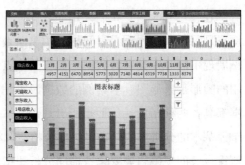

图 11-25

案例小结

　　制作图表的目的是直观地展示数据的大小和变化趋势。每个公司都有自己的实际情况，就 A 公司来说，从图 11-24 中可以看出微店 4 月、12 月的收入较好，11 月和 6 月的收入较差。较高的月份收入差异并不突出，而较低的月份收入的差值太大，说明该店铺运营状况存在问题。比较好的数据模型应该是大部分数据在平均值附近，个别月份表现优异，毕竟每个店铺存在一定的基础费用开支问题，如果收入太低，毛利润很难支撑店铺的运营。这个思维逻辑在生活中也是通用的，我们每个人每月都有相对固定的工资收入，如果某个月有一些工资以外的兼职收入会感觉很舒服。反之如果大部分月份收入平稳，个别月份收入下滑严重，生活质量会大受影响。

　　数据分析一方面要从数据表面的变化入手，另一方面还要对偏大或偏小、低于平均值或高于平均值、高点在几月或低点在几月、是否有连续增长、是否有连续下降等进行分析，更重要的是结合公司的实际情况。例如，某个月份有促销活动，促销活动与销售数据间有无关联；公司销售的产品是否存在淡旺季影响因素，这在图表中是否有体现；某个月份有新品推出，这是否在销售数据中有所体现；是否存在某个月份有新店铺开业或有老店铺撤店，新增店铺和撤销店铺与销售数据是否有关联；是否存在年度内高薪聘用了销售总监或某个销售冠军离职，这些因素是否在销售数据中有所体现，等等。对于快速增长中的企业，要关注增速是否有放缓的迹象；对于持续下滑的企业，要关注下降趋势是否有企稳回升的信号；对于处在瓶颈中的企业，要关注是否存在突出重围的数据亮点。总之数据是"死"的，人是活的，如果一个角度的分析不够明确，那就换一个角度。

技巧 086
二维条形图数据分析法

扫码看视频

在技巧 085 中,我们采用的数据分析角度是切换收入类别展现全年数据,关注的重点是每个收入方式在时间轴上的纵向表现,采用的图形是柱形图。本技巧是切换月份展现不同收入类别的数据,关注的重点是每个月所有收入类别的横向对比表现,采用的图形是条形图。本案例的数据源表是一个标准的二维数据表,因为表中的每个数据都具备两种属性,一种是所属月份,另一种是所属收入类别。二维数据表对应的两个最基本的分析方法分别是纵向分析法和横向分析法。纵向分析法指的是时间轴月份,侧重自身的发展趋势变化;横向分析法指的是收入类别,侧重不同类别之间的横向对比。二维分析法在财务分析中的应用范围非常广泛。

案例背景

本案例仍以图 11-1 所示的 A 公司 2019 年淘宝店、天猫店、京东店、1 号店、微店的收入明细(单位:元)为数据源,要求根据该数据源绘制如图 11-26 所示的条形图。

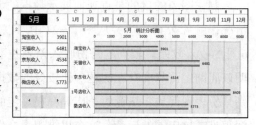
图 11-26

本案例的目的是转换数据分析的角度,关注指定某个时间节点上各收入类别的大小关系,注重横向对比关系。例如,在图 11-26 中,5 月份,1 号店的收入比较高,淘宝店的收入最低。

解决方案

1. 数据准备

新建一张空白表格,在 A3:A7 单元格区域中输入各平台名称,在 C1:N1 单元格区域中输入 1~12 月的月份名称。

2. 插入控件并编写公式

(1)插入控件。

① 在【开发工具】选项卡的【控件】组中,单击【插入】按钮,在弹出的列表中选择【表单控件】组中的【滚动条(窗体控制)】控件,如图 11-27 所示。

图 11-27

② 用鼠标在 A8:B9 单元格区域中绘制滚动条控件，如图 11-28 所示。

③ 选中刚绘制的滚动条控件，单击鼠标右键，在弹出的快捷菜单中选择【设置控件格式】命令，在弹出的【设置控件格式】对话框中设置【最大值】为月份数【12】，【最小值】为【1】，【步长】为【1】，链接的单元格为 B1。当单击滚动条控件的左、右箭头按钮时，B1 单元格的值会增加 1 或减少 1，变化的范围是 1~12。具体的参数设置如图 11-29 所示。

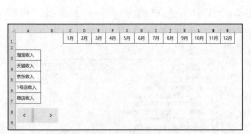

图 11-28

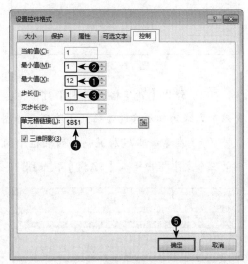

图 11-29

（2）编写公式。

① 在 A1 单元格中输入公式【=OFFSET(数据源!A1,,B1)】，作用是根据 B1 单元格的值的改变调用数据源表中 C1:N1 单元格区域内的月份名称。

② 在 B3 单元格中输入公式【=OFFSET(数据源!A$1,ROW(A1),B$1)】。在该公式中，ROW(A1) 的作用是向下偏移一行；B$1 单元格的值在 1 至 12 之间变化时，连带着 OFFSET 函数调用的数据从数据源表的 A1 单元格开始向右移动 1~12 列，实现由控件直接关联的 B1 单元格、间接关联的 B3 单元格三级联动的数据切换。在将公式向下复制时，ROW(A1) 负责提供向下的偏移量，B$1 负责提供向右的偏移量。编写并复制公式后的效果如图 11-30 所示。

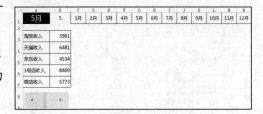

图 11-30

3．设置条件格式

本案例中设置的条件是当 C1:N1 单元格区域中的内容与 A1 单元格中的具体月份相同时，填充背景色为黑色，字体颜色为白色。具体的设置流程如下。

（1）选中 C1:N1 单元格区域，在【开始】选项卡的【样式】组中单击【条件格式】按钮，在弹出的列表中选择【管理规则】命令，如图 11-31 所示。

（2）在弹出的【条件格式规则管理器】对话框中单击【新建规则】按钮，如图11-32所示。

图11-31

图11-32

（3）弹出【新建格式规则】对话框，选择【选择规则类型】列表框中的【只为包含以下内容的单元格设置格式】选项，如图11-33所示。

（4）在【编辑规则说明】列表框中的第二个下拉列表中选择【等于】选项，同时在第三个文本框中输入【$A$1】，如图11-34所示。

图11-33

图11-34

（5）单击图11-34中的【格式】按钮，在弹出的【设置单元格格式】对话框中选择【填充】选项卡，设置背景色为黑色，如图11-35所示。

（6）单击【字体】选项卡，设置字体颜色为白色，如图11-36所示。

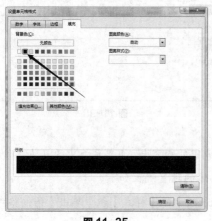

图11-35

图11-36

（7）单击【确定】按钮返回【新建格式规则】对话框，此时可以在【预览】区域看到设置的黑色背景和白色字体的效果，如图11-37所示。

（8）单击【新建格式规则】对话框中右下角的【确定】按钮，返回【条件格式规则管理器】对话框，再单击【确定】按钮，完成条件格式的全部设置，设置效果如图11-38所示。

图 11-37

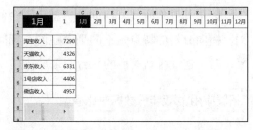

图 11-38

4．绘制图表

（1）选中A3:B7单元格区域，切换到【插入】选项卡，在【图表】组中单击【插入柱形图或条形图】按钮，在弹出的列表中单击【二维条形图】组中的【簇状条形图】按钮，如图11-39所示。插入簇状条形图后的效果如图11-40所示。

图 11-39

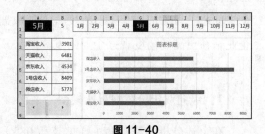

图 11-40

（2）参照技巧085中介绍的美化柱形图的方法对绘制的条形图进行美化。例如，当使用滚动条控件选中5月时，C1:N1单元格区域中的5月随之改变背景颜色以及字体颜色，如图11-41所示。

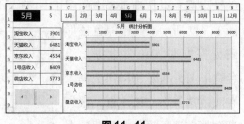

图 11-41

> 案例小结

基于图11-41，可以选择某个月份分析5个平台的收入变化。以5月份的数据为例，结合公司的实际情况，可以得出如下结论。

（1）天猫店收入高，微店收入低，原因是天猫店宣传投入大，微店因为上线时间短，还处在初创阶段。

（2）京东店收入高，而1号店收入低，原因是京东店的影响面逐渐扩大，而1号店的影响面逐渐缩小。

（3）各店铺的商品不一样，畅销品主要铺在京东店、天猫店，所以京东店和天猫店的收入高。

（4）淘宝店内部客服团队管理出现问题，造成收入滑坡。

以上是固定时间、横向分析各个平台间收入的变化情况，从中找出收入变化的原因。横向分析的特点是不同平台在同一期间内的收入数据对比，反映平台间的收入水平，对于连续排名落后的平台应采取措施。

| 拓展应用 | 双年份数据对比模型 |

任何一种分析方法都既有局限性又有扩展性，在实际应用中如果仅是按照讲述的方法势必会束缚住自己，或者误以为不适合自己当下的需求。"君子生非异也，善假于物也"，一个人的能力在于能驾驭多少工具，更在于灵活运用这些工具。下面把二维分析法的应用场景进行拓展，以展示其更多的分析效果。

二维分析法中的横向分析和纵向分析通过两个角度把数据分析做到了极致，无论是增长还是降低，无论是横向表现还是纵向对比，每个数据的细微变化都能反映出来，但这仅仅是一个平面上的分析，在此基础上还能向纵深挖掘。例如，在月份、类别两个维度之上再添加一个年份维度，增加数据分析的深度，可以发现更多的问题，帮助企业站在更高的角度观察企业的发展趋势。下面基于横向分析和纵向分析，添加年度的收入数据，看看分析结果的变化。

1．纵向双年份数据对比模型

在上述分析的基础上（详见技巧085），加入同期数据进行分析会是一个什么样的结果呢？以技巧085中的图11-1所示的数据为基础，添加上年收入数据，效果如图11-42所示。其中深色柱形图为报告期2019年数据，浅色柱形图为基期2018年数据。在颜色选择上应该注意，报告期数据宜选择深色，基期数据宜选择浅色，用浅色衬托，用深色突出重点。

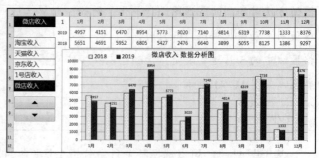

图 11-42

通过加入一个年度变量数据的分析方法更加多元化，除了前面技巧中介绍的分析角度之外，又增加了一个同期数据对比的角度。以图 11-42 为例，2019 年 4 月和 12 月，微店的收入都是 8000 多元，在全年的收入数据中名列前茅，但是与上年同期相比，4 月份的收入高于上年，而 12 月份的收入低于上年。这是纯数据方面的分析，本案例的数据是随机编辑的数据，缺乏实际数据应有的"温度"，如果结合实际情况分析效果会更好。

举例 1：假设该公司的销售淡季是上半年，销售旺季是下半年，而图 11-42 中的 11 月份的数据比较异常，应结合实际情况说明问题。

举例 2：假设该公司每年 11 月份进行店铺的拆分、合并和裁撤，同时进行人事任免调整，那么 10 月份成交量较大，说明员工都在突击完成任务，任免裁撤的影响主要体现在 11 月份。12 月份后各项工作趋于稳定，加之年终消费黄金期，因此 12 月份的销售额大幅回升。

举例 3：假设该公司每年的上半年属于销售淡季，而三四月份的销量较高是因为公司为了增加销售额，在每年三四月份都做了大量的促销活动，虽然处于销售淡季，但是促销活动的效果还是比较明显的。

每个企业都有自己特有的外部环境和内部因素，在财务分析中必须结合实际情况开展数据分析。有的企业有销售淡季和销售旺季之分；有的产品受温度影响较大，如空调。影响企业收入变化的因素还有很多，例如，新近研发出爆款产品，公示时蹭到了热点，收入快速增加。再如，公司大力度推出绩效考核政策，使得收入增长，或者某个新兴行业的快速增长波及本企业。

技术看板　在图 11-42 中，2019 年的数据在第二行，2018 年的数据在第三行，如果选中 B2:N3 单元格区域并插入柱形图的结果是 2019 年的数据柱在左，2018 年的数据柱在右（见图 11-43），并不是图 11-42 中的效果，这是什么原因呢？

这是软件自身设置的结果，即数据从上到下，对应的数据柱是从左到右。从演示效果来说，我们更习惯让 2018 年的数据在左，2019 年的数据在右，因此需要做一些微调。

（1）选中图表区，单击鼠标右键，在弹出的快捷菜单中选择【选择数据】命令，如图 11-44 所示。

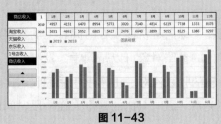
图 11-43

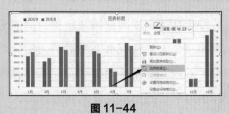
图 11-44

（2）弹出【选择数据源】对话框，选中【图例项（系列）】中的"2018"，单击【上移】按钮，将 2018 年和 2019 年两个系列数据的上下位置调换一下，如图 11-45 所示。

（3）单击【确定】按钮后的图表效果如图 11-46 所示。

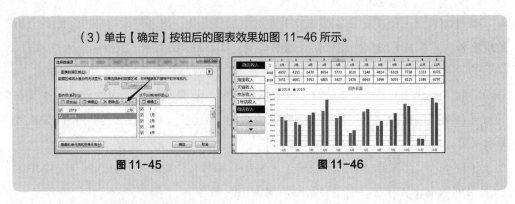

图 11-45　　　　　　　　　图 11-46

2．横向双年份数据对比模型

纵向双年份数据对比模型添加的是上年度分月数据，横向双年份数据对比模型添加的是上年的收入类别数据，如图 11-47 所示。

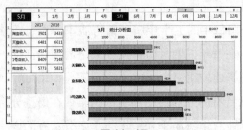

图 11-47

以 5 月的收入数据为例，从图 11-47 中可以看出，淘宝店 2018 年的收入低于 2017 年同期，天猫店 2018 年的收入高于 2017 年同期，说明淘宝客户在向天猫平台转移；京东店 2018 年的收入高于 2017 年，说明京东店的收入在增加；1 号店 2018 年的收入与 2017 年相比，下滑比较严重，应持续关注变化；微店两个年份的收入相差不多。从结构上看，淘宝店的收入低于所有平台的收入，说明淘宝店铺的流量在下降，应继续关注。

如果是三年的数据对比，还能进一步分析出哪个是持续增长，哪个是持续走低，哪个是支柱型收入项目，哪个是辅助型收入类别，从中找出重点发展、扶持的项目和持续低迷、考虑放弃的项目。

> **案例小结**

综上所述，横向分析注重项目间的对比，纵向分析注重在时间轴上的数据起伏。如果用一个人的薪资水平来举例，横向对比的参照对象可以是同学、发小儿在同一时间点上的收入变化，比如刚参加工作时各自的收入比对、工作十年后的收入比对，等等。横向对比的重点是彼此间数值的大小关系。纵向对比的是个人在一段时间以来的收入增减变化，比如你个人参加工作时的收入、工作十年后的收入，串在一起比较。纵向对比的重点是自身的发展变化。鉴于篇幅有限，案例拓展中的两个同期对比分析的实现方法不再讲解，请读者参考技巧 085 和技巧 086 自行实现。

技巧 087
二维数据图表分析法在多行业中的应用

本章讲述的数据分析方法在其他行业里同样有效，下面再列举几个其他行业的应用案例，帮助读者进一步理解二维数据图表分析法和数据分析的作用。

1．业务员分月销售业绩分析

公司在销售环节的数据分析需求同样十分强烈，尤其是保险行业，几乎每天都需要做数据统计分析，在次日的晨会上公布统计结果，并依据统计结果表扬先进、鞭策后进。在销售数据分析中，既需要关注近几日的数据，也需要关注近几个月的数据；既要进行个人自身数据对比，也要横向对比他人数据。因此，数据的横向、纵向对比都很重要。图 11-48 所示为某保险公司 2020 年上半年销售人员业绩收入分析表，该表由业务员和月份数据组成。通过切换业务员姓名，获取 6 个月销售数据的纵向对比，可以分析每个业务员业绩的发展变化，如图 11-49 所示。

2020年上半年销售人员业绩收入分析表							
业务员	1月	2月	3月	4月	5月	6月	合计
蔡延国	238	668	446	379	739	720	3190
詹承亮	232	292	378	771	777	202	2652
夏盛华	599	204	723	544	424	500	2994
杨秋红	229	372	678	312	464	180	2235
周亮	276	582	377	273	470	519	2497
陈丹	663	197	404	674	856	545	3339
刘涛	728	112	693	423	774	211	2941
合计	2965	2427	3699	3376	4504	2877	19848

图 11-48

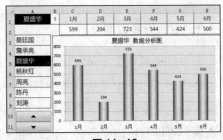

图 11-49

产品与月份组成的收入分析表如图 11-50 所示。通过切换保险产品名称，获取 6 个月每个产品的数据对比，可以分析每个产品的数据变化，如图 11-51 所示。

上半年保险产品收入分析表							
产品名称	1月	2月	3月	4月	5月	6月	合计
理财两全保险	3404	3881	7693	6322	8666	3609	33575
双利终身保险	2915	5815	8757	4100	2501	2390	26478
金彩随享保险	2892	5175	8946	3256	6083	4389	30741
利多两全保险	3762	3553	6084	8308	1145	5668	28520
附加随意保险	2734	3575	2473	6418	4008	5154	24362
重大疾病保险	8698	8421	5436	4648	6861	2314	36378
守护定期寿险	1463	6021	4076	5957	7723	6805	32045
合计	25868	36441	43465	39009	36987	30329	212099

图 11-50

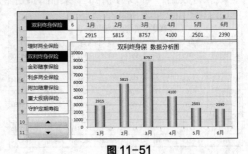

图 11-51

2．车间产量数据分析

车间产量数据往往用于成本核算，如果把产量数据用二维数据图表分析法做分析，可以直观地看到每个车间每个月份的数据变化，结合季节生产特点可以从中发现更多数据背后的问题，进而有针对性地指导车间采取更加灵活的方式安排生产、保养设备。

车间运转中的数据非常多，二维数据分析只能关注两个变量之间的关系，例如产量与月份的关系、电费与月份的关系、产量与主材消耗的关系、产量与包装物的关系，等等。在实际应用中，二维数据图表分析法仅仅是最基础的一种分析方法，如果把两个以上的变量放在一起分析，形成的各种组合分析表模式可谓千变万化，反映出的问题也非常独特。例如，某车间 2020 年上半年车间产值收入分析表如图 11-52 所示。通过切换车间名称，获取 6 个月该车间产量的数据对比，可以观察每个车间产量的数据变化，如图 11-53 所示。

上半年车间产值收入分析表							
车间	1月	2月	3月	4月	5月	6月	合计
一车间	357	763	569	424	812	464	3389
二车间	873	240	521	759	780	762	3935
三车间	130	763	459	715	461	142	2670
四车间	512	786	663	676	620	685	3942
五车间	762	847	204	441	877	526	3657
六车间	331	669	301	486	222	357	2366
七车间	660	100	843	800	345	518	3266
合计	3625	4168	3560	4301	4117	3454	23225

图 11-52

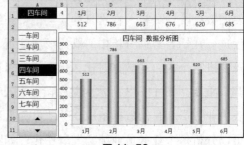

图 11-53

3．餐饮行业数据分析

很多连锁餐饮企业每家店铺的菜品种类是相同的，通过收集数据并采用二维数据图表分析法，把每个菜品在各个月份的表现展示出来。横向数据反映每个月份不同菜品收入的高低变化，可以得出受欢迎菜品的排名。纵向数据反映每个菜品在时间轴上的表现，可以看出该菜品在一定时期内受欢迎程度的变化情况，如果持续低迷，应尽快取缔；如果是高开低走，应及时关注，等等。不同的分析角度反映出不同的问题。例如，某餐饮业菜品收入分析表如图 11-54 所示。通过切换菜品名称，获取 6 个月每道菜品的数据，可以分析每个菜品的数据变化，如图 11-55 所示。

餐饮业菜品收入分析表							
产品名称	1月	2月	3月	4月	5月	6月	合计
麻辣花椒鸡	4305	5235	4992	4257	4815	4566	28170
水煮鱼	7470	8180	8945	7760	8980	7160	48495
酸辣金针菇	1555	1700	1551	1757	1451	1620	9634
煎酿辣椒	4701	4992	5088	5253	4401	4473	28908
豆豉青椒	1745	1619	1485	1490	1626	1726	9691
尖椒牛肉末	4842	5223	4617	4521	5277	4296	28776
冰雪虾球	1711	1717	1763	1584	1636	1629	10040
合计	26329	28666	28441	26622	28186	25470	163714

图 11-54

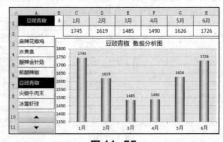

图 11-55

由于篇幅有限，以上行业案例的数据分析实现过程在此不再赘述。虽然行业不同，但是分析的逻辑大同小异，不同之处在于要紧密结合本行业的特点开展分析。例如，餐饮业的菜品分析，可以得出淘汰菜品的结论，而车间产量的分析不能得出淘汰产品的结论，而且还要结合新上项目和传统项目的区别、招牌项目和品牌项目的区别，等等。总之分析的逻辑可以借鉴，但具体的分析细节还要靠读者自行挖掘。

第 12 章

三维数据图表分析法

在日常工作中，我们经常要面对很多数据表，它们大都以平面的方式展现出来，其中很多表格都具备三维表格的属性。例如，对于业务员业绩统计表，一个业务员对应一个数据的表是一维表，维度是业务员姓名；每个业务员对应 12 个月份的 12 个数据的表是二维表，业务员姓名是一个维度，12 个月份是第二个维度；在姓名、月份的基础上增加一个数据类别维度，即每个月业务员对应两个数据，一个是销售数量，另一个是销售金额，这样的表就是三维表。

换个方式来理解这张三维表。编制 12 张表，每张表只统计一个月的数据，纵向字段填写业务员姓名，横向字段填写销售数量和销售金额，构成一个三列多行的数据表，单纯看其中的任意一张表都是一张二维表，两个维度分别是姓名和数据（销售数量和销售金额），如果整合在一起看，那就是一个三维表了。本章将具体介绍基于三维表的数据分析方法。

技巧 088

搭建日报表分析系统的架构

对于多数初学者来说，在做数据整合、数据分析时，往往对数据记录表和汇总统计表的概念模糊不清，关注的重点都落在成品汇总表上，即需要什么直接编制什么，数据的录入直接在汇总表中完成，于是就出现了在一个单元格中录入多个信息的情况，如有的是多个文本类信息，有的是多个数据用加号连接在一起。如果再想编制一张其他角度的汇总表，只好再重新录入数据。大多数初学者都曾遇到过类似的问题，一组原始数据经常需要在多张表上录入。本案例中的数据源表和汇总表条理清楚，泾渭分明，即使再增加几个汇总表也不会造成数据重复录入的问题，学习搭建数据分析架构，培养规范管理数据的意识远比学习几个函数更加重要。

案例背景

一家经营电影院业务的公司的收入日报明细表如图 12-1 所示（收入单位为元，以下同），该公司在国内有多家影院分支机构，包括黄石、金华、东莞、昆山、义乌、萧山等，每家公司的收入类别又分为全价票收入、会员卡收入、学生票收入、半价票收入、儿童票收入、团体票收入等，要求每天把收入的数据收集制作一张统计表，月末进行汇总和分析。全月（最多）共计 31 天，每张表有两个维度，影城名称维度和收入类别维度。如果把 31 张表全部打印出来，摞在一起就形成了一个三维数据表。在这个三维数据表中，3 个维度分别是收入类别维度、影城名称维度、日期维度。一维表是一条线，常见的形式是一行数据或一列数据；二维表是一个平面，是一个 n 行 $\times n$ 列的数据表；三维表是一个立体表，在 x 轴、y 轴、z 轴上都有数据。在这个三维数据表的基础上可以演化出众多的分析方法，通过拆分、重组、排列组合维度，可以获得多角度的数据分析模型。

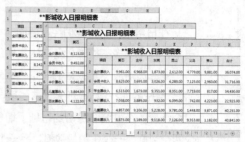

图 12-1

编制每日报表

每天收到各家影城报送的数据后，都一并填写到一张工作表中，纵向字段是收入类别，横向字段是影城名称，日报表的具体效果如图 12-2 所示。从图 12-2 中，不但能看到日报表的结构，还能看到预先准备好的每日工作表名称，均以 1、2、3、4……命名每日工作表的名字。

**影城收入日报明细表

项目	黄石	金华	东莞	昆山	义乌	萧山	合计
全价票收入	4,763.00	5,468.00	8,577.00	1,238.00	767.00	5,736.00	26,549.00
会员卡收入	417.00	4,323.00	852.00	4,457.00	998.00	3,831.00	14,878.00
学生票收入	3,310.00	9,197.00	3,606.00	6,211.00	7,267.00	3,562.00	33,153.00
半价票收入	8,142.00	7,989.00	6,118.00	7,347.00	1,423.00	7,516.00	38,535.00
儿童票收入	410.00	8,862.00	5,861.00	2,695.00	3,988.00	9,875.00	31,691.00
团体票收入	1,462.00	7,980.00	576.00	4,577.00	2,079.00	1,370.00	18,044.00

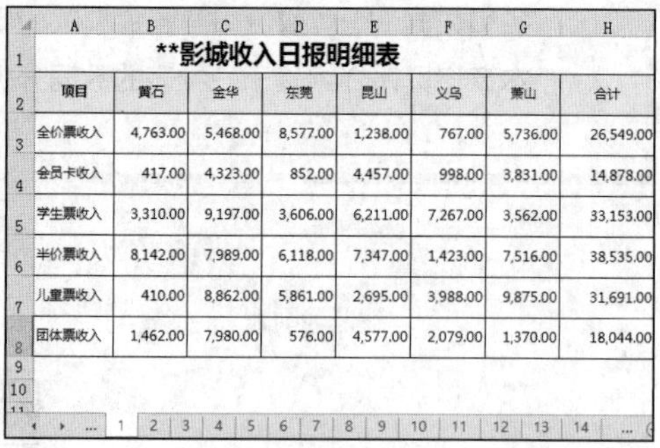

图 12-2

制定分析策略

每天收到一张全部影城的不同收入类别的数据表，全月收集在一起就有 31 张表。这是一组三维数据表，第一个维度是收入类别，其中包含全价票收入、半价票收入、学生票收入等；第二个维度是影城名称，分别是黄石、金华、东莞等；第三个维度是日期，分别是 1 日、2 日、3 日等。表中的每个数据都标记着 3 个不同的维度名称。处理三维数据的方法是把其中一个维度做成下拉选项，用剩余的两个维度做成一张统计表。拆分组合的方案有如下 3 种。

方案 1：选择日期，把收入类别和影城做成一张统计表。

方案 2：选择收入类别，把日期和影城做成一张统计表。

方案 3：选择影城，把收入类别和日期做成一张统计表。

3 种组合方案表达 3 个完全不同的关注重点。

方案 1：侧重一天当中各个影城的每个收入类别对应的收入情况，重点是每天的影城收入表现和各个收入类别的收入情况，如图12-3所示。

方案2：侧重某个收入类别下的各个影城全月的数据变化趋势，重点是各影城单种收入在时间轴上的表现情况，如图12-4所示。

8	黄石	金华	东莞	昆山	义乌	萧山
全价票收入	2366	5400	4508	5000	2408	5180
会员卡收入	9548	6440	4508	9478	4482	3826
学生票收入	2790	5374	7680	5704	7463	2732
半价票收入	1990	8258	2991	8836	7717	7253
儿童票收入	7321	4396	2255	2676	4721	4435
团体票收入	252	6846	6681	8703	2253	3420

图 12-3

全价票收入	1	2	3	4	5	6	7	8	9	10	11	12	13	14	15
黄石	8577	3757	1873	6204	6944	2980	510	4508	6991	4506	6216	9181	4156	5181	4443
金华	852	249	3026	9120	4577	4522	9506	4508	6515	7864	2445	2494	6205	6330	2748
东莞	3606	8230	9351	5061	3038	5826	7677	7680	4702	7305	2270	2370	5547	3640	8619
昆山	6118	2819	932	239	1302	1388	5162	2991	1705	6666	8841	4937	4135	318	1251
义乌	5861	8859	5228	1135	6617	4572	1554	2255	7018	3499	9714	2274	7235	2056	3505
萧山	576	9055	9118	130	8759	7390	1532	6681	2901	2532	6750	4168	6919	1285	9670

图 12-4

方案3：侧重单个影城的全月收入情况，从中可以看出指定影城的每种收入类别对应的全月收入，如图12-5所示。

不同的拆分组合方案展示不同的分析结果，通过3种组合方式可全方位展现公司的经营状况。营业收入是公司的立身之本，没有收入就没有一切，翔实的收入变化分析结果是指导公司做出正确决策的重要依据。

在此基础上，如果再加入一个收款方式维度，如现金收款、微信收款、支付宝收款、网银收款等，变化的空间会更大，分析的结果会更加多样化，如图12-6所示。

昆山	1	2	3	4	5	6	7	8	9	10	11	12	13	14	15
全价票收入	1238	6772	2612	8907	7601	6359	7335	5000	7183	9798	9611	6211	4475	741	866
会员卡收入	4457	5551	6289	1728	9276	3148	8212	9478	7525	4600	9584	2294	4764	3841	4563
学生票收入	6211	5394	8351	2542	5896	4199	1736	5704	549	2986	8650	6836	9465	8326	7142
半价票收入	7347	2127	6099	1282	2214	9596	7326	8836	6170	9924	4056	2070	5731	7109	874
儿童票收入	2695	8806	9781	6785	6011	8929	5823	2676	4106	9365	1149	3421	3637	8169	7779
团体票收入	4577	7870	7126	8135	9019	3119	1580	8703	4819	9856	4187	4610	7409	4847	1632

图 12-5

全价票收入	收款方式	1	2	3	4	5	6	7	8	9	10
黄石	微信收款	750	235	875	761	703	661	686	647	824	240
	支付宝收款	384	235	811	766	480	721	719	700	660	823
金华	微信收款	634	760	219	453	779	851	898	727	259	621
	支付宝收款	427	427	475	455	813	683	520	593	527	856
东莞	微信收款	377	298	756	498	318	479	735	886	541	853
	支付宝收款	426	245	401	294	623	834	439	690	372	283
昆山	微信收款	203	593	546	472	442	443	893	407	877	756
	支付宝收款	508	688	723	525	768	812	772	439	799	417
义乌	微信收款	405	797	253	817	325	813	595	238	876	753
	支付宝收款	552	674	580	724	613	730	792	400	291	340
萧山	微信收款	367	336	274	411	458	627	386	318	533	650
	支付宝收款	631	441	212	653	320	318	846	331	617	843

图 12-6

技巧 089
编制一张普通的数据汇总表

本案例中的汇总表是一张简单的数据加总表，也是日常工作中最常见的一种汇总方式，其特点是将多个相同格式的数据源表汇总到一张具有同样格式的汇总表中，表现形式没有变化。这样的表关注的重点不够明确，汇总的数据呆板且缺乏灵动性。没有比较就没有思考，我们先从一张普通的汇总表切入，逐步引出具有灵动性的汇总表，从中体会数据汇总方式变化的魅力。

1．汇总前的数据梳理

把1日、2日、3日……的数据表进行简单加总。31张表的样式如图12-1所示。加总后的汇总表格式与日报表完全一致，只是数据的大小不同。把全月31天的数据按照相同的格式求和，获得 3 类汇总结果，第一类为每家影城收入类别纵向合计数，第二类为每个收入类别横向合计数，第三类为所有数据的总计。汇总表的特点是把全月的数据按照原有格式进行了一次求和，是一张反映全局的数据统计表。汇总表的样式如图 12-7 所示。

项　目	黄石	金华	东莞	昆山	义乌	萧山	合计
全价票收入	70,648.00	75,984.00	76,027.00	84,709.00	77,010.00	83,824.00	468,202.00
会员卡收入	67,190.00	78,834.00	71,015.00	85,310.00	58,245.00	60,793.00	421,387.00
学生票收入	68,223.00	78,899.00	85,012.00	83,987.00	77,118.00	56,902.00	450,141.00
半价票收入	70,398.00	69,033.00	48,804.00	80,761.00	56,368.00	79,246.00	404,610.00
儿童票收入	66,481.00	78,794.00	71,382.00	89,132.00	62,180.00	82,401.00	450,370.00
团体票收入	63,387.00	77,633.00	77,466.00	87,489.00	74,906.00	89,063.00	469,944.00
合计	406,327.00	459,177.00	429,706.00	511,388.00	405,827.00	452,229.00	2,664,654.00

图 12-7

数据汇总后，分析的角度有以下几种：① 收入类别的合计数与上期对比；② 各影城的收入合计与上期对比；③ 每个收入类别的数据与上期对比；④ 每个影城的数据与上期对比。在参照数据的选择上，有本期数据与上月数据对比、本期数据与上年同期数据对比两种方式。对比分析是一种常用且有效的分析手段，在没有预先制定分析目标时，同比和环比分析方法应用得最为广泛，通过对比找出异常变化的情况。对比分析的具体方法参见后续的内容。

2．收入类别的合计数对比分析

用收入类别的合计数（见图 12-8）与上年同期对比，获得的分析结论会有如下几种可能。

项　目	黄石	金华	东莞	昆山	义乌	萧山	合计
全价票收入	70,648.00	75,984.00	76,027.00	84,709.00	77,010.00	83,824.00	468,202.00
会员卡收入	67,190.00	78,834.00	71,015.00	85,310.00	58,245.00	60,793.00	421,387.00
学生票收入	68,223.00	78,899.00	85,012.00	83,987.00	77,118.00	56,902.00	450,141.00
半价票收入	70,398.00	69,033.00	48,804.00	80,761.00	56,368.00	79,246.00	404,610.00
儿童票收入	66,481.00	78,794.00	71,382.00	89,132.00	62,180.00	82,401.00	450,370.00
团体票收入	63,387.00	77,633.00	77,466.00	87,489.00	74,906.00	89,063.00	469,944.00
合计	406,327.00	459,177.00	429,706.00	511,388.00	405,827.00	452,229.00	2,664,654.00

图 12-8

（1）全价票收入降低，直接购票渠道带来的收入减少了，说明预先采用其他方式购票的人越来越多，而采取直接到影院购票的人越来越少，进一步分析可以得出结论：偶然买票的人少了，有"预谋"买票的人多了。

（2）会员卡收入提高，购买会员卡的人越来越多，说明大家对电影这种娱乐方式更有兴趣，喜欢把自己的业余时间放在电影院。

（3）半价票收入增加，说明影城的促销活动比较多，而且收效显著。

其他变化的可能原因这里不再一一列举，任何一个数据变化背后都隐藏着深层次的原因，做数据分析需要掌握的不仅仅是数学模型的构建，更多的是对本行业特点的深入了解。俗话说"工夫在诗外"，数据分析的道理是同样的。

3．影城收入合计数对比分析

用影城收入的合计（见图 12-9）与上期或同期对比分析，关注不同影院收入的增减变动。除了进行相关的考核之外，还应对各个影城收入的持续变化做出预测，长期低迷的影城是否应该放弃，不断走高的影城应该给予更多的支持等。同时结合不同地区、不同地域文化、不同气候条件等因素分析各个影城对不同种类电影的喜好，包括发达地区与不发达地区的差异、年龄段的差异等，为每家影城添加多个标签，获得的分析结果会越来越有意义。

项 目	黄石	金华	东莞	昆山	义乌	渠山	合计
全价票收入	70,648.00	75,984.00	76,027.00	84,709.00	77,010.00	83,824.00	468,202.00
会员卡收入	67,190.00	78,834.00	71,015.00	85,310.00	58,245.00	60,793.00	421,387.00
学生票收入	68,223.00	78,899.00	85,012.00	83,987.00	77,118.00	56,902.00	450,141.00
半价票收入	70,398.00	69,033.00	48,804.00	80,761.00	56,368.00	79,246.00	404,610.00
儿童票收入	66,481.00	78,794.00	71,382.00	89,132.00	62,180.00	82,401.00	450,370.00
团体票收入	63,387.00	77,633.00	77,466.00	87,489.00	74,906.00	89,063.00	469,944.00
合计	406,327.00	459,177.00	429,706.00	511,388.00	405,827.00	452,229.00	2,664,654.00

图 12-9

4．横向与纵向数据分析

选中某家影城或选中某个收入类别（见图 12-10），用某个类别的收入与上期或同期对比。例如，选择儿童票收入，通过对比观察不同影城的儿童票收入变化，发达地区儿童的娱乐项目较多，影城收入可能会相对较低；不同影城档期排片不同，造成儿童票收入不同，观测出哪些影片更适合儿童观看，等等。数据背后隐藏着纷繁复杂的变动因素，只有深入挖掘才能发现其中贴近实际的原因。用某个分支机构，如昆山的数据与上期或同期的数据对比，分析不同类别收入的变动情况，从中找出增幅最大和减幅最大的类别，分析原因、找出问题。例如，半价票收入增长较快是因为本期做过几次促销活动，促销效果明显；团体票收入降低是因为近期的卖座影片较多，很少发放团体票等。

项 目	黄石	金华	东莞	昆山	义乌	渠山	合计
全价票收入	70,648.00	75,984.00	76,027.00	84,709.00	77,010.00	83,824.00	468,202.00
会员卡收入	67,190.00	78,834.00	71,015.00	85,310.00	58,245.00	60,793.00	421,387.00
学生票收入	68,223.00	78,899.00	85,012.00	83,987.00	77,118.00	56,902.00	450,141.00
半价票收入	70,398.00	69,033.00	48,804.00	80,761.00	56,368.00	79,246.00	404,610.00
儿童票收入	66,481.00	78,794.00	71,382.00	89,132.00	62,180.00	82,401.00	450,370.00
团体票收入	63,387.00	77,633.00	77,466.00	87,489.00	74,906.00	89,063.00	469,944.00
合计	406,327.00	459,177.00	429,706.00	511,388.00	405,827.00	452,229.00	2,664,654.00

图 12-10

> **技术看板**　对比分析的数据分为两类，一类是绝对数值的对比，另一类是相对百分数对比。绝对数值对比反映的是数据的增减变化，而相对百分数对比反映的是结构占比的变化。有的绝对数值增加，但是结构占比减少；有的绝对数值减少，但结构占比增加。如果在上述分析方法的基础上再增加一个占比结构，分析效果会更好。图 12-11 所示的是每个数据占本影城合计数的类别结构占比汇总表，仅供参考。

图 12-11

该方案的特点是展示全月数据的整体性，即每种收入类别对应每个影城的全月收入总和，以总览的角度观察本月的收入情况。缺点是缺乏细节情况，例如某个影城 30 天中的变化情况、某个收入 30 天的变化情况，等等。假如本月上映过一部热播影片，关于这部热播片每天的收入情况和每个收入类别的变化情况都看不到。

技巧 090　编制影城在时间轴上的数据统计分析表

扫码看视频

本案例的数据源共有 3 个维度，分别是收入类别、影城名称和不同的日期，汇总角度是通过下拉列表切换影城名称，获取不同影城的全月数据；再通过收入类别下拉列表切换不同的收入名称，把指定的收入对应的数据传递到图表中，形成一个二级切换的数据联动动态分析图表，侧重点是每家影城自身在时间轴上的数据变化。

1．分析方案

图 12-12 所示为每日日报数据分析。在 A1 单元格的下拉列表中选择【昆山】，表中的数据将自动切换到昆山影城数据。在 A9 单元格的下拉列表中选择【全价票收入】，柱形图中的数据将自动切换到【全价票收入】。通

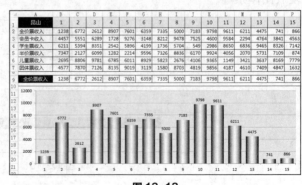
图 12-12

过这两个下拉列表的组合选择，可以获得每家影城和每个收入类别的数据，并在柱形图区呈现出来。数据切换自如，而且呈现的数据大小非常直观。

本方案通过选择影城名称，把全月数据调取出来，在时间轴上以纵向的角度将数据展开，数据分析的侧重点在于影城本月的数据起伏变化。时间轴上的数据变化体现的是成长性，再结合周末或节假日等重要节点上的数据变动，观察数据的变化幅度。通过切换不同的收入类别，如全价票收入、半价票收入、学生票收入等，以图表的方式输出每个收入类别的变动幅度。如果再结合上月或者上年同期数据，对比相同时间、相同节点下的数据变化，通过多角度、多维度、多事件等进行详细分析。

本案例的主要特点是把影城作为切换的对象，用收入类别和日期组合成一个二维表格，通过便捷的切换让不同影城的数据像播放幻灯片一样一屏一屏地呈现出来，把一个"僵硬"的三维数据表变成一个具有"灵性"的三维表。

2．公式解析

在图 12-12 所示的分析表中一共涉及两个公式：一个是 B2 单元格中的公式，另一个是 B9 单元格中的公式。将 B2 单元格中的公式向下、向右复制，可以把其他收入类别和 2 日、3 日、4 日……数据全部调取出来。将 B9 单元格中的公式向右复制，调取的是在 A9 单元格中选择的具体收入类别对应的数据。公式复制后的效果如图 12-13 所示。

	A	B	C	D	E	F	G
1	昆山	1	2	3	4	5	6
2	全价票收入	1238	6772	2612	8907	7601	6359
3	会员卡收入	4457	5551	6289	1728	9276	3148
4	学生票收入	6211	5394	8351	2542	5896	4199
5	半价票收入	7347	2127	6099	1282	2214	9596
6	儿童票收入	2695	8806	9781	6785	6011	8929
7	团体票收入	4577	7870	7126	8135	9019	3119
8							
9	全价票收入	1238	6772	2612	8907	7601	6359

图 12-13

（1）B2 单元格中的公式及原理说明。

B2 单元格中的公式如下。

`=OFFSET(INDIRECT("'"&B$1&"'!A2"),ROW(1:1),MATCH($A$1,'1'!$B$2:$G$2,0))`

结合 OFFSET 函数的语法格式，其 3 个参数的说明如下。

起始定位点：INDIRECT("'"&B$1&"'!A2")。根据 B1 单元格中的内容，确定工作表名称，再与 A2 单元格共同组成一个完整的地址，B2 单元格的地址是"='1'!A2"，C2 单元格的地址是"='2'!A2"，不同的列对应不同的工作表。

向下偏移量：ROW(1:1)。ROW（1:1）的结果等于 1。"1:1"的含义是第一行，ROW(1:1) 的结果是返回第一行的行号。当该公式向下复制时，自动变成 ROW(1:1)、ROW(2:2)、ROW(3:3)，结果分别是 1、2、3，引导 OFFSET 函数获得向下偏移 1、2、3 行的数据。

向右偏移量：MATCH($A$1,'1'!$B$2:$G$2,0)。向右的偏移量取决于公式中的"$A$1"在"'1'!$B$2:$G$2"中的位置，由于1日、2日、3日等报表中$B$2:$G$2的顺序相同，因此只需获得一张表的位置就能使OFFSET函数获得列的偏移数据。

（2）B9单元格中的公式及原理说明。

B9单元格中的公式如下。

=VLOOKUP($A9,$A$2:$P$7,COLUMN(B2),0)

结合VLOOKUP函数的语法格式，其4个参数说明如下。

第一个参数——查找值：用A9单元格中的内容在A2:P7单元格区域的第一列中查找。

第二个参数——查找区域：A2:P7单元格区域。

第三个参数——返回的列数：COLUMN(B2)的作用是返回B2单元格的列号，B列是第二列，因此COLUMN(B2)的结果是2。当向右复制公式时，B2将变成C2、D2、E2……，对应的列数是3、4、5……。使用COLUMN函数的目的是获得一组序列号作为VLOOKUP的第三个参数，返回不同列中的内容。

第四个参数——查找方式：精确查找。

A1单元格和A9单元格的下拉列表采用了数据验证的功能。

3．绘制柱形图

利用B9:P9单元格区域中的数据绘制一张柱形图。由于B9:P9单元格区域的数据既与A9单元格中的内容有关联，同时又间接地与A1单元格有关联，所以当选择影城或选择收入类别时，数据和图表也随之改变。绘制柱形图后的效果如图12-14所示。

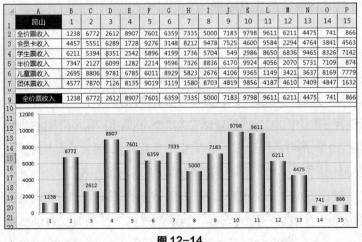

图12-14

技巧 091
编制在一个时间点上的横向数据统计分析表

扫码看视频

在技巧 090 中，一级切换内容是影城名称，本技巧的一级切换内容是日期，汇总角度是通过下拉列表切换全月 31 天的日期，获取不同日期下的全部影城的数据。再通过收入类别下拉列表切换不同的收入名称，把指定的收入对应的数据传递到图表中，侧重点是影城间的横向数据对比。

1. 分析方案

企业管理不单纯靠制度，有时仅仅是把上一日的数据做成图表张贴出来，或者上传到公司的微信群、QQ 群里，让参与者都看到，同样可以起到鞭策后进、激励先进的作用。一个好的日报分析表模型就像一个人的温度指标、血压指标、血糖指标一样，是一个企业是否健康的晴雨表，而且还能起到凝聚的作用，让全体员工养成关注企业发展的良好习惯。

图 12-15 所示为各影城横向数据对比的分析图，通过选择日期，可以分析不同影城、不同收入类别的数据横向对比关系，从中找出每个收入类别的不同影城的横向差异。通过对比可以直观地看出数据大小的关系，结合实际情况分析各个影城的收入变化。每日横向数据的特点是在相同的销售淡旺季时段观察各影城的收入水平。例如，在周末时间、节假日时间以及周一至周五的工作时间的数据变化，从中发现问题。例如，有的影城假期的收入比较高，工作时间比较低，而有的影城刚好相反，背后的原因需要进一步分析。有的影城全价票占比较大，半价票占比小，等等，各种现象都有可能出现，数据的背后一定有与之对应的因素有待分析者去挖掘，良好的数据分析模型可以帮用户发现各种各样的问题，最终为企业提供决策依据。

图 12-15

横向对比法和纵向对比法关注的重点是完全不同的，纵向对比法注重自身的发展变化，变化的种类包括持续增长型、快速滑坡型、持续稳定型、跌宕起伏型等。横向对比法注重的是影城之间的数据变化，发现的主要问题有排名靠前的成绩优异者、排名靠后的惨淡经营者。横向对比的目的是找出重点扶持的对象、无奈放弃的对象、继续关注的对象或加大奖惩力度的对象等，为企业一下阶段的经营决策提供数据支持。

2. 公式解析

图 12-15 中一共包含两个公式，一个是 B2 单元格中的公式，另一个是 B9 单元格中的公式。

（1）B2 单元格中的公式如下。

B2 =INDIRECT("'"&$A$1&"'!B"&ROW(3:3))

INDIRECT 函数的作用是返回一个地址中的内容。例如，返回日报分析表中的 B2 单元格，对应的地址是“=日报分析 !B2”。其中的“日报分析”是工作表名称，B2 是单元格地址，感叹号是用来区分工作表名和单元格名的分隔符。INDIRECT 函数允许使用者编辑地址。例如，用 A1 单元格的内容存放工作表名“日报分析”，地址就变成了“=A1&"!B2"”，但这是一个错误的公式，原因是编辑过的地址和不编辑的地址需要有所区分，INDIRECT 函数就是用来区分的。正确的写法应该是“=INDIRECT(A1&"!B2")”，作用是用 A1 单元格中的内容与“"!B2"”共同组成一个地址，用 INDIRECT 函数负责返回这个地址中的内容。本案例中的公式稍微复杂了些，原因是工作表名称是数字，数字名的工作表在遇到跨表引用时需要把工作表名用单引号包裹起来，例如“'1'!B3”，因此就多了一组单引号。该公式中有两个单引号，一个在前面用一对双引号包裹，另一个在后面与原来的感叹号和 B 一起用一对双引号包裹。最后的 ROW(3:3) 的作用是在将公式向下复制时，生成一组自然数序列 3、4、5 等。综上所述，该公式的作用是用 A1 单元格中的内容与感叹号和“B”以及 3 组成一个新地址，即“'!B3”,当将该公式向下复制时,获得的公式依次是“='8'!B4”“='8'!B5”“='8'!B6”。

（2）B9 单元格中的公式如下。

B9 =VLOOKUP($A9,$A$2:$G$7,COLUMN(B1),0)

（3）将 B2 单元格中的公式向下、向右复制，可以把所有收入类别和所有影城的数据全部调取出来。

（4）将 B9 单元格中的公式向右复制，调取的数据是根据 A9 单元格选择的具体收入类别对应的数据，B9:G9 单元格区域中的数据用于绘制图表，效果如图 12-16 所示。

	A	B	C	D	E	F	G
1	8	黄石	金华	东莞	昆山	义乌	萧山
2	全价票收入	2366	5400	4508	5000	2408	5180
3	会员卡收入	9548	6440	4508	9478	4482	3826
4	学生票收入	2790	5374	7680	5704	7463	2732
5	半价票收入	1990	8258	2991	8836	7717	7253
6	儿童票收入	7321	4396	2255	2676	4721	4435
7	团体票收入	252	6846	6681	8703	2253	3420
8							
9	会员卡收入	9548	6440	4508	9478	4482	3826

图 12-16

3. 绘制条形图

利用 B9:G9 单元格区域中的数据绘制一张条形图。由于 B9:G9 单元格区域的数据既与 A9 单元格中的内容有关联，同时又间接地与 A1 单元格有关联，所以当选择影城或选择收入类别时，数据和图表也随之改变。绘制条形图后的效果如图 12-15 所示。

第13章

月度营业收入图表分析法

刚入职的财务人员在面对复杂数据时会感觉无从下手,不知道该如何进行分析;当面对一组简单的数据时又觉得数据过于简单,没有可以用来分析的价值点。其实问题在于对数据分析的理解不足,在分析方法方面又比较欠缺。数据分析的能力需要经验的积累,学会并养成站在全局的角度来思考问题。例如,第一次参加公司年会,会上一般都会宣布本年度的经营成果,其中会包含各种数据,建议你最好能"装"在脑子里。即使不能把具体数据记住,也应该了解都有哪些指标。这些指标都是公司最关注的指标,是成果类的指标,未来在做财务分析时,可以把这些指标作为起点,一方面观察这些指标的变动,另一方面向下拆分,把影响指标的具体因素找出来,向下拆得越深入,分析的效果越好。

总之,要做好数据分析工作,必须先培养对数据的敏感度。数据敏感度是业务理解力和客户理解力的综合结果。本章将通过一组简单的数据展开分析,带你体验一下数据分析的思路和方法。

技巧092 设计月度数据分析结构

扫码看视频

在设计分析结构的过程中,重要的环节是确定数据中的主要内容。本案例中的数据源如图13-1所示,由图可知,纵向字段是类别名称,横向字段是月份,显然重点在类别名称上,月份仅仅是对类别数据的展开,因此,将类别名称作为重点进行逐个分析。将数据源中的各个类别数据分别传送到图表中,动态分析全年的收入数据的变化情况。

案例背景

图13-1所示是某超市2018年年末编制的一张按照商品类别分类的月度收入统计表,横坐标的字段是月份,共有12个月。除此之外,还有一个月度目标和一个全年的月平均值。纵向字段是十大类商品的分类名称,包括家用电器、家庭五金、家庭日用等。这张统计表的信息相对丰富,既有计划目标数,又有实际完成数,还有实际

完成的平均值。看到这张表你都想到了什么？比如每个月份的完成数是否超过月度目标？哪些月份的完成数高于平均值，哪些低于平均值？

序号	类别名称	月目标	一月	二月	三月	四月	五月	六月	七月	八月	九月	十月	十一月	十二月	平均值
						2018年营业收入月度统计表									
1	家用电器	50000	53148	46126	35846	62007	64363	64186	66242	62057	49460	42022	63495	48724	54806
2	家庭五金	55000	63043	53178	40070	44615	67593	41146	39501	41919	59570	46461	52657	35151	48742
3	家庭日用	48000	41280	69135	37137	43339	52588	52741	31107	51355	62625	64047	61623	39068	50504
4	家具家纺	52000	57369	55527	64036	55178	50290	61115	48947	39441	60261	62893	44585	39612	53271
5	数码产品	56000	62361	30553	45735	37914	49090	62218	65707	47973	61752	32526	38901	53546	49023
6	珠宝眼镜	49000	44026	64236	68228	51454	48047	52316	69906	36309	67188	39742	64569	32148	53181
7	办公电子	61000	54082	57848	56579	69723	30130	40452	43513	36967	58439	55343	58231	41818	50260
8	厨房用品	58000	67505	44953	51132	58670	31823	49035	64104	61661	54700	61457	45572	57884	54041
9	男装女装	53000	50402	62999	47207	48163	30847	48650	39805	45925	42123	51231	44634	49810	46816
10	美妆洗护	54000	50724	67520	41810	56832	38873	51544	30937	39279	36569	45639	32547	63275	46296
	合计	536000	543940	552075	487780	527895	463644	523403	499769	462886	552687	501361	506814	461036	

图 13-1

> **数据整理**

本案例的数据源是图 13-1 所示的数据表，表中的数据由 3 部分组成，具体内容如下：

（1）数据表中一月至十二月，即 D 列至 O 列的数据在实际工作中一定是经过分类汇总计算获得的。由于本案例讲解的重点是对这组汇总数据的分析方法，数据的分类汇总不是重点，因此这里没有体现。这里仅作为案例演示素材，故数据表中这部分的数据是手工输入的。

（2）月目标，即 C 列的数据也是手工输入的，它是公司在年初制定的月度目标。

（3）P 列的平均值是用公式计算获得的。

提到求平均值，大多数读者会觉得 P3 单元格中的公式应为【=AVERAGE(D3:O3)】。但往往书中的案例与现实中的数据是不同的，现实中可能某个单元格的数据是 0，比如家用电器项目，由于卖场装修，前几个月的数据都是零，如果直接使用 AVERAGE 函数，其结果是错误的。于是，我们将 P3 单元格中的公式改进一下，变成【=AVERAGEIF(D3:O3,">0",D3:O3)】，该公式的含义是，对 D3:O3 单元格区域中大于零的数值求平均数。按照这个方法继续推演，还可以把小于 0 的，或者是小于某个指定数的数据剔除，只保留满足条件的数据并对其求平均值，这样的公式显然更灵活方便。将 P3 单元格中的公式向下复制至 P12 单元格，结果如图 13-2 所示。需要说明的是，AVERAGEIF 函数是 Office 2007 以后的版本中才有的新函数。

序号	类别名称	月目标	一月	二月	三月	四月	五月	六月	七月	八月	九月	十月	十一月	十二月	平均值
						2018年营业收入月度统计表									
1	家用电器	50000	53148	46126	35846	62007	64363	64186	66242	62057	49460	42022	63495	48724	54806
2	家庭五金	55000	63043	53178	40070	44615	67593	41146	39501	41919	59570	46461	52657	35151	48742
3	家庭日用	48000	41280	69135	37137	43339	52588	52741	31107	51355	62625	64047	61623	39068	50504
4	家具家纺	52000	57369	55527	64036	55178	50290	61115	48947	39441	60261	62893	44585	39612	53271
5	数码产品	56000	62361	30553	45735	37914	49090	62218	65707	47973	61752	32526	38901	53546	49023
6	珠宝眼镜	49000	44026	64236	68228	51454	48047	52316	69906	36309	67188	39742	64569	32148	53181
7	办公电子	61000	54082	57848	66579	69723	30130	40452	43513	36967	58439	55343	58231	41818	50260
8	厨房用品	58000	67505	44953	51132	58670	31823	49035	64104	61661	54700	61457	45572	57884	54041
9	男装女装	53000	50402	62999	47207	48163	30847	48650	39805	45925	42123	51231	44634	49810	46816
10	美妆洗护	54000	50724	67520	41810	56832	38873	51544	30937	39279	36569	45639	32547	63275	46296
	合计	536000	543940	552075	487780	527895	463644	523403	499769	462886	552687	501361	506814	461036	

图 13-2

数据特点分析

从图 13-1 中可以看出，该统计表的横向字段是 12 个月份，纵向字段是商品类别，还有一组月度目标收入值和一组平均值，用于考核每月的完成情况和评价各月的收入水平。

这是一张典型的二维数据统计表，x 轴和 y 轴分别是时间和项目类别。本案例数据的特点是纵向字段之间，如家用电器、办公电子等项目分属不同的类别，故不具备可比性；纵向字段中的月份具有极强的可比性，因此，需要把分析的重点放在月份上。通过设计数据提取方式和选择适合的图表将数据分项展现出来，一方面纵向对比各月之间的数据变化情况，另一方面与目标值和平均值形成直观的对比效果。

技巧 093
编制数据分析模板

基于图 13-1 所示的 2018 年营业收入月度统计表的数据，通过插入控件、关联数据和绘制分析图表，编制月度数据分析模板。

1．数据与图表之间的联动关系及数据准备

（1）数据、控件、图表间的联动关系。

在 2018 年营业收入月度统计表所在的工作表（其名称为数据）的右侧，新建一张工作表，在该表的 A2:B15 单元格区域中存放绘制图表的数据，在 E3:E12 单元格区域中输入所有商品的类别名称，工作表的右半部分用于绘制图表。通过调整数值调节钮控件实现数据在不同类别中的自如切换，同时以柱形图的方式呈现。图表区域中，右侧的深色柱形图是平均值；中间的一条横线是折线图，用于反映目标值，成品图效

果如图 13-3 所示。

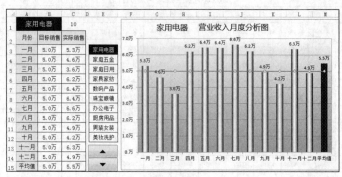

图 13-3

各数据间关联路径如下。

第一步联动：单击数值调节钮控件，调整 C1 单元格的数值在 1 至 10 之间变动。

第二步联动：C1 单元格中的数值通过 OFFSET 函数引导 A1 单元格的内容在 10 个类别中切换。

第三步联动：用 A1 单元格的内容引导 B3:B15 单元格区域内的数据发生改变。

第四步联动：用 A1 单元格的内容引导 C3:C15 单元格区域内的数据发生改变。

第五步联动：用 A1 单元格的内容引导 E3:E12 单元格区域的背景色发生改变。

第六步联动：用 B2:C15 单元格区域内的数据编制图表。

（2）数据表的结构布局。

在 A2:C15 单元格区域中绘制表格并填写月份及字段信息；在 E3:E12 单元格区域中填写商品类别名称；合并 A1:B1 单元格区域，设置其背景为黑色，字体颜色为白色，起到醒目的作用。数据表的效果如图 13-4 所示。

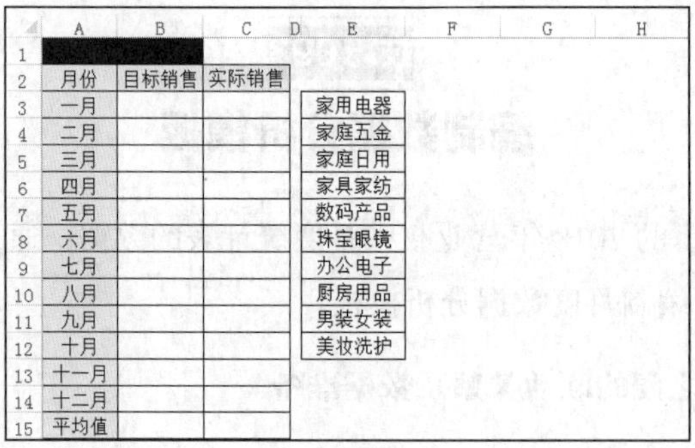

图 13-4

（3）插入控件。

插入数值调节钮控件，链接 C1 单元格，设置【最小值】为【1】，【最大值】为【10】，最大值的设置依据是商品类别的个数。当单击数值调节钮控件的上箭头或下箭头按钮时，C1 单元格的值在 1～10 变动。具体的参数设置及设置效果如图 13-5 所示。

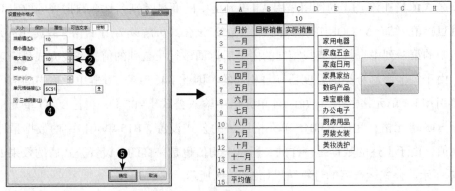

图 13-5

2．编辑选择类别的公式

（1）编写 A1 单元格中的公式。

A1 单元格中的公式要实现的是利用 C1 单元格的值在 1 至 10 之间切换的功能，调用 E3:E12 单元格区域中的 10 个商品类别。因此，在 A1 单元格中输入公式【=OFFSET(E2,11-C1,)】，如图 13-6 所示。该公式的作用是以 E2 单元格为起始点，向下偏移"11-C1"行，其中数字 11 的依据是商品类别数 10 加 1 的结果。当 C1 的值为 1 时，11-C1 等于 10，即从 E2 单元格为起始点向下偏移 10 行，结果是 E12 单元格的内容。

图 13-6

A1 单元格中的公式也可以改写成【=OFFSET(E2,C1,)】，这样看上去更简单，也能实现自如地调取 E 列的内容。之所以设计成"11-C1"而不是"C1"，目的是当单击数值调节钮控件的上箭头按钮时，C1 的值越来越大。而 OFFSET(E2,C1,) 的内容在向下选择时，后面设置条件格式后会给人产生一种错觉：单击数值调节钮控件的上箭头按钮，选择的内容却向下移动。

（2）编辑目标销售数据公式。

① 输入公式。

在 B3 单元格中输入如下公式：

=VLOOKUP(A1,数据!B3:C12,2,0)

公式解析：该公式的作用是用 A1 单元格中的商品类别名称在数据表中取出对应的月目标值。结合 VLOOKUP 函数的语法结构，该公式可解读为用 A1 在"数据!B3:C12"区域中的第一列中查找，查找相同的内容后返回该行第二列的值，查找方式是精确查找。由于每个商品分类的月度目标是相同的，因此 B4、B5、B6 等单元格中的值可以直接引用 B3 单元格的值。故在 B4 单元格中输入公式【=B3】，再拖曳 B4 单元格公式至 B15 单元格，完成 B3:B15 单元格区域的公式设置。B15 单元格中的数据虽然是平均值，由于上述的数据是一样的，所以平均值也是一样的。设置公式后的效果如图 13-7 所示。公式运行后的计算结果如图 13-8 所示。

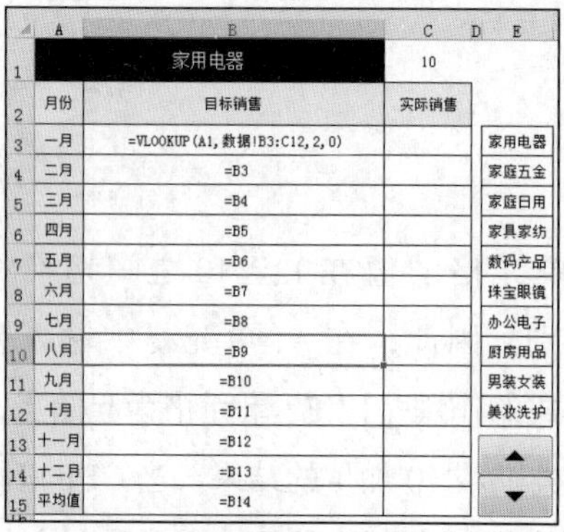

图 13-7

图 13-8

② 设置万元格式。

a. 为了在图表中能够以万元格式显示数据标签，需要对目标销售和实际销售两列数据设置万元格式。选中 B3:C15 单元格区域，把鼠标指针悬停在选中区域上，单击鼠标右键，在弹出的快捷菜单中选择【设置单元格格式】命令，如图 13-9 所示。

b. 在弹出的【设置单元格格式】对话框中选择【数字】选项卡，在【分类】列表框中选择【自定义】选项，在右侧的【类型】文本框中输入【0"."#,万】，如图 13-10 所示。

图 13-9

图 13-10

c. 单击【确定】按钮，完成设置操作，设置后的效果如图 13-11 所示。

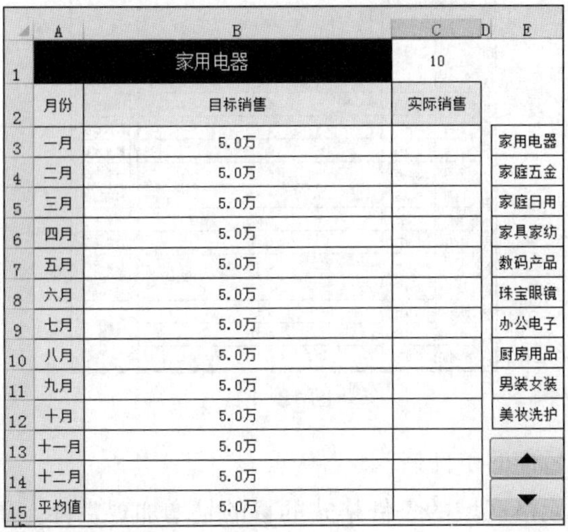

图 13-11

（3）编写实际销售数据公式。

在 C3 单元格中输入如下公式：

=OFFSET(数据 !$C$2,MATCH($A$1, 数据 !$B$3:$B$12,0),ROW(1:1))

公式解析：结合 OFFSET 函数的语法结构，其 3 个参数的功能说明如下。

起始定位点"数据 !$C$2"：以指定单元格为定位的起始点位置，返回向下偏移若干行，再向右偏移若干列后的单元格中的值。

**向下偏移量"MATCH($A$1, 数据 !$B$3:$B$12,0)"**：由于向下的偏移量取决于 A1 单元格中的商品类别名称，故它是一个变动的参数。例如，当 A1 单元格的值等于"家用电器"时，向下的偏移量是 1；当 A1 单元格的值等于"数码产品"时，向下的偏移量是 5。把 A1 单元格的名称转换成向下的偏移量需要借助 MATCH 函数，用"$A$1"在"数据 !$B$3:$B$12"区域中精确查找，返回位置数。用 MATCH 函数的结果作为 OFFSET 函数的向下偏移量参数。

向右偏移量"ROW(1:1)"：ROW(1:1) 指的是表格第一行的行号，即 1；1:1 代表表格的第一行。ROW(1:1) 的结果是 1，当向下复制该公式时，ROW(1:1) 会变化为 ROW(2:2)、ROW(3:3)……，结果是 2、3……。ROW 函数的结果作为 OFFSET 函数向右偏移量参数，当向下复制公式时，引用的一月、二月、三月等月份的数据正是一个不断向右偏移的过程。从这个角度看，OFSET 函数实现了对一行数据进行转置的操作，将一行数据变成了一列数据。

向下复制 C3 单元格中的公式到 C15 单元格，公式结果如图 13-12 所示。

	A	B	C	D	E
1		家用电器		10	
2	月份	目标销售	实际销售		
3	一月	5.0万	=OFFSET(数据!$C$2,MATCH($A$1,数据!$B$3:$B$12,0),ROW(1:1))		家用电器
4	二月	5.0万	4.6万		家庭五金
5	三月	5.0万	3.6万		家庭日用
6	四月	5.0万	6.2万		家具家纺
7	五月	5.0万	6.4万		数码产品
8	六月	5.0万	6.4万		珠宝眼镜
9	七月	5.0万	6.6万		办公电子
10	八月	5.0万	6.2万		厨房用品
11	九月	5.0万	4.9万		男装女装
12	十月	5.0万	4.2万		美妆洗护
13	十一月	5.0万	6.3万		
14	十二月	5.0万	4.9万		
15	平均值	5.0万	5.5万		

图 13-12

（4）设置类别名称的条件格式。

编制 E3:E12 单元格区域的条件格式的目的是增加观赏性。单击数值调节钮控件的上、下箭头按钮后，A1 单元格的值会随之改变，同时 E3:E12 单元格区域中与 A1 单元格的值相等的单元格会自动填充黑色背景和白色字体，形成被选中的效果，使整张表由于控件的操作连带着 A1 单元格、B3:B15 单元格区域、C3:C15 单元格区域的数据发生改变，同时 E3:E12 单元格区域中被选中的商品类别名称变成反白色，形成较好的视觉效果。设置条件格式的过程如下。

① 选中 E3:E12 单元格区域，在【开始】选项卡的【样式】组中单击【条件格式】按钮，在弹出的列表中选择【新建规则】命令，在弹出的【新建格式规则】对话框中选择【使用公式确定要设置格式的单元格】选项，在【为符合此公式的值设置格式】文本框中输入公式【=E2=A$1】，如图 13-13 所示。

图 13-13

② 单击【新建格式规则】对话框中的【格式】按钮，在弹出的【设置单元格格式】对话框中设置背景色为黑色，字体颜色为白色，如图 13-14 所示。

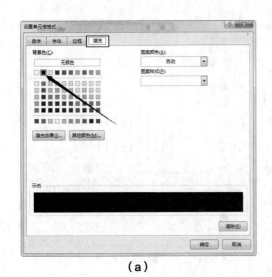

(a)   (b)

图 13-14

③依次单击【确定】按钮退出所有对话框，设置后的效果如图 13-15 所示。

图 13-15

3．绘制柱形图

利用 A2:C15 单元格区域中的数据绘制柱形图，绘制过程如下。

（1）选中 A2:C15 单元格区域，在【插入】选项卡的【图表】组中单击【插入柱形图或条形图】按钮，在弹出的列表中选择【二维柱形图】组中的【簇状柱形图】。在工作表的右侧插入一张柱形图，效果如图 13-16 所示。

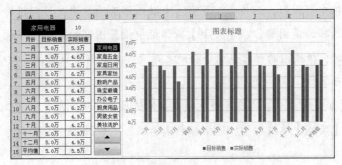

图 13-16

（2）在图13-16中，有两个系列的柱形图，分别是2017年和2018年的柱形图。选中2017年的柱形图，单击鼠标右键，在弹出的快捷菜单中选择【更改系列图表类型】命令，在弹出的【更改图表类型】对话框中选择【所有图表】选项卡，选择左侧栏中的【组合】选项，将【系列名称】为"2017年"的"图表类型"，由原来的【簇状柱形图】修改为【带数据标记的折线图】，如图13-17所示。

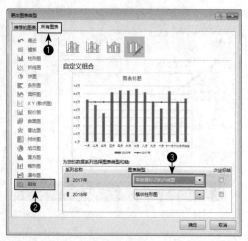

图 13-17

更改图表类型后，在【自定义组合】浏览区中可以看到两个系列的数据分别以柱形图和折线图展示。由于折线图的数据大小相同，因此看到的是一条直线。

（3）单击【确定】按钮，退出对话框。依据个人喜好依次设置图表区的背景色、柱形图的填充色、图表标题等，对图表进行美化。设置后的效果如图13-18所示。

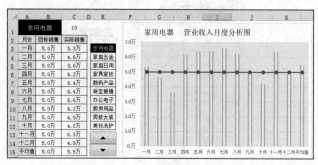

图 13-18

（4）设置折线图的颜色和标记点的颜色。设置方法：选中折线图并单击鼠标右键，在弹出的快捷菜单中选择【设置数据系列格式】命令，在弹出的【设置数据系列格式】任务窗格中单击【填充与线条】按钮，在【线条】选项卡的【线条】组中选择【实线】单选按钮，同时设置【颜色】为黑色，如图13-19所示。

（5）切换到【标记】选项卡，在【数据标记选项】组中选择【内置】单选按钮。在【类型】下拉列表框中有圆形、三角形、菱形等多种图形选项，用户可以根据自己的喜好选择，本案例中选择的是圆形；在【大小】微调框中设置图形的大小。当调整【大小】微调框中的数值时，折线图的标记点大小会随之改变，本案例中设置的【大小】为【7】，如图13-20所示。

（6）在【填充】组中，选择【纯色填充】单选按钮，填充颜色选择浅灰色；在【边框】组中选择【实线】单选按钮，边框颜色选择黑色，如图13-21所示。

图 13-19

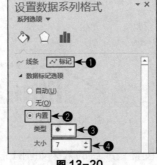
图 13-20

图 13-21

技术看板　对初学者来说，在设置上述折线图时需要掌握以下几个要点。

第一，折线图的线条颜色和线条宽度的设置均在【设置数据系列格式】任务窗格中的【填充与线条】选项卡中进行。

第二，在更改图表类型时，【标记】选项卡中有多个标记点的设置选项，用户可根据需要进行相应设置。

（1）在【标记选项】组的【内置】选项中，既可以设置标记点的形状，也可以设置标记点的大小，如图 13-22 所示。

（2）标记点的填充色可以在【填充】组中设置，设置的原则是尽量选择浅色，如图 13-23 所示。

图 13-22

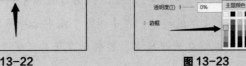
图 13-23

（3）标记点的线条或者说标记点的边框颜色，可以在【边框】组中设置，如图13-24所示。设置的原则是尽量选择比填充色较深的颜色，建议标记点的填充色和边框颜色选择同一色系的颜色。例如，黑色边框配浅灰填充色，深蓝色边框配浅蓝填充色等。

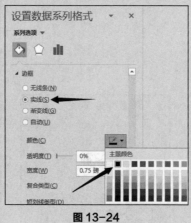

图 13-24

将折线图的线条、标记点设置完成后的效果如图13-25所示。

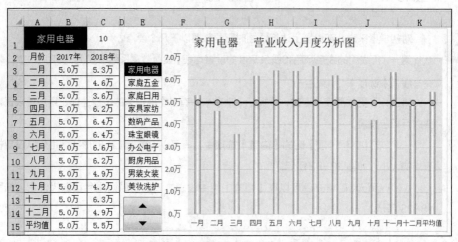

图 13-25

（7）在图13-25所示的图表中共有13根柱子，第1~12根分别代表12个月的销售数据，第13根代表销售数据平均值。显然第13根柱子有别于前面的柱子，因此需要用不同的填充色加以区分。

两次单击选中第13根柱子后，单击鼠标右键，在弹出的快捷菜单中选择【设置数据点格式】命令，在弹出的【设置数据点格式】任务窗格的【填充与线条】选项卡中，选择【填充】组中的【纯色填充】单选按钮，同时设置填充颜色为黑色，如图13-26所示。也可以选择【图案填充】单选按钮，在【图案】组中选择一种图案填充，如图13-27所示。无论选择纯色填充还是图案填充，目的都是区分于前12根柱子。设置后的整体效果如图13-28所示。

图 13-26

图 13-27

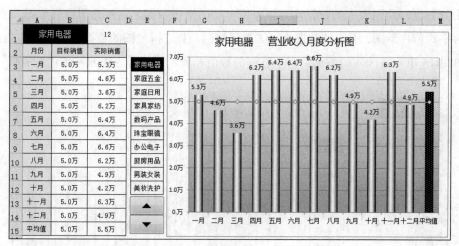
图 13-28

> **注意**
> 单击两次和双击一次的区别非常大，关键在于两次单击鼠标左键的时间间隔，双击的时间间隔非常短，两次单击的时间间隔比较长。双击第 13 根柱子的结果是调出【设置数据系列格式】窗格，而两次单击第 13 根柱子的结果是把第 13 根柱子选中。

4．分析结论

从柱形图中可以看到，一月、二月、三月、九月、十月、十二月的销售额低于目标销售额，其他月份的销售额均超过了目标销售额。实际销售的均值为 5.5 万元，四月至八月以及十一月均超过了目标销售额和销售平均值；三月和十月的销售额最差，不但低于销售平均值，而且远低于目标销售额。

拓展应用

一组数据可以演绎出多角度、多口径的数据分析方法，不同的方法反映不同的问题，指定类别的分析关注的是某个大类在时间轴上的变化，突出反映类别自身数据的起伏变动；指定月份的分析关注的是大类间的数据对比关系，突出的重点是横向的数据大小关系。与计划目标值对比，关注的是目标完成情况；与平均值做对比，关注的单个月份与总平均水平的关系。下面通过实例，帮助读者进一步领会营业收入月度分析法的分析思路，希望能起到抛砖引玉的作用。

1．家用电器类目营业收入月度分析

图 13-29 所示为 2019 年某平台家用电器类目全年营业收入的月度分析图表。利用数值调节钮控件的上、下箭头按钮，选中某一家用电器类别，在 B3:C15 单元格区域中的数据以及图表中的数据均为该家用电器的销售数据。右侧的黑色柱形图为实际销售平均值柱形图，引用的数据为 C15 单元格的数据，折线图的数据为目标销售数据，即 B3:B15 单元格区域的数据，由于数据的数值相同，因此是一条水平方向的直线。

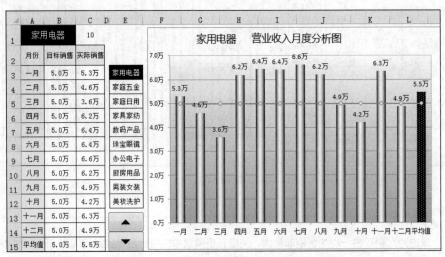

图 13-29

从图 13-29 中可以看出，四月至八月以及十一月的销售情况较好，既超过了销售平均值，也超过了目标销售额；三月和十月的销售情况较差，远远低于销售平均值和目标销售额；二月、九月和十二月的销售情况接近目标销售额，但仍未完成目标销售额。从整体上看，全年的销售情况较好，大部分月份都超额完成了任务，部分月份的销售额接近目标值，个别月份的销售额与目标值的差距较大，并且月度销售平均值都超过了目标值。

2．男装女装类目营业收入月度分析

图 13-30 所示为某平台男装女装类目全年营业收入的月度分析图表，其中还包含了实际销售额的月度均值数据。从图中可以看出，二月份的销售情况较好，既超过了平均值，也超过了目标值。其他月份均未达到销售目标，销售平均值 4.7 万元也低于目标销售值 5.3 万元。五月、七月、八月、九月、十一月的销售情况较差，不但没有完成目标销售额，而且均低于销售平均值。其他月份虽然在销售平均值之上，但是均未完成目标销售额。从整体情况来看，男装女装类目的销售情况较差。

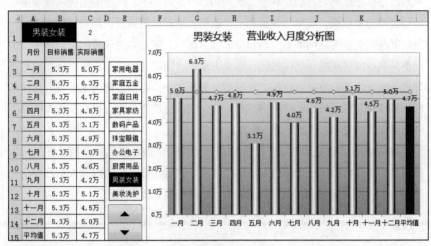

图 13-30

3．拓展分析

除了上述分析角度外，还可以从如下角度进行对比分析。

（1）指定类别的全年数据与上年同期数据做对比。

（2）指定月份的全部类别数据与上年同期数据做对比。

（3）全年的类别合计与上年的类别合计做对比。

（4）类别的月度合计与上年的月度合计做对比。

第 14 章

多方案完成进度图表分析法

在财务分析工作中有很多类型的指标，常用的是绝对数指标和相对数指标。绝对数指标是以绝对数值反映一段时间内、一定条件下、一定范围内的社会经济现象的总体规模，简单地说就是一个数值。相对数指标是运用对比的方法，反映某些相关事物之间数量联系程度的综合指标，能够表明现象的相对水平、比例关系、发展程度、结构占比、完成进度等，而且还可以使不能直接对比的非同类现象之间能够进行比较。在相对数指标中，多以百分数方式呈现，具体应用如预算完成百分比、订单完成百分比、工程进度百分比，以及在成本核算中利用完工程度计算约当产量，等等。

本章收集了较常用的 3 个经典的百分比图表案例，包括展示百分数指标的饼图、单元格图以及形似蓄水池的柱形图，为读者在今后的数据表格乃至在 PPT 报告中以精彩纷呈的方式展示百分比指标提供一些方法。

技巧 094
用饼图展示百分数指标

扫码看视频

简单理解，饼图就是在一个圆中添加几个扇区，形似一个圆形的蛋糕被切割成若干块，在展示一个事物的组成结构方面最为形象贴切，在展示百分比指标方面也非常适合。

> 案例背景

A 公司有 4 个销售部门，每个部门都有全年 12 个月的实际完成销售额以及年初制定的目标销售额，现需要编制一个数据筛选表，以百分比图表的方式展示每个部门、每个月份的实际完成情况，用于各类经营分析例会，或者编制 PPT 报告、文档类报告等。

绘制方法

1. 收集数据

图 14-1 所示为 A 公司 4 个销售部门全年的分月销售数据和目标销售额数据。其中，A、B 两列是录入的月份和每个月的目标销售额，剩余 4 列是 4 个销售部门的实际完成额。此表将作为数据源表，后续所有操作均基于此表中的数据。

图 14-1

2. 创建表格并输入基础信息

新建一个工作表，用于调用筛选数据，为绘制百分比图表做准备，表中的文字内容均为手工输入内容，如图 14-2 所示。

图 14-2

3. 插入控件

① 在【开发工具】选项卡的【控件】组中单击【插入】按钮，从弹出的列表中选择【表单控件】组中的【数值调节钮（窗体控件）】，在 A3 单元格的下方插入数值调节钮控件。

② 选中数值调节钮控件，单击鼠标右键，在弹出的快捷菜单中选择【设置控件格式】命令。

③ 在弹出的【设置控件格式】对话框中设置控件参数，如设置【最小值】为【1】，【最大值】为【12】，【步长】为【1】，【单元格链接】为 F1 单元格，如图 14-3 所示。

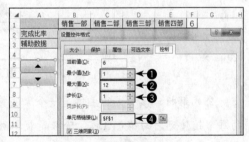

图 14-3

插入数值调节钮控件的作用是控制 F1 单元格的值在 1~12 切换，进而带动数据筛选表中的数据变化。

4. 编制调取月份数据的公式

在 A1 单元格中输入如下公式（见图 14-4）：

=OFFSET(数据源 !$A$2,F1,)

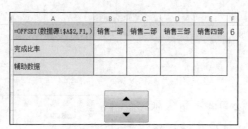

图 14-4

公式解析：使用 OFFSET 函数的目的是让 F1 单元格和数值调节钮控件实现联动，当 F1 单元格的数值随着单击数值调节钮控件的上、下箭头按钮而改变时，公式的结果也随之改变。当 F1 单元格的值由 1 变成 2 时，公式从"数据源!$A$2"位置向下移动一行，获取数据源表中 A3 单元格的值，即"一月"；当 F1 单元格的值由 2 变成 3 时，公式从"数据源!$A$2"位置向下移动两行，获取数据源表中 A4 单元格的值，即"二月"，以此类推。数值调节钮控件在预先设置的 1~12 变换，同样 A1 单元格的公式结果在数据源表的 A3:A14 单元格区域变化。A1 单元格用来指定当前选中的数据月份。

5．编制完成比率公式

在 B2 单元格中输入如下公式（见图 14-5）：

=OFFSET(数据源 !$A$2,$F1,COLUMN(B1))/OFFSET(数据源 !$A$2,$F1,1)

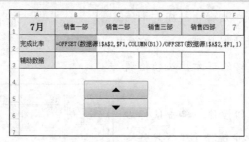

图 14-5

公式解析：该公式的主体是一个除法算式，被除数是获取数据源表中的指定月份下的每个销售部门的销售数据，除数是获取数据源表中的指定月份下的目标销售额，二者相除后获得完成百分比指标。

被除数"OFFSET(数据源 !$A$2,$F1,COLUMN(B1))"的作用是返回数据源表中从 A2 单元格开始、向下偏移 F1 单元格的行、向右偏移 COLUMN(B1) 列的位置的数据，即数据源表中 C3 单元格的内容。如果 F1 单元格的值是 2，该公式的结果对应的位置是 C4 单元格。公式中向下的偏移量与 F1 单元格关联，间接地与数值调节钮控件关联，向下偏移量参数的作用是获取指定的月份。向右的偏移量是 COLUMN(B1)，结果是 2。当向右复制公式时，公式随之变成 COLUMN(C1)、COLUMN(D1)……，结果是 3、4……。采用 COLUMN 函数的目的是在横向复制公式时获得一个自然增长的序列数 1、2、3、

4……，用来作为 OFFSET 函数的向右偏移量参数，进而获得每个销售部门的销售数据。

与被除数的公式相比，除数的公式"OFFSET(数据源!$A$2,$F1,1)"更简单，其作用是通过 F1 单元格中的数据引导 OFFSET 函数返回指定月份下的目标销售额。公式中只有向下的偏移量是变动的，并且随着数值调节钮控件发生改变。

6．编制辅助数据公式

本案例绘制的图表是一个圆形，一个完整的圆表示 100%，完成比率如果是 64%，为了把圆填满，还需要一个与 64% 相加等于 100% 的数，即 1-64%=36%，因此，需要添加一组辅助数据，为绘制图表做准备。

（1）在 B3 单元格中输入公式【=1-B2】，如图 14-6 所示。

（2）拖曳 B3 单元格的填充柄向右侧复制公式，为 B3:E3 单元格区域添加公式。B3:E3 单元格区域的公式结果是为后面绘制饼图做数据准备。

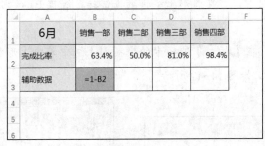

图 14-6

7．绘制图表

4 个销售部需要分别绘制饼图，一个图形代表一个销售部，具体绘制的流程如下。

（1）选中其中的一组数据，如 B2:B3 单元格区域，按照图 14-7 所示插入二维饼图。插入饼图后的效果如图 14-8 所示。

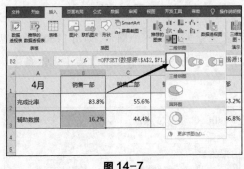

图 14-7

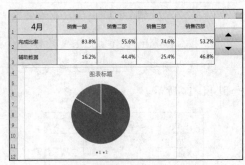

图 14-8

（2）删除图例和图表标题，分别设置两个扇区的颜色，"完成比率"扇区设置深色，"辅助数据"扇区设置浅色。设置后的效果如图 14-9 所示。

（3）选中饼图，单击鼠标右键，在弹出的快捷菜单中选择【设置数据系列格式】命令,在弹出的【设置数据系列格式】任务窗格中选择【无线条】单选按钮,如图14-10所示,将饼图的边框线去掉。

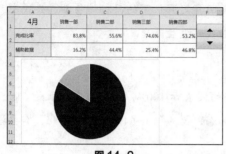
图14-9

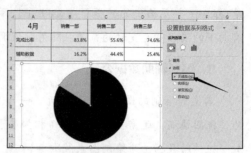
图14-10

(4)选中图表区的空白处,按照上述方法设置边框线为【无线条】,将图表区的轮廓线也去掉,效果如图14-11所示。

(5)插入一个圆形,并在圆形上编辑数据链接,链接B2单元格的完成比例数据。操作方法如下。

①选中图表区,在【插入】选项卡的【插图】组中单击【形状】按钮,从弹出的列表中选择【椭圆】,如图14-12所示。

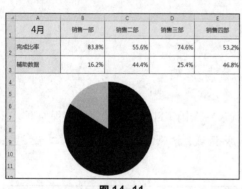
图14-11

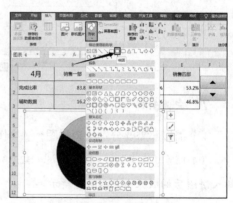
图14-12

②按住【Shift】键不放,拖曳鼠标指针在图表区绘制绘制一个圆形,如图14-13所示。

③选中圆形,设置其填充色为黑色,【透明度】为50%,【线条】为【无线条】,如图14-14所示。

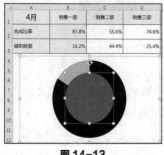
图14-13

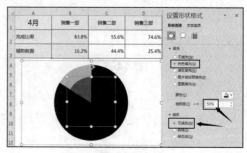
图14-14

④ 选中圆形,在编辑栏中激活光标,按下键盘上的等号键,用鼠标选择 B2 单元格后按【Enter】键,完成圆形与 B2 单元格的链接。

⑤ 设置字体的颜色为白色[见图 14-15(a)],水平和垂直方向均居中[见图 14-15(b)],同时调增字号到合适的大小[见图 14-15(c)],设置后的效果如图 14-15(d)所示。

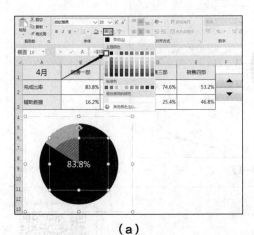

(a)

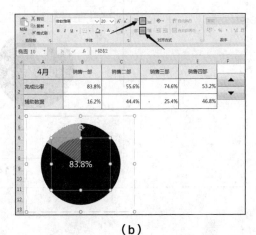

(b)

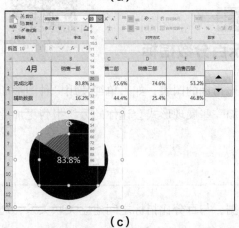

(c)

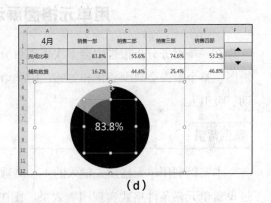

(d)

图 14-15

(6)按照上述方法绘制其他 3 个销售部的数据饼图,并根据位置调整图形的大小,绘制好的成品图效果如图 14-16 所示。

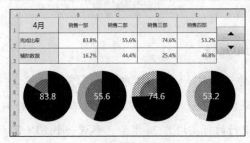

图 14-16

> **注意**
>
> 饼图中的浅色区域有网格纹效果，这是因为在设置填充色时选择了图案填充，如图 14-17 所示。

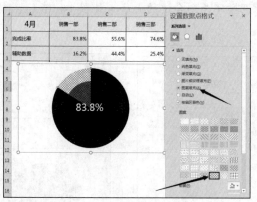

图 14-17

技巧 095
用单元格图展示百分数指标

扫码看视频

在一篇财务分析报告中会多次出现百分比指标的图表，如果单纯使用一种图形如饼图，整个报告会缺少变化和美感，因此增加一些展现形式会让你的分析报告更加生动、吸引人。

案例背景

本案例利用单元格预先输入的 1~100 数据，与百分比指标之间建立关联关系，通过设置单元格条件格式实现图表效果。图中占用了 100 个单元格，1 个百分点占 1 个单元格，10 个百分点占 10 个单元格，在一个 10×10 的单元格区域内形成一个酷似图表的区域，用于展现百分比指标。

绘制方法

1. 制作数据源与单元格

首先新建一个工作表，在 A1 单元格中输入【完成比率】，在 B1 单元格中利用 RAND 函数生成一个随机的百分数指标。然后调整工作表中 C 列至 L 列的列宽均为 24 像素，调整第 3 行至 12 行的行高均为 24 像素，形成一个 10×10 的正方形区域（C2:L12

单元格区域），该区域中包含 100 个单元格。设置单元格边框，效果如图 14-18 所示。

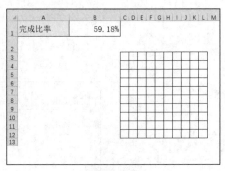

图 14-18

2. 填充数据

在 10×10 的正方形区域中从左向右、从上到下依次输入数字 1~100，设置水平和垂直方向均居中，为编制条件格式做准备，如图 14-19 所示。

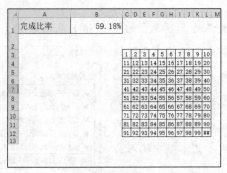

图 14-19

3. 设置边框和背景色

（1）选中 C3:L12 单元格区域，设置填充色为【白色，背景 1，深色 35%】，设置后的效果如图 14-20 所示。

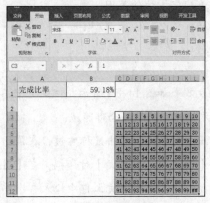

图 14-20

（2）设置边框线的线型为宽线条，线条颜色为白色，如图 14-21 所示。设置后的效果如图 14-22 所示。

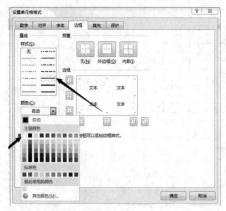

图 14-21

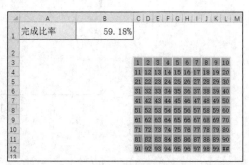

图 14-22

4．设置条件格式

（1）选中 10×10 的正方形区域，在【开始】选项卡的【样式】组中单击【条件格式】按钮，在弹出的列表中选择【新建规则】命令，弹出【新建格式规则】对话框，在【选择规则类型】列表框中选择【使用公式确定要设置格式的单元格】选项，在【为符合此公式的值设置格式】文本框中输入公式【=C3/100<=$B$1】。

（2）单击【格式】按钮，弹出【设置单元格格式】对话框，在该对话框中设置填充色为纯黑色，单击【确定】按钮返回当前【新建格式规则】对话框，在【预览】区可以预览设置的效果，单击【确定】按钮关闭该对话框，如图 14-23 所示。

图 14-23

5．隐藏数据

设置条件格式后的图表效果如图 14-24 所示，但是美中不足的是灰色的单元格中显示数字，可以通过设置单元格格式将数字全部隐藏。

（1）选中 10×10 的正方形区域，单击鼠标右键，在弹出的快捷菜单中选择【设置单元格格式】命令，弹出【设置单元格格式】对话框，在【数字】选项卡的【分类】列表框中选择【自定义】选项，在【类型】文本框中输入 3 个英文输入法下的分号，如图 14-25 所示。

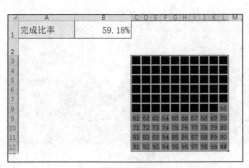

图 14-24

图 14-25

（2）单击【确定】按钮退出该对话框。设置后的效果如图 14-26 所示。

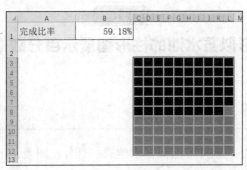

图 14-26

6．设置图表标题

（1）合并 10×10 正方形区域上方的两行单元格，将 B1 单元格的百分比数据调取过来，在合并的单元格中输入【=】，用鼠标选择 B1 单元格，如图 14-27 所示，按【Enter】键，完成数据调用。

（2）设置合并单元格的字体、字号、居中方式等，设置后的成品图效果如图 14-28 所示。

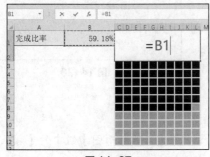

图 14-27

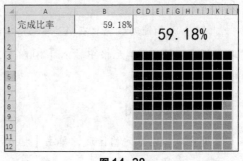

图 14-28

> **技术看板**
>
> 无论是柱形图、折线图，还是本案例中的单元格图，都可以在编制 PPT 报告时直接打开 Excel 窗口进行编辑。初学者可能不知道如何将在 Excel 中编制的图表插入 PPT。如果用截图的方式插入，图表的变动效果展示不出来。其实可以这样操作：在 PPT 中，单击【插入】选项卡下【表格】组中的【表格】按钮，在弹出的列表中选择【Excel 电子表格】命令，就能在 PPT 页面中直接打开 Excel 窗口进行各种编辑操作了。在 PPT 中插入单元格百分比图的效果如图 14-29 所示。

图 14-29

技巧 096
用形似蓄水池的柱形图展示百分数指标

扫码看视频

案例背景

本案例要绘制的是一款外形酷似蓄水池式的百分比图表，用于展示百分比指标。本案例利用两组柱形图形成一个圆形的容器，将水面的高度与百分数指标相关联，百分数越接近百分之百，水面越高，反之水面越低，这是一个非常直观的百分比图表。

绘制方法

1．数据准备

（1）新建一个 Excel 表格，在 A1 单元格中输入【完成比率】，在 B1 单元格中输入完成比率值，如 76.8%。

（2）添加辅助数据。在 A2 单元格中输入【辅助数据】，在 B2 单元格中输入【100%】，效果如图 14-30 所示。

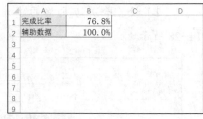

图 14-30

2．插入柱形图

选中 A1:B2 单元格区域，单击【插入】选项卡中的【二维柱形图】组中的【簇状柱形图】，如图 14-31 所示。插入簇状柱形图后的效果如图 14-32 所示。

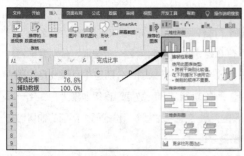

图 14-31

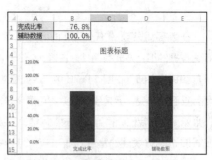

图 14-32

3．调整数据的行列关系

单击选中图表区，在功能区中打开【图表工具】的【设计】选项卡，在【数据】组中单击【切换行/列】按钮，调整数据为两个系列。

这一步操作后图表的变化不大，图表区中还是两个柱形图，不同点在于原来是两个相同颜色的柱形图，操作后变成两个不同颜色的柱形图，如图 14-33 所示。这一步操作的实质是将一个系列中的两个数据转换成两个系列各一个数据。

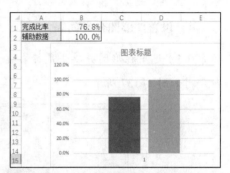

图 14-33

> **技术看板**　有一组数据，如图 14-34 所示。利用这组数据绘制的簇状柱形图的效果如图 14-35 所示。
>
> | 月份 | 销售一部 | 销售二部 |
> |---|---|---|
> | 1月 | 49 | 36 |
> | 2月 | 70 | 85 |
> | 3月 | 36 | 73 |
> | 4月 | 88 | 88 |
> | 5月 | 90 | 41 |
> | 6月 | 37 | 57 |
>
> 图 14-34
>
> 选中该图表区，单击【切换行/列】按钮，切换行列关系，切换后的效果如图 14-36 所示。
>
>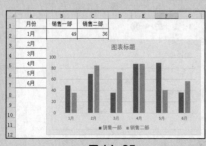
>
> 图 14-35
>
>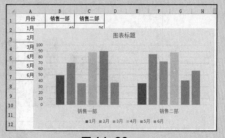
>
> 图 14-36

在数据源没有发生任何变化的情况下，我们却获得了两种完全不同的图表效果，这是为什么呢？因为数据的组合方式有两种，在图 14-35 中，数据有 6 组，每组数据有 2 个数据项，分别是销售一部和销售二部；在图 14-36 中，数据有 2 组，每组数据有 6 个数据项，分别是 1 月至 6 月。虽然数据源没有变，但是展示数据的角度变了。切换行 / 列的功能在分析数据时作用非常大，变化一下展示角度，我们会得到不同的数据结论。图 14-35 的侧重点是关注每个月份的两个部门的销量对比，图 14-36 关注的是每个部门在 6 个月中自身的销量表现。

本案例中，由于数据太少，所以切换的效果不明显（见图 14-33），但是若不进行切换操作，后面步骤中的两个柱形图重合在一起的操作将无法进行，在此做切换是为后面操作做准备。

4．设置柱形图分类间隔

（1）选中柱形图并单击鼠标右键，在弹出的快捷菜单中选择【设置绘图区格式】命令，如图 14-37 所示。

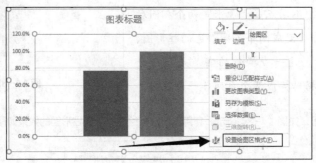

图 14-37

（2）弹出【设置绘图区格式】任务窗格后，用鼠标选中右侧的数据柱，此时任务窗格名称自动变成【设置数据系列格式】。单击【系列选项】按钮，设置【分类间距】为 0，如图 14-38 所示。

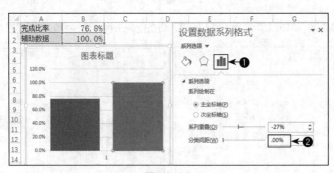

图 14-38

> **注意**
>
> 在设置图表的各种参数时有一个通用的原则：设置前必须先选中。例如，设置柱形图参数时，必须先选中柱形图；设置外边框宽度或线条颜色时，必须先选中外边框。

> **技术看板**
>
> 选中图表中的不同部分，系统弹出的任务窗格是不同的。例如，如果选中数据柱，弹出的是【设置数据系列格式】任务窗格；如果选中的是坐标轴上的坐标值，弹出的是【设置坐标轴格式】任务窗格；如果选中的是图表区中间的空白部分，弹出的是【设置绘图区格式】任务窗格。

5．设置完成比率柱形图的次坐标轴

两个柱形图分别代表完成比率和辅助数据，较低的柱形图是完成比率柱形图，较高的柱形图是辅助数据柱形图。选中完成比率柱形图，设置【系列绘制在】选项为【次坐标轴】。设置次坐标轴后，两个柱形图会重叠在一起，如图14-39所示。

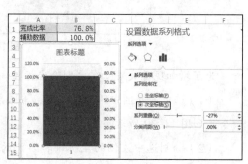

图 14-39

6．调整坐标轴界限值

（1）将图表区中的灰色网格线设置成无线条，如果没有设置，完成全部操作后背景会显示出网格线，有碍观瞻。

（2）在图14-39所示的柱形图的左、右两侧各有一个纵向坐标轴，左侧的纵向坐标轴是主坐标轴，为辅助数据柱形图提供坐标；右侧的纵向坐标轴是次坐标轴，为完成比率柱形图提供坐标。两侧坐标的初始值处于自动状态，系统会根据数据的大小自动调节坐标的最大值和最小值，这会使两侧坐标出现不统一的现象，使两个柱形图不具备对比效果，因此需要统一设置。设置方法：分别选中左、右两侧坐标轴，在【设置坐标轴格式】任务窗格中设置坐标值的大小，如【最大值】设置为1，【最小值】设置为0，当看到【最大值】和【最小值】的右侧出现"重置"字样时，说明已经修改为自定义坐标值，如图14-40所示。

图 14-40

7．删除坐标值

在删除坐标值之前，需要将图表区设置为正方形。如果采用手工拖曳的方法改变图

形的形状,很难保证是绝对的正方形,精确的操作方法是选中图表区的外边框,在功能区中选择【格式】选项卡,在【大小】组中设置高度和宽度的值相同,如图14-41所示。

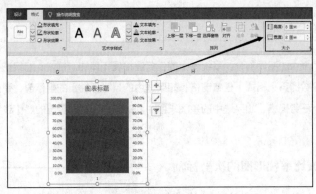

图 14-41

为了增加观赏效果,需要删除坐标值。删除坐标值的方法如下。

(1)选中图表区中的图表标题,单击鼠标右键,在弹出的快捷菜单中选择【删除】命令,如图14-42所示。

(2)分别选中左侧的坐标轴和右侧的坐标轴,按照上述方法予以删除,删除前、后的对比效果如图14-43所示。

图 14-42

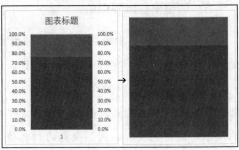

图 14-43

8.绘制辅助图形

完成上述操作后,绘制图表的主要工作就已完成了,下一步需要借助其他图形实现图表样式的改变。

(1)选择功能区中的【插入】选项卡,在【插图】组中单击【形状】按钮,在弹出的列表中选择【椭圆】,如图14-44所示。

(2)按住【Shift】键不放,在任意空白单元格中绘制一个圆形,如图14-45所示。

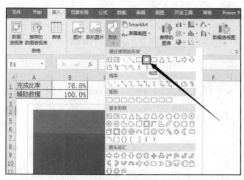
图 14-44

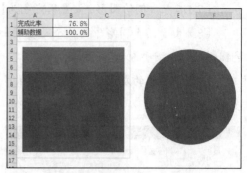
图 14-45

（3）选中圆形，在【格式】选项卡的【形状样式】中单击【形状填充】按钮，设置填充色为白色，如图 14-46 所示。

（4）在【格式】选项卡的【形状样式】组中单击【形状轮廓】按钮，设置轮廓颜色为黑色，设置轮廓线的粗细为 1.5 磅，如图 14-47 所示。

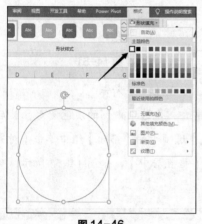
图 14-46

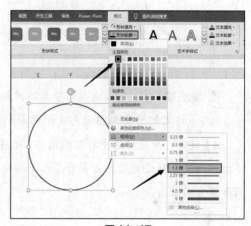
图 14-47

（5）选中圆形，然后按住【Ctrl】键不放，同时用鼠标再次选中圆形并向右侧拖曳，复制出一个圆形，如图 14-48 所示。

（6）选中左侧的圆形，设置轮廓线的粗细为 3 磅，如图 14-49 所示。

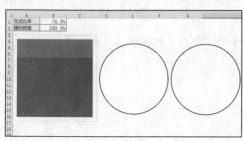
图 14-48

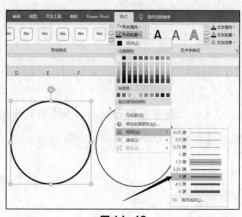
图 14-49

（7）选中右侧的圆形，设置填充色为【白色，背景1，深色15%】，如图14-50所示。

（8）由于两个圆形中的一个是复制出来的，因此二者的大小完全相同。下面将灰色圆形的大小缩小5%。

① 选中右侧的灰色圆形，在【格式】选项卡的【大小】组中，观察其实际尺寸是多少，如图14-51所示。

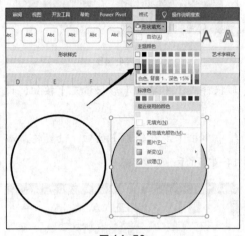
图14-50

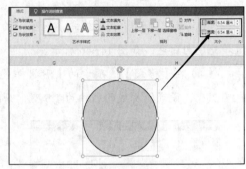
图14-51

② 按照缩小大约5%比例调整其高度和宽度，如图14-52所示。

（9）将右侧的灰色圆形与左侧的白色圆形重叠。先选中内侧的灰色圆形，然后按【Ctrl】键，再用鼠标选中外侧的圆形，在【格式】选项卡的【排列】组中单击【对齐】下拉按钮，分别设置对齐方式为【水平居中】和【垂直居中】，如图14-53所示，确保两个圆为同心圆。

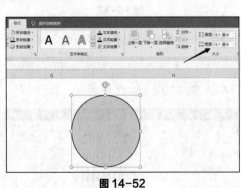
图14-52

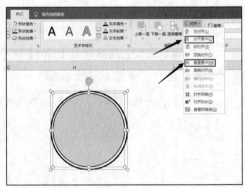
图14-53

（10）设置为同心圆后，在【格式】选项卡的【排列】组中单击【组合】下拉按钮，选择【组合】命令，如图14-54所示。

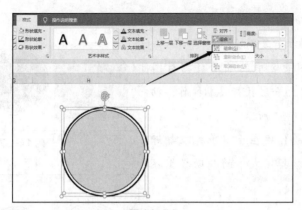

图 14-54

> **提示**
> 由于两个圆是两个独立的图形,在后续的操作中需要将其作为一个整体多次使用,因此需要将其组合在一起,成为一个组合的独立图形。

(11)再复制一个组合图形备用,如图 14-55 所示。

(12)将左侧组合图形中的内圆填充黑色。

① 选中左侧组合图形中的内圆,由于该图形是两个图形的组合,在选中时需要把鼠标指针放在组合图形的中间,单击鼠标左键两次才能选中它,而且两次按下鼠标左键时需要有时间间隔。

② 设置【形状填充】为【黑色,文字1】,设置过程如图 14-56 所示。

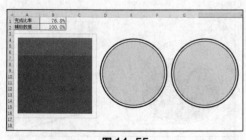

图 14-55

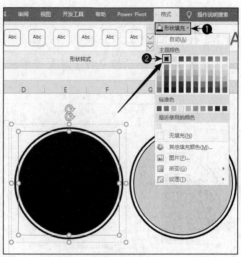

图 14-56

9. 填充辅助数据柱形图

把上述准备好的灰色同心圆复制、粘贴到辅助数据柱形图上。

（1）选中右侧的灰色的同心圆,按【Ctrl+C】组合键执行复制操作。

（2）选中图表区中的辅助数据柱图形,按【Ctrl+V】组合键执行粘贴操作,粘贴后的效果如图14-57所示。

复制、粘贴的作用在于用事先准备好的灰色同心圆替换掉图表中的辅助数据柱形图。

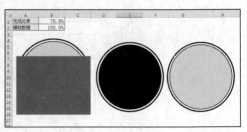

图 14-57

10. 填充完成比例数据柱形图

把上述准备好的黑色同心圆复制、粘贴到完成比例柱形图上,目的是用黑色同心圆替换完成比例柱形图。复制、粘贴后的效果如图14-58所示。

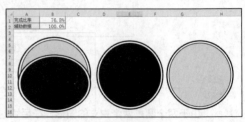

图 14-58

11. 设置层叠并缩放

（1）完成上一步骤的操作后,得到的结果不是最终结果,通过下面的设置让黑色的同心圆按照百分数的大小填充到灰色圆形中。

① 选中圆形的黑色区域,单击鼠标右键,在弹出的快捷菜单中选择【设置数据点格式】命令,如图14-59所示。

② 在弹出【设置数据点格式】任务窗格中找到【填充】选项组,当前默认的选项是【伸展】,可以默认使用该选项的效果,如图14-60所示。也可以改变填充效果,如选择【填充】选项组中的【层叠并缩放】单选按钮,效果如图14-61所示。

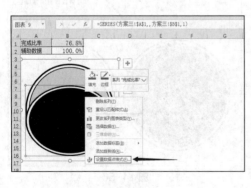

图 14-59

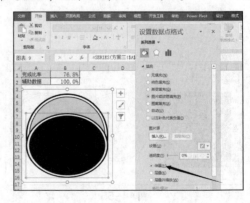

图 14-60

（2）为了达到更好的观赏效果，还需要把图表区最外侧的边框线去掉。选中图表区，在【格式】选项卡的【形状样式】组中单击【形状轮廓】下拉按钮，从中选择【无轮廓】选项，如图14-62所示。

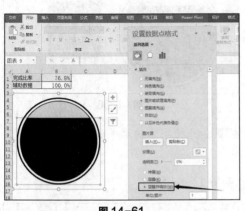

图14-61　　　　　　　　　　图14-62

12. 设置自制的图表标题

为了在图表区中显示百分比数据，需要插入一个矩形框。

（1）在【插入】选项卡的【插图】组中，单击【形状】按钮，在弹出的列表中选择【圆角矩形】，如图14-63所示。

（2）在空白区域绘制一个圆角矩形，如图14-64所示。

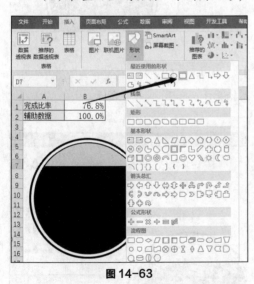

图14-63

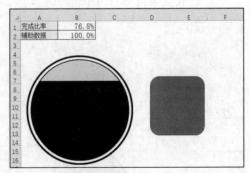

图14-64

（3）将B1单元格中的完成比率数据链接到圆角矩形上。选中圆角矩形，然后在编辑栏中输入【=】，再用鼠标选中B1单元格，如图14-65所示，然后按【Enter】键确认链接。链接效果如图14-66所示。

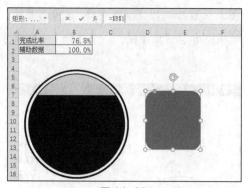

图 14-65

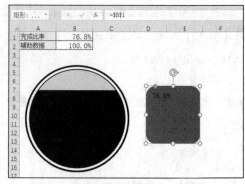

图 14-66

（4）将圆角矩形拖曳至圆形图表的中心位置，并将字体的水平位置设置为居中，设置后的效果如图 14-67 所示。

（5）设置字体颜色为【白色，背景1】，如图 14-68 所示。

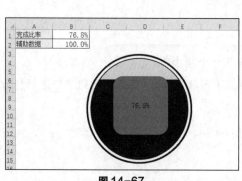

图 14-67

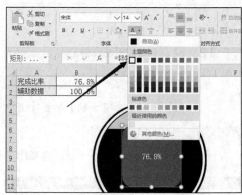

图 14-68

（6）设置圆角矩形的填充色为【无填充】，如图 14-69 所示。

（7）设置圆角矩形的【形状轮廓】为【无轮廓】，如图 14-70 所示。

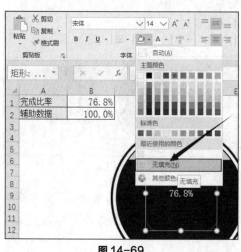

图 14-69

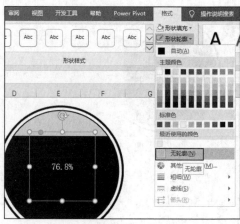

图 14-70

（8）调整圆角矩形中的字号大小，调整后的效果如图14-71所示。

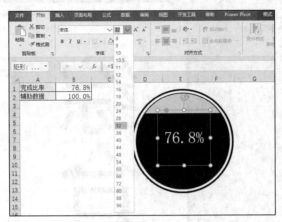

图14-71

（9）将圆角矩形与主图表组合成一个整体。选中圆角矩形，按住【Ctrl】键不放，用鼠标选中主图表，然后在【格式】选项卡的【排列】组中单击【组合】按钮，在弹出的列表中选择【组合】，如图14-72所示。

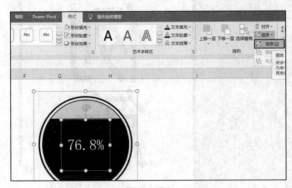

图14-72

至此完成全部操作，一个形似蓄水池的百分比图表展现在面前，如图14-73所示。

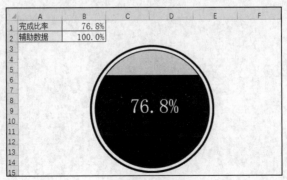

图14-73

综合案例篇

第 15 章
数量与金额转换图表分析法

在年终岁末，每个企业都需要将全年的数据，如收入类的数据、成本类的数据和利润类的数据，做全面、详细的整理和分析。在收集数据的过程中，不同的行业关注的重点也不同。例如，快消品行业产品的价值低而销量大，所以既要关注销量，又要关注收入；建筑行业是按照完工进度确认收入，因此在关注收入的同时，还要关注完工进度；驾驶人培训行业由于产品品种较少，因此更侧重于数量；餐饮业由于产品的品种比较杂乱，产品的吐故纳新是一种常态，因此更关注每家门店的收入。对于那些既需要关注数量又需要关注收入的行业，整合数据编制分析报表时，都将面临两类数据的切换问题。本章内容就是为解决此类问题而设计的。

在本章的案例中，将 12 张数量和金额的月份数据表整合在一张年度数据统计表中，并以图表的方式逐月展示数据，再通过公式和控件的设置实现数据在数量和金额之间自由切换。

本案例中包含两方面的知识，一方面是 Excel 数据的整合技巧，另一方面是整合后的数据表的分析方法。下面将从分析方法和分析场景等多个角度进行讲解，把数据背后的逻辑关系清晰地呈现给读者。

1．分析方法

（1）数量分析法。

本案例的基础数据有两组，一组是业务员的销量数据，另一组是销售金额。销量数据的特点是不受价格高低的影响，如有的地区定价高，有的地区定价低，数量可以更客观地反映销售业绩。例如，对于日用品销售，有些区域高端产品销售情况较好，中低端产品销售较差，用数量做对比分析可以消除价格因素，采用统一的政策考核销量。数量分析法可以反映业务员工作的积极性和主动性。

（2）金额分析法。

金额分析法关联的最终数据是主营业务收入。销售金额大小将直接影响企业利润的多少，金额分析法关注的是企业的终极目标——收益。金额分析法的目的性非常强，不管白猫黑猫，抓住老鼠的就是好猫，因此，在企业产品毛利一定的情况下，只要营业收入增加就等于利润增加。

(3)拆分法。

如果上述两种方法中的数据是由多个款式、多个品种组成的,还可以进一步向下拆分。例如,煤矿企业的产品统称为煤,然而实际销售中有些煤的品质高,定价也高,有些则定价相对较低,在细化分析中,可以拆分成不同价格区间的产品,分别比对销量和收入的变化。结合各自行业的特点进行各种各样的拆分,如按地区拆分、按产品品种拆分、按价格高低拆分等。

(4)业务员之间的横向对比法。

横向对比分为两种,一种是单一月份的对比,另一种是全年合计数据的对比。单一月份反映的是某个时间段内业务员之间的销售量大小关系,全年合计数据反映的是业务员的年度综合销售排名。月度数据用于某个营销活动或者某个重大节日过后的数据对比,可以用来设计单项考核,年度合计数据用于年终的综合考核。

(5)时间轴上的纵向对比法。

数据的纵向对比是针对某个业务员在全年 12 个月中的业绩表现,考察其成长性的变化,是稳步提升型、起伏平缓型,还是大起大落的不稳定型等。纵向数据反映出的问题是个体问题,是对业务员综合评价的重要依据。

(6)综合对比法。

无论是横向对比还是纵向对比,都可以在原有基础上增加一个年份的维度。例如,用本年度某个月份所有业务员的数据与上年同期数据比较,反映单一月份两个其间的变化;或者取某个业务员全年数据与上年度全年数据对比,可以观察较长时间段内的业绩变化,对业务员的评价更为客观。

2. 应用场景

(1)以业务员为统计口径的数据分析。

以业务人员半年或全年销售数据作为基础数据进行分析,确定其属于哪种类型的业务员,如是稳定发展型还是持续下降型,是跌宕起伏型还是异军突起型。结合业务员在岗时间的长短以及所在区域的繁荣程度等给出年度综合评价。或者分析每个业务员的数据变动情况,根据考核制度进行打分评测,用于计算业绩考核。也可以用历史数据作为制定考核标准的依据,任何一组数据都承载着过往的历史和对未来的预示。业务员销售数据展示如图 15-1 所示。

(2)以分公司为统计口径的数据分析。

以分公司的销售数据作为基础数据进行分析(见图 15-2),关注各个分公司的销售业绩变化情况。固定一个月份横向对比公司间的数据大小关系,找出排名靠前和靠后的几个公司;选择一个分公司,观察其半年或全年的业绩变化,重点关注业绩在成长性方面和起伏性方面的表现，对于持续上升和缓慢下滑的公司要给予足够的重视。

业务员销售统计表

金额	1月份	2月份	3月份	4月份	5月份	6月份
陈红亮	77819	117347	39304	66784	101946	34957
庞会英	42587	49344	58147	77129	58223	81375
王明峰	85320	68461	53172	39667	104024	73318
庞宪法	49124	33474	87982	91047	117303	73702
刘友好	105214	105635	42388	95439	104785	118775
雷冬子	40617	51017	68725	62780	98571	31279
周首锋	98046	119775	50599	38465	66451	75516
王美桃	103561	86112	106456	41681	115727	85627

图 15-1

分公司销售统计表

金额	1月份	2月份	3月份	4月份	5月份	6月份
北京分公司	77819	117347	39304	66784	101946	34957
上海分公司	42587	49344	58147	77129	58223	81375
东北分公司	85320	68461	53172	39667	104024	73318
成都分公司	49124	33474	87982	91047	117303	73702
云贵分公司	105214	105635	42388	95439	104785	118775
广东分公司	40617	51017	68725	62780	98571	31279
浙江分公司	98046	119775	50599	38465	66451	75516
江苏分公司	103561	86112	106456	41681	115727	85627

图 15-2

（3）以产品销量为统计口径的数据分析。

以产品的销售数据作为基础数据进行分析（见图 15-3），一方面关注某个月的销量对比，再结合生产计划和市场需求、设备状态等信息做出客观的判断分析；另一方面关注每个产品在时间轴上的销量变化，结合畅销产品、主打产品、摊销固定费用产品等其他因素综合评判各个产品的表现，对于销量持续低迷、稳步攀升或变动异常的产品采取相应的措施。

产品销售统计分析表

金额	1月份	2月份	3月份	4月份	5月份	6月份
产品一	77819	117347	39304	66784	101946	34957
产品二	42587	49344	58147	77129	58223	81375
产品三	85320	68461	53172	39667	104024	73318
产品四	49124	33474	87982	91047	117303	73702
产品五	105214	105635	42388	95439	104785	118775
产品六	40617	51017	68725	62780	98571	31279
产品七	98046	119775	50599	38465	66451	75516
产品八	103561	86112	106456	41681	115727	85627

图 15-3

15.1 分析方案设计

多数据表场景在工作中比比皆是，有的以月为单位，每月一张统计表或记录表；有的以分公司为单位，一个公司一张统计表；还有以产品为统计单位、以日为统计单位，甚至以人为统计单位，等等。多数据表场景中最突出的问题是如何科学、合理地整合数据，编制一个灵活的汇总表，把所有的数据表都融进来且构成一个完整的整体。本节内容除了介绍案例外，重点介绍汇总表在数据分析中的作用，以及具体的分析方法，让读者在学会编制汇总表的同时了解更多的分析思路。

本案例中有 12 张业务人员销售收入统计表，每张表纵向字段是业务人员的姓名，并且姓名的前后位置是固定的；横向有数量和金额两个字段，并且位置也是固定的。之所以强调姓名、数量和金额的位置相同，是因为编辑公式时变数越多，公式越复杂。例如，有的月份、数量字段在左侧，金额字段在右侧；而有的月份、数量字段在右侧，金额字段在左侧，编辑公式时需要多一个先查找再调用的步骤。因此，在 Excel 中，对数据格式的规范要求很严格。表格的布局相同、数据的格式规范是实现自动汇总的基础。对于本案例，业务人员销售收入统计表的样式如图 15-4 所示。

图 15-4

分月数据表中有两组数据,一组是销售数量,另一组是销售金额,全年共计 12 张表,把 12 张表中的 24 列数据整合到一张表中,通过单击控件选择月份、单击 A1 单元格选择"数量"或"金额",获得对应的数据,同时把选中的月份数据输送到图表中,用直观的方式展示全年的数据变化。金额数据的效果图如图 15-5 所示,数量数据的效果图如图 15-6 所示。

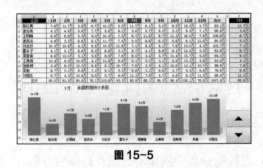

图 15-5

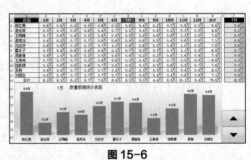

图 15-6

15.2 分析数据准备

数据准备分为两部分,一部分是 12 张数据源表,用于存储 12 个月的数据,要求每张表的格式完全相同,便于后续的汇总计算;另一部分是一张分月汇总表,用于编制汇总数据和绘制图表。12 个月的数据分为数量数据和金额数据,分别存放在 12 张表中,但无法实现在一张图表中查看全年数据。现需要解决的问题有两个,一个是如何把分散在 12 张表里的数据整合在一张表里,另一个是如何在一张表中既能显示数量数据,又能显示金额数据。

15.3 编制明细数据表

收集 12 个月份的明细数据并分别存放到不同的工作表中。数据内容包括业务人员的姓名、销售的数量（以下简称数量）和销售的金额（以下简称金额）。编制这张明细数据表时，需要特别注意以下几点。

（1）所有表的格式必须完全一致，即 A 列是姓名，B 列是数量、C 列是金额，第二行是字段行，第三行以下是数据记录行。

（2）业务人员姓名的前后位置也必须相同。

（3）明细数据表的工作表名为"1""2""3"等，分别代表"1月""2月""3月"等。在分月汇总表中有 12 列数据，每列数据代表一个月份，每列数据的第一行填写所属月份，如"1""2""3"等。因此，在明细数据表中，要确保工作表的名称与分月汇总表中填写的月份名称保持一致。明细数据表的效果如图 15-7 所示。

图 15-7

上述设置的目的有两个，一个是为了可读性，相比单纯的数字，人们更容易理解"1月""2月""3月"等；二是为了与 12 个月份的工作表名称保持一致。估计看到这里时，读者会质疑为什么月份工作表名称不采用"1月""2月""3月"的方法，这样还可以省去分月汇总表中第一行的自定义单元格格式设置。这是因为以"1月"等方法命名的工作表，需要更大的宽度来显示其工作表名称，一屏内容很难把 12 个月的工作表全部显示出来，不便于后期分析操作时选择不同的工作表。

15.4 编制分月汇总表

分月汇总表是本案例的主表，是全年 12 个月份明细数据的一个全面整合，借助控件、数据验证、公式等多个功能共同实现以图表的方式分屏输出数据。分月汇总表中的数据分为两屏，一屏是数量数据，另一屏是金额数据，实现两组数据切换的控制开关是 A1 单元格中的数据验证功能，通过在 A1 单元格的下拉列表中选择数量或金额，实现数据在数量和金额之间的切换。控件的作用是选择月份，将选定的某个月份数据以图表方式输出。整个分析模板设计成两级数据切换，既可以在 12 个月份中自由切换，还可以在数量和金额之间切换。

15.4.1 编制分月汇总表的内容

分月汇总表中包含业务人员的姓名、月份、合计等信息。首先编制分月汇总表的结构，然后手工录入业务人员的姓名和月份等信息。

（1）绘制A1:N13单元格区域的边框线，然后在A2:A13单元格区域中手工输入业务人员的姓名和最后一行的合计文字，在B1:N1单元格区域中输入1~12的数字以及合计文字。

（2）绘制P1:P13单元格区域的边框线，为后续调用分月数据做准备。

（3）设置B1:M1单元格区域的单元格格式为自定义。选中B1:M1单元格区域，单击鼠标右键，在弹出的快捷菜单中选择【设置单元格格式】命令，弹出【设置单元格格式】对话框，在【数字】选项卡的【分类】列表框中选择【自定义】选项，在【类型】文本框中输入【0"月"】，作用是单元格中输入的是数字，如"1"，单元格中显示的是"1月"，如图15-8所示。设置自定义单元格格式后的效果如图15-9所示。

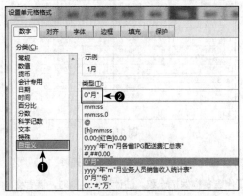
图15-8

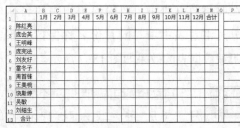
图15-9

15.4.2 插入数值调节钮控件

插入数值调节钮控件，控制P1单元格的值在1~12变化，为P2:P13单元格区域调用1月至12月的数据做准备。

（1）在【开发工具】选项卡的【控件】组中，单击【插入】→【数值调节钮（窗体控件）】，在表格中插入一个数值调节钮控件，效果如图15-10所示。

（2）选中数值调节钮控件，单击鼠标右键，在弹出的快捷菜单中选择【设置控件格式】命令，在弹出的【设置控件格式】对话框中设置【当前值】为1~12的一个任意数字，【最小值】为1，【最大值】为12，【步长】为1，【单元格链接】为P1单元格，如图15-11所示。

（3）设置完成后单击【确定】按钮关闭对话框。

>
> P1单元格也设置为自定义格式，令其显示的是1月，设置方法参见15.4.1小节。

用数值调节钮控件调控P1单元格有三重作用，其一控制P1单元格的值在1~12变化，其二间接带动B1:M1单元格区域的条件格式发生改变，其三通过公式引导

P2:P12 单元格区域的值在 12 个月份中切换。

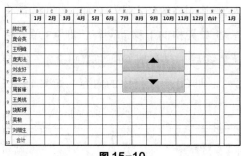

图 15-10

图 15-11

15.4.3 设置辅助功能

辅助功能的具体设置过程如下。

（1）设置 A1 单元格的下拉选项。在【数据】选项卡的【数据工具】组中单击【数据验证】按钮，弹出【数据验证】对话框，在【设置】选项卡中，设置【允许】为【序列】，在【来源】文本框中输入【数量,金额】，单击【确定】按钮完成设置，如图 15-12 所示。

"数量"和"金额"中间的逗号是英文输入法下输入的逗号。

（2）设置 B1:M1 单元格区域的条件格式。当 B1:M1 单元格区域中的数字与 P1 单元格的值相同时，自动填充背景色为黑色，字体颜色为白色。同时，设置 A1 和 P1 单元格为黑色背景和白色字体，以起到醒目的作用。设置后的效果如图 15-13 所示。

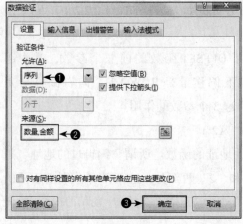

图 15-12

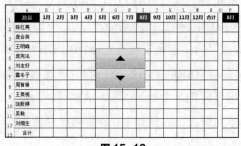

图 15-13

15.4.4 编制主数据区公式

在B2单元格中输入如下公式（见图15-14）：

=OFFSET(INDIRECT(""""&B$1&"""!A2"),ROW(1:1),MATCH($A$1,'1'!$B$2:$C$2,0))

公式解析： 在上述公式中，我们用到了OFFSET函数。OFFSET函数中有5个参数，如果以A1单元格为起始定位点，向下偏移量为2，则对应的公式是OFFSET(A1,2,0,,)，简化公式后可以写成OFFSET(A1,2,)，返回的结果是A1单元格向下移动两行，即A3单元格中的内容。如果给公式OFFSET(A1,2,)增加一个参数，改写成OFFSET(A1,2,2)，则结果是A1单元格向下移动两行，再向右移动两列，即C3单元格中的内容，如图15-15所示。

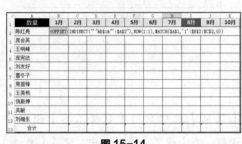

图15-14

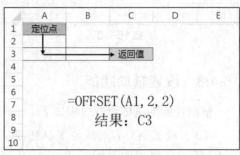

图15-15

大家都听说过象棋中的"马走日""象走田"的说法，如果用OFFSET函数描述象的行走路径可以是这样的：以所在的位置为起始点，向下移动两格再向右移动两格；或者向上移动两格再向左移动两格。这样描述可以精准地指引棋子到达准确位置，OFFSET函数就是一个按照规定的横向和纵向移动坐标返回移动后达到的单元格中的内容的函数。

OFFSET函数中的后两个参数"区域高度"和"区域宽度"是指根据前三个参数指引到达指定单元格后再划出的一块长乘宽的单元格区域，所谓"长"就是单元格区域的宽度，"高"就是单元格区域的高度，也就是说OFFSET函数不但能返回一个单元格的内容，还能返回一块单元格区域的内容。例如，OFFSET(A1,2,2,2,2)的结果是C3:D4单元格区域的内容，如图15-16所示。

在编辑B2单元格中的公式时只用到了OFFSET函数的前三个参数，其中起始定位点是INDIRECT(""""&B$1&"""!A2")，向下偏移量是ROW(1:1)，向右偏移量是MATCH($A$1,'1'!$B$2:$C$2,0)。下面分别讲解这3个参数的作用。

（1）起始定位点：INDIRECT(""""&B$1&"""!A2")。

INDIRECT函数是一个用于返回编辑过的地址的函数。所谓"编辑过的地址"是指可以把某个地址，如"A2"拆分成"A"和"2"两部分，这两部分分别由不同的单元格提供。假如D1单元格中存放着"A"，E1单元格中存放着"2"，在D3单元格中编写一个公式:【=INDIRECT(D1&E1)】,该公式的结果是返回 A2 单元格中的内容,即 200,如图 15-17 所示。

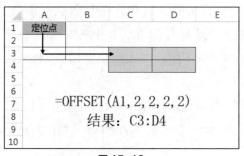

图 15-16

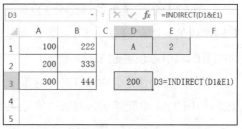

图 15-17

如果 D1 中的"A"改写成"B",则公式 INDIRECT(D1&E1) 返回的是 B2 单元格中的内容,即 333,如图 15-18 所示。

如果令 D1 单元格中的"A"保持不变,E1 单元格中的"2"改写成"3",则公式 INDIRECT(D1&E1) 返回的是 A3 单元格中的内容,即 300,如图 15-19 所示。通过这样的设置,可以实现随意编辑单元格地址的效果。

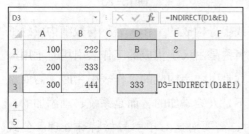

图 15-18

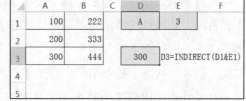

图 15-19

即使是跨表引用的地址也能编辑。例如,记录表如图 15-20 所示,一个跨表地址为"记录!A2",这个地址指向的单元格是记录表中的 A2 单元格。如果想把其中的"记录"由汇总表中的 A1 单元格提供,感叹号"!"由汇总表中的 B1 单元格提供,A2 由汇总表中的 C1 单元格提供,则需要借助 INDIRECT 函数,在汇总表的 B3 单元格中编写公式【=INDIRECT(A1&B1&C1)】,该公式返回的结果是记录表中 A2 单元格中的内容,公式结果示意如图 15-21 所示。

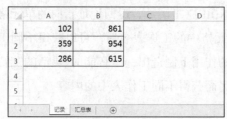

图 15-20

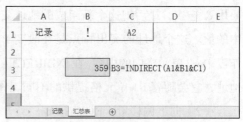

图 15-21

如果想把地址中的"记录"由 A1 单元格提供,剩余的部分直接写进公式,则 B3 单元格中的公式可改写成【INDIRECT(A1&"!A2")】,结果同样返回 359,如图 15-22 所示。其中 A1 与"A2"的区别非常大,A1 的含义是指 A1 单元格中的内容,即"记录",而 A2 是组成地址的一部分,也就是说这个地址是由 A1 单元格中的内容和"!A2"共同组成的,即"记录!A2",为了区分两个内容的不同,"!A2"需要用英文输入法状态下的双引号包裹起来。

另外,需要注意,由于工作表名称的不同,跨表地址会有一个小小的变化。例如,记录表中的 A1 单元格的地址是"=记录!A2",而 1 工作表中的 A1 单元格的地址是"='1'!A1",如图 15-23 所示。

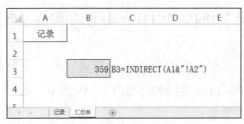

图 15-22

图 15-23

二者不同之处在于跨表引用中,由汉字或字母构成的工作表名称与数字构成的工作表名称,其地址的结构是不同的。工作表名称是由汉字构成的工作表引用时不用添加英文输入法状态下的单引号,而工作表名称是由数字构成的工作表引用时,需要添加英文输入法状态下的单引号。这个单引号不是人为添加的,而是系统自动添加的。但是在使用 INDIRECT 函数编辑跨表地址时,需要对这对单引号做特殊处理。公式 INDIRECT("'"&B$1&"'!A2") 中有三部分内容,分别是"'"、B$1、"'!A2",三部分内容用连接符"&"连接在一起,其中"'"是跨表地址中工作表名前面的单引号,B$1 负责提供工作表名,"'!A2"是原地址中的工作表名后面的单引号、感叹号分隔符和单元格地址 A2,如图 15-24 所示。

通俗地解释:想要实现地址"='1'!A2"中的工作表名由 B1 单元格提供,需要借助 INDIRECT 函数编辑地址,编辑后的地址是工作表名前面的单引号"'"和负责提供工作表名的 B$1 以及原地址中不需要编辑的剩余部分"'!A2"共同组成,这三部分需要用 & 连接,最后把这个新组成的地址交给 INDIRECT 函数,返回地址指向的单元格中的值。这个地址的突出特点是在改变 B1 单元格中的工作表名后,可以获得不同工作表中 A2 单元格中的内容。在 INDIRECT 函数的作用下制造出一个智能的、灵活的"活"地址,它会随着 B1 单元格提供的不同工作表名而获得不同工作表中的内容。

(2)向下偏移量:ROW(1:1)。

OFFSET 函数的第一个参数"起始定位点"确定之后,下面需要解决第二个参数"向下偏移量"的问题。在将公式向下复制时,需要获得一组 1、2、3……的序列数,而 ROW(1:1) 在向下复制时，会自动变成 ROW(1:1)、ROW(2:2)、ROW(3:3)……，如图 15-25 所示，结果就是 1、2、3……。这样操作存在一定的风险，一旦某个月份表中业务人员的姓名位置发生变化，公式获得的结果是固定位置上的数据，而不是对应姓名上的数据，这也是为什么要求所有工作表中的业务人员的姓名必须保持前后顺序一致的原因，这样设计的目的是简化公式。数据越规范，公式越简单，如果业务人员的姓名顺序不一致，则还需要编制一个先查找再确认的复杂公式。

举个例子来说明规范和不规范的区别。一只机械手臂自动在指定位置抓取零件，如果摆放的位置上有多种零件，那么在设置机械手臂时还需要加装一个识别器，先识别零件再执行抓取操作；反之如果摆放的零件是单一的，那就无须加装识别设备了。

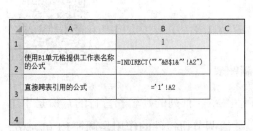

图 15-24　　　　　　　　　　　图 15-25

（3）向右偏移量：MATCH($A$1,'1'!$B$2:$C$2,0)。

该公式是用查找值"$A$1"在查找区域"'1'!$B$2:$C$2"中查找，返回所在的位置数。其作用是用来确定返回数量列数据还是返回金额列数据，是确定返回数据的横向位置数。公式中也存在一个质疑点，为什么使用 1 月明细表中的数据区 $B$2:$C$2，这也是为什么前面要求每张表的数据列和金额列的位置必须保持一致的原因，公式调用的仅仅是一月明细表中的数量和金额的位置。如果有的月份明细表中，两列数据的前后位置不同，也可以通过公式实现，不过同样需要增加公式的复杂程度，如可将公式改写成"MATCH($A$1,INDIRECT("'"&B$1&"'!B2:C2"),0)"。

将 B2 单元格中的公式向下、向右复制，得到主数据区的数据。

15.4.5　编制活动数据区公式

在 P2 单元格中输入如下公式（见图 15-26）：
=OFFSET(A$1,ROW(1:1),$P$1,)

该公式的作用是调用 B2:M12 单元格区域的数据，以 A$1 为起始定位点，向下移动 ROW(1:1)，向右移动的量为 $P$1 单元格的值。当单击数值调节钮控件的上、下箭头按钮时，$P$1 单元格的值变动，OFFSET 公式获得的数据也随着发生改变。当 $P$1 的取值为 1 时，调取的是 1 月的数据；当 $P$1 的取值为 2 时，调取的是 2 月的数据，以此类推。

将 P2 单元格中的公式向下复制到 P13 单元格。

图 15-26

扫码看视频

15.4.6 编制及应用图表

1．利用 P2:P12 单元格区域的数据编制图表

整体梳理一下每个区域的内容来源和互动关系。首列的姓名和首行的月份是手工输入的，中间的数据是用公式一次性调取的，数值调节钮控件的作用是调控 P1 单元格，连带着调控 P2:P13 单元格区域的数据变动，同时还关联着第一行的条件格式。最后再根据 P2:P13 单元格区域中的数据编制图表。

选中 P2:P12 单元格区域，单击【插入】选项卡，再单击【图表】组中的【簇状柱形图】按钮，插入柱形图。

2．应用图表进行数据分析

下面通过两个实例，展示一下用图表进行数据分析的方法。

【实例 1】以两个月份的销量数据（见图 15-27 和图 15-28）为例进行分析，分析结果如下。

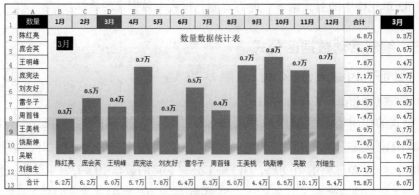

图 15-27

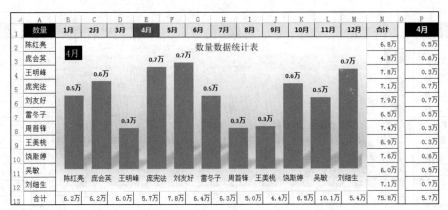

图 15-28

（1）3月份总销量为6.0万元，如图15-27中的P13单元格所示，其中业绩表现较好的是庞宪法、王美桃、饶斯婷、吴敏、刘细生，销量均在0.7万元以上，是本月销售量的主要贡献者，饶斯婷是本月销量的冠军。业绩表现较差的有陈红亮、王明峰、刘友好、周首锋，销量均在0.4万元以下。

（2）4月份总销量为5.7万元，如图15-28中的P13单元格所示，其中业绩表现较好的是庞宪法、刘友好、刘细生，销量均在0.7万元以上，是本月销售量的主要贡献者，刘友好是本月销量的冠军。业绩表现较差的有王明峰、周首锋、王美桃，销量均在0.3万元以下。

（3）综合两个月份的数据来看，庞宪法和刘细生的销量保持较好，始终排在前列，而王明峰和周首锋的销量连续两个月低迷，应予以重视。

> **技术看板** 如果有上年数据，还可以将两个月份的总销量和个人销量与上年同期数据对比，分析销量的变化。

【实例2】以7月份的销量数据和销售金额数据为例进行分析，如图15-29和图15-30所示。

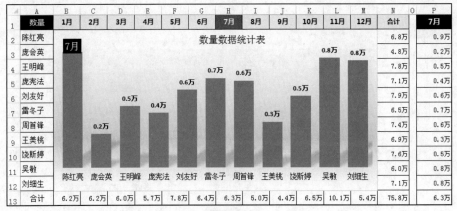

图 15-29

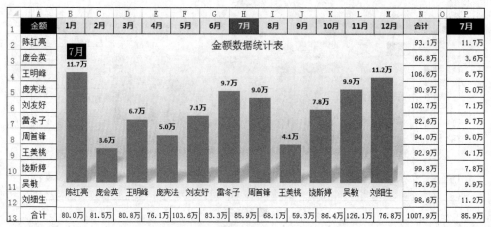

图 15-30

观察 7 月份吴敏、刘细生的销量与销售金额的关系，发现吴敏的销量比刘细生的销量大，而从销售金额的图示来看，刘细生的销售金额比吴敏的大。造成这个现象的原因是统计的销量是汇总数据，可能是不同时间段的结算价不同，也可能是不同地区的结算价不同，还可能是销售数据是汇总数据，并不是单指一种产品，总之在出现异常情况下都应再向下拆分，找出导致异常的原因。

综上所述，任何一种分析方法仅仅是分析的一个切入点，分析的最终目的是找出影响数据变化的最底层的原因。我们经常说要客观评价一个组织、一个团队，所谓客观就是事实，就是最底层的数据差异，用数据说话远比主观评价更贴切，更有针对性。把图 15-30 中的柱形图张贴在销售部门的会议室里，或者发送到销售团队的社交软件群中交流，即使不做任何文字评价，所有人也明白这是在表扬先进督促后进。

第16章

订单拆解图表分析法

通常情况下，企业遇到的瓶颈问题往往都是企业从小到大，从量的积累到质的飞跃中产生的问题。而通过企业的数据信息，企业可以发现经营管理过程中存在的问题。本章将以日报表作为切入点，逐渐增加日报表的覆盖范围，疏通企业数据流的通道，提高数据流的流速。企业的数据流越稳定、流畅，企业的经营管理能力越持续、稳定。

16.1 案例背景

对于零售型、加工型企业来说，销售出货单或销售订单的特点非常鲜明，即单笔金额小，单日订单量大，每日产生的订单数据非常多。有的企业则是手工记录，有的企业是借助小型的记录类软件，但整体上，对于订单记录的收集、分析功能比较弱。本案例是把每日数据进行整理并制作成日报表，随时观察每日的销售动态，以不同类别、不同项目的数据为统计口径实时反馈企业的销售信息。

16.1.1 数据来源

本案例中用到4张表，第一张表是原始数据表——订单登记表，记录每日的订单数据；第二张表是日报表，根据当日订单记录通过计算获取当日的日报数据并以日报格式输出的数据；第三张表是以业务部门为统计口径的部门统计报表，统计每个部门自月初以来的销售数据；第四张表是以业务员为统计口径的业务员统计表，统计每个业务员自月初以来的每日订单数据。

本案例中的订单登记表如图16-1所示。表中的数据为每日新增的订单数据记录，根据业务员签订的订单信息逐条登记在本表中，为后续的统计工作做准备。

本环节看似简单，只需要把订单的信息登记在表中，而在实际应用时会出现各种变数，合理地应对变化是确保日报表工作持续开展的关键。而应对这些变化的能力是在实际工作中慢慢摸索出来的，很难照搬照用。例如，签订订单后客户提出取消订单或增减订单数量，此时，如果刚好跨过月末，而且订单汇总报表已经发出，建议重新签订一个补充订单，不要修改原始订单；如果没有跨月，可以把原始订单删除，重新签订一个新订单。解决这类非常规业务的原则是尽量不要修改原始订单，因为原始订单中的数据可能是其他报表的数据源，一旦修改原始订单，这些报表就被"架空"了，宜尽量采取补签订单的方法。

	A	B	C	D	E	F	G	H	I
1	制单日期	部门	合同编号	客户名称	加工项目	加工数量	单价	订单金额	业务员
2	2019/3/1	桥东部	BH-0001	客户-82001	激光焊接机	1017	3.8	3864.6	陈丽萍
3	2019/3/1	桥西部	BH-0002	客户-82002	私服折弯机	330	3.8	1254	陈丽萍
4	2019/3/1	桥西部	BH-0003	客户-82003	私服折弯机	1017	3.8	3864.6	李宗凯
5	2019/3/1	开发部	BH-0004	客户-82004	私服折弯机	495	3.8	1881	陈丽萍
6	2019/3/1	桥东部	BH-0005	客户-82005	数控冲床	852	3.8	3237.6	陈丽萍
7	2019/3/1	开发部	BH-0006	客户-82006	私服折弯机	825	2.5	2062.5	王振江
8	2019/3/1	桥西部	BH-0007	客户-82007	数控冲床	907	2.5	2267.5	李宗凯
9	2019/3/1	外阜部	BH-0008	客户-82008	私服折弯机	605	2.5	1512.5	王振江
10	2019/3/1	开发部	BH-0009	客户-82009	液压剪板机	852	2.5	2130	赵晓宇
11	2019/3/1	桥东部	BH-0010	客户-82010	数控冲床	330	2.5	825	陈丽萍
12	2019/3/1	外阜部	BH-0011	客户-82011	私服折弯机	852	2.5	2130	李宗凯
13	2019/3/1	外阜部	BH-0012	客户-82012	私服折弯机	742	2.5	1855	李宗凯

图 16-1

16.1.2 日报表的结构和作用

日报表如图 16-2 所示。本表的作用是把图 16-1 中的订单记录以日报表的方式展现出来。日报表中包含 4 种加工项目和 4 个部门，由于加工数量反映的是生产量的大小，而订单金额反映的是营业收入，所以需要分别展示。日报表中包含了两个格式完全相同的表，一个反映加工数量数据，一个反映订单金额数据。

日报表的使用方法是通过单击图 16-2 右上角的数值调节钮控件的上下箭头按钮，调整 D1 单元格的值，间接控制 A1 单元格在不同的日期间切换，带动 B4:F8 和 B11:F15 单元格区域中的数据变化。

	A	B	C	D	E	F
1	2019/3/1			1		▲
2			数量统计表			▼
3	项目名称	桥东部	桥西部	开发部	外阜部	合计
4	激光焊接机	1567	660	550	1374	4151
5	液压剪板机	962		852	797	2611
6	私服折弯机	1044	1952	1320	2199	6515
7	数控冲床		2116	330	577	3023
8	合计	3573	4728	3052	4947	16300
9			金额统计表			
10	项目名称	桥东部	桥西部	开发部	外阜部	合计
11	激光焊接机	5239.6	1650	1375	3435	11699.6
12	液压剪板机	2405		2130	1992.5	6527.5
13	私服折弯机	2610	6631.1	3943.5	5497.5	18682.1
14	数控冲床		6397.6	825	1442.5	8665.1
15	合计	10254.6	14678.7	8273.5	12367.5	45574.3

图 16-2

在实际工作中，很多企业仅仅把日报表报送给相应的管理层，建议把日报表同步发送给生产部门、销售部门等，这样不仅可以增加管理者和一线员工的参与感，与企业同呼吸共命运，而且可以培养管理者和员工的数据意识，提升用数据推动工作的能力。

16.1.3 部门统计表

部门统计表如图 16-3 所示。其使用方法是单击图 16-3 右上方的数值调节钮控件的上下箭头按钮，调控 H1 单元格的值在 1 至 100 之间变动，再用 H1 单元格的值间接调控图表所需的数据。

本案例的亮点在于给图表提供数据的方式比较特殊，常规图表数据源要么是一行数据或一列数据，要么是一个 n 列 $\times m$ 行的数据区，图表中数据的切换依赖图表数据区的数据切换。而本案例用定义名称的方式为图表提供数据，定义名称所引用的数据是一个动态的数据区，随着 H1 单元格中数据的变化而变化。数据联动链是控件→H1 单元格→定义名称→图表。定义名称调用每日的数据，并且将数据以图表的方式呈现。

由于本案例有"数量"和"金额"两组关键数据，因此在图 16-3 的左上角添加了一个用于切换数据的复选框，可以让图表中的数据在"数量"和"金额"之间自如切换。

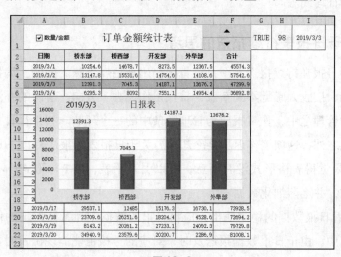

图 16-3

16.1.4 业务员统计表

业务员统计表如图 16-4 所示。本表中同样涉及"数量"和"金额"两组数据，因此也设置了一个复选框。本表的使用方法是单击图 16-4 右上角的数值调节钮控件的上下箭头按钮，调控 H1 单元格的值在 1～4 变动，再由 H1 单元格的值间接控制 B2 单元格的内容在不同业务员之间切换，进而带动 B3:F22 单元格区域获取不同业务员的数据。

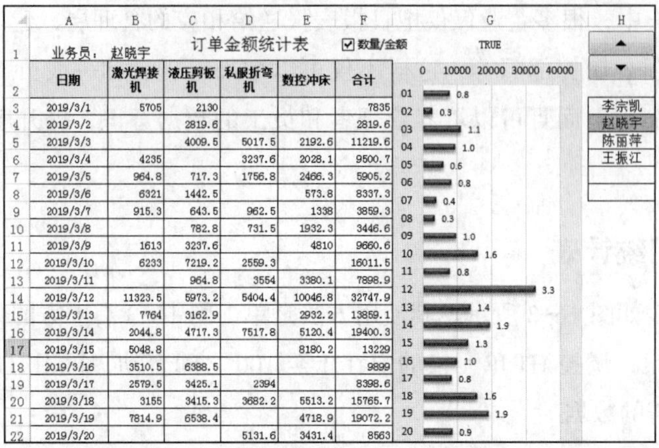

	日期	激光焊接机	液压剪板机	私服折弯机	数控冲床	合计
3	2019/3/1	5705	2130			7835
4	2019/3/2		2819.6			2819.6
5	2019/3/3		4009.5	5017.5	2192.6	11219.6
6	2019/3/4	4235		3237.6	2028.1	9500.7
7	2019/3/5	964.8	717.3	1756.8	2466.3	5905.2
8	2019/3/6	6321	1442.5		573.8	8337.3
9	2019/3/7	915.3	643.5	962.5	1338	3859.3
10	2019/3/8		782.8	731.5	1932.3	3446.6
11	2019/3/9	1613	3237.6		4810	9660.6
12	2019/3/10	6233	7219.2	2559.3		16011.5
13	2019/3/11		964.8	3554	3380.1	7898.9
14	2019/3/12	11323.5	5973.2	5404.4	10046.8	32747.9
15	2019/3/13	7764	3162.9		2932.2	13859.1
16	2019/3/14	2044.8	4717.3	7517.8	5120.4	19400.3
17	2019/3/15	5048.8			8180.2	13229
18	2019/3/16	3510.5	6388.5			9899
19	2019/3/17	2579.5	3425.1	2394		8398.6
20	2019/3/18	3155	3415.3	3682.2	5513.2	15765.7
21	2019/3/19	7814.9	6538.4		4718.9	19072.2
22	2019/3/20			5131.6	3431.4	8563

图 16-4

日报表和部门统计表的侧重点是日期，将每天的数据以表格和图表的方式呈现，而业务员统计表的统计角度是业务员，把指定的业务员在一定时间段内的业务数据以图表的方式输出。日报表适合每天编报，业务员统计表不适合每天编报，建议每周编报一次或每旬编报一次。如果希望每天都能看到业务员的业务数据图表，可以将本表做一些微调，取最后七天或十天的数据做成图表，这个方法的灵感来源于股票价格的七日均线和十日均线。

16.1.5 关于日报表持续报送的思考

任何一种日报在持续报送几个月后肯定会出现枯燥乏味的问题，编报人得不到更多的反馈意见，接收人感觉不到新意，日报工作失去了方向。解决的办法是把这项工作融进企业的管理之中，让日报成为管理链条中的一个环节。如果让日报工作永远游离于管理系统之外，这项工作迟早会冷却掉。关于日报表的报送有以下几条建议。

（1）如果觉得表格形式没有新意，可以引入图表、PPT 等形式，不断变化日报表的编报形式，并逐渐细化数据。

（2）随着日报数据的稳定输出，应将日报的数据作为考核评价的依据纳入企业的整体考核之中。由于日报数据报送及时，对应的考核也能体现出及时性，同时增大了日报工作的生存空间，也让考核工作的效率获得提升。例如，在保险行业的晨会上公布上一日的销售业绩，及时告知团队截止到当前的各自业绩排名，鼓励大家在新的一天继续努力。一个工作方法、一项工作技能能否发挥作用，关键在于能否融入你原有的管理系统中。

16.2 日报表的编制

本节的主要任务是带领读者把编制日报的具体流程梳理一遍，明确制作过程的先后顺序，以及表与表之间的关联关系。

16.2.1 数据准备

订单登记表中共有 9 个字段，如图 16-5 所示。其中，用于分类统计的数据字段有部门、加工项目和业务员，用于计算的数据字段有加工数量和订单金额。凡是需要统计的字段建议采用下拉列表选择的方式录入信息，避免手工录入出错。表格中的字段不是一成不变的，随着工作的变化和深入应及时调整。

	A	B	C	D	E	F	G	H	I
1	制单日期	部门	合同编号	客户名称	加工项目	加工数量	单价	订单金额	业务员
2	2019/3/1	桥东部	BH-0001	客户-82001	激光焊接机	1017	3.8	3864.6	陈丽萍
3	2019/3/1	桥西部	BH-0002	客户-82002	私服折弯机	330	3.8	1254	陈丽萍
4	2019/3/1	桥西部	BH-0003	客户-82003	私服折弯机	1017	3.8	3864.6	李宗凯
5	2019/3/1	开发部	BH-0004	客户-82004	私服折弯机	495	3.8	1881	陈丽萍
6	2019/3/1	桥西部	BH-0005	客户-82005	数控冲床	852	3.8	3237.6	陈丽萍
7	2019/3/1	开发部	BH-0006	客户-82006	私服折弯机	825	2.5	2062.5	王振江
8	2019/3/1	桥西部	BH-0007	客户-82007	数控冲床	907	2.5	2267.5	李宗凯
9	2019/3/1	外阜部	BH-0008	客户-82008	私服折弯机	605	2.5	1512.5	王振江
10	2019/3/1	开发部	BH-0009	客户-82009	液压剪板机	852	2.5	2130	赵晓宇
11	2019/3/1	开发部	BH-0010	客户-82010	数控冲床	330	2.5	825	陈丽萍

图 16-5

16.2.2 设计日报表布局及内容

按照统计需求，绘制数量和金额两个统计表，其中 A2:F8 单元格区域用于统计数量数据，A10:F15 单元格区域用于统计金额数据。在其中分别填入项目名称和部门名称，如图 16-6 所示。

	A	B	C	D	E	F
1						
2			数量统计表			
3	项目名称	桥东部	桥西部	开发部	外阜部	合计
4	激光焊接机					
5	液压剪板机					
6	私服折弯机					
7	数控冲床					
8	合计					
9			金额统计表			
10	项目名称	桥东部	桥西部	开发部	外阜部	合计
11	激光焊接机					
12	液压剪板机					
13	私服折弯机					
14	数控冲床					
15	合计					

图 16-6

16.2.3 插入数据切换的控件

在日报表中插入数值调节钮控件，控制 D1 单元格的值在 1~31 变动。

在 A1 单元格中输入公式【=43524+D1】，公式中的"43524"是指日期 2019 年 2 月 28 日，公式中的 D1 单元格用来与数值调节钮控件联动。当单击数值调节钮控件的上或下箭头按钮时，D1 单元格中的内容变动的同时，A1 单元格中的内容也随之变动，如图 16-7 所示。

图 16-7

在 Excel 软件中，日期是以数据的方式存储的，那么日期的开始日是公历的 1 年 1 月 1 日吗？不是！是以 1900 年 1 月 1 日为日期的开始日。如果输入的日期是【1900/1/3】，在 Excel 中存放的数据是 3；如果输入的日期是【1900/1/20】，在 Excel 中存储的数据是 20；如果输入的日期是【2019/2/28】，在 Excel 中存储的数据是 43524，即 2019 年 2 月 28 日距离 1900 年 1 月 1 日有 43524 天。因此，上述公式中的"43524"就是 2019 年 2 月 28 日，当控件取最小值 1 时，A1 单元格的日期是 2019 年 3 月 1 日，也就是订单登记表中最早的日期。

16.2.4 编辑数据区公式

在 B4 单元格中输入如下公式：

=SUMPRODUCT((订单登记表!$A$2:$A$1000=$A$1)*(订单登记表!$B$2:$B$1000=B$3)*(订单登记表!$E$2:$E$1000=$A4)*订单登记表!$F$2:$F$1000)

公式解析：该公式的作用是获取订单登记表中 A2:A1000 单元格区域中等于日报表中 A1 单元格内容的行，订单登记表中 B2:B1000 单元格区域中等于日报表中 B3 单元格内容的行，订单登记表中 E2:E1000 单元格区域中等于日报表中 A4 单元格内容的行，对应的订单登记表中 F2:F1000 单元格区域中的数据之和。

用字段名解析公式：计算订单登记表中日期列等于指定日期、部门列等于指定部门、加工项目列等于指定项目的加工数量数据之和。

SUMPRODUCT 函数的作用是判断取值，在该公式中要取的"值"是订单登记表中 F 列的加工数量，而每个"值"对应有很多"标签"，这些标签包括制单日期、部门和加工项目等字段。这些"标签"用来说明加工数量数据的日期属性是什么，部门属性是什么，加工项目属性是什么。公式中的三重判断就是把 3 个属性同时满足指定内容的数据取出来，再获得求和计算结果。用图 16-8 来描述该公式的计算过程更易于理解，前三列的判断是公式中的三重判断，结果分别用"1"和"0"来表示，"1"代表判断成立，"0"代表判断不成立，用三组判断结果和第四列分别相乘得出第五列的结果，最后再对第五列的数据求和，这就是 SUMPRODUCT 函数的运行原理。

在 B11 单元格中输入如下公式：

=SUMPRODUCT((订单登记表!$A$2:$A$1000=$A$1)*(订单登记表!$B$2:$B$1000=B$10)*(订单登记表!$E$2:$E$1000=$A11)*订单登记表!$H$2:$H$1000)

B11 单元格中的公式与 B4 单元格中的公式的不同点在于，判断取值的"值"是订单登记表中 H 列的订单金额。两个公式所在位置如图 16-9 所示。

判断一	判断二	判断三	数据	计算结果
1	0	0	1017	0
0	1	1	330	0
1	1	1	1017	1017
0	0	0	495	0
1	1	1	852	852
1	0	0	825	0
1	1	1	907	907
0	1	0	605	0
0	0	1	852	0
0	1	0	330	0

图 16-8

图 16-9

16.3 部门统计表的编制

部门统计表的作用是将下属 4 个业务部的销售数据以天为单位进行统计，实现不同角度的对比效果，既有每天的数据对比，也有单个部门一段时间的数据变化对比。通过切换日期，把数据以图表的方式显示出来，这样对比效果更明显。

本案例中，除日期切换功能外，还有一个数量和金额的切换功能，通过复选框控件实现数据在数量和金额之间自由切换。数量和金额两组数据分别反映不同的信息。数量反映的是加工量，每个生产加工企业都有产能问题，如果把产能平均到每日，再结合表中的数据，可以清楚地看出每日接单的加工量是否接近每日产能。如果长期远低于每日产能指标，企业的生产饱和度肯定不足。金额数据最终影响的是主营业务收入，按照以往收入指标的日均值对比每日的数据，可以清楚地看出收入的变化趋势。如果普遍高于日均值，将直接促使收入增加，反之则减少。

16.3.1 设计部门统计表布局及内容

按照图 16-10 所示制作部门统计表，并填写日期数据和部门名称，其中 F3:F11 单元格区域中是 SUM 求和公式。

部门统计表与日报表的不同之处在于数量和金额数据不用通过两个表格输出，均在 B3:E11 单元格区域中显示，显示的方法是通过数值调节钮控件实现两类数据的切换。

	A	B	C	D	E	F
1		订单金额统计表				
2	日期	桥东部	桥西部	开发部	外阜部	合计
3	2019/3/1					0
4	2019/3/2					0
5	2019/3/3					0
6	2019/3/4					0
7	2019/3/5					0
8	2019/3/6					0
9	2019/3/7					0
10	2019/3/8					0
11	2019/3/9					0

图 16-10

16.3.2 添加控件

部门统计表中需要添加数值调节钮控件和复选框控件。

（1）添加数值调节钮控件。

① 选择【开发工具】选项卡，在【控件】组中单击【插入】→【数值调节钮（窗体控件）】按钮，在表格中插入数值调节钮控件。

② 选中该控件并单击鼠标右键，在弹出的快捷菜单中选择【设置控件格式】命令，在弹出的【设置控件格式】对话框中设置【当前值】为 100，【最小值】为 1，【最大值】为 100，【单元格链接】为 H1 单元格，单击【确定】按钮，如图 16-11 所示。

添加数值调节钮控件的目的是控制 H1 单元格的值在 1 ~ 100 变化。100 的依据是本表未来可能存储的日期天数，如果数据记录继续增加，可以调整此参数。

（2）添加复选框控件。

① 选择【开发工具】选项卡，在【控件】组中单击【插入】→【复选框（窗体控件）】按钮，在表格中插件复选框控件。

② 选中该控件并单击鼠标右键，在弹出的快捷菜单中选择【设置控件格式】命令，在弹出的【设置控件格式】对话框中，选择【已选择】单选项，【单元格链接】为 G1 单元格，单击【确定】按钮，如图 16-12 所示。

添加复选框控件的目的是，当选中该复选框时，G1 单元格中显示"TRUE"；当取消选中该复选框时，G1 单元格中显示"FALSE"。

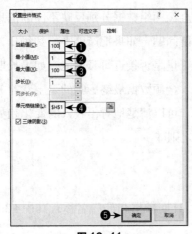

图 16-11

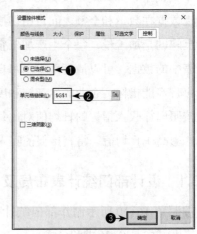

图 16-12

（3）在 I1 单元格中输入公式【=OFFSET (A2,101-H1,)】，其作用是随着 H1 单元格的值由 100 变成 99、98、97……，公式中的"101-H1"分别等于 1、2、3、4……。同时，公式分别返回 A3、A4、A5、A6 等单元格中的日期。也就是通过单击数值调节钮控件改变 H1 单元格中的日期，并将该日期对应的数据输送到图表中。

添加控件后的部门统计表效果如图 16-13 所示。

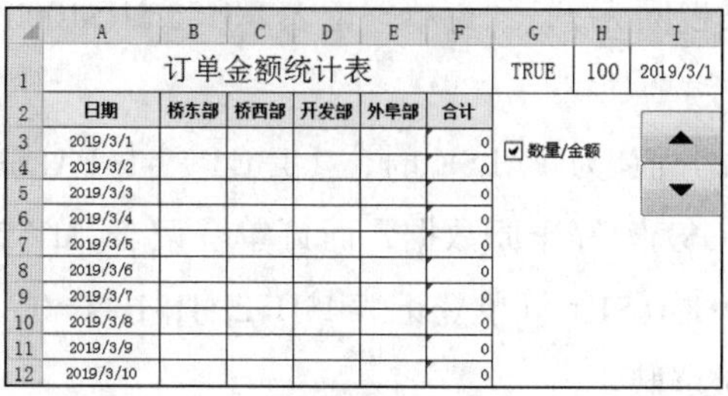

图 16-13

16.3.3 编辑数据区公式

在 B3 单元格中输入公式，如图 16-14 所示。

=SUMPRODUCT ((订单登记表!\$A\$2:\$A\$1000=\$A3)*(订单登记表!\$B\$2:\$B\$1000=B\$2)*(订单登记表!\$F\$2:\$F\$1000*(1−\$G\$1)+ 订单登记表!\$H\$2:\$H\$1000*\$G\$1))

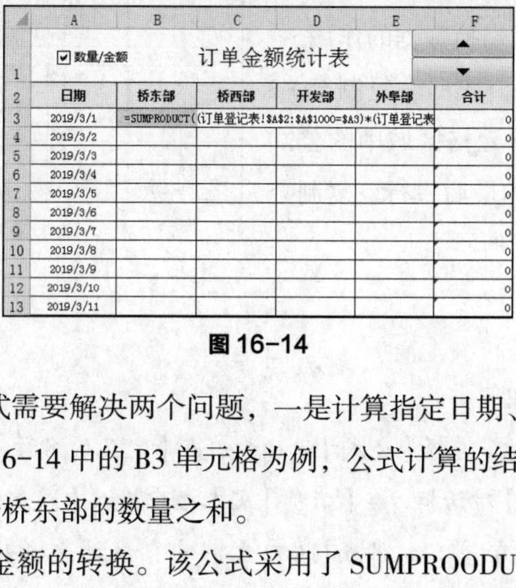

图 16-14

公式解析：该公式需要解决两个问题，一是计算指定日期、指定部门对应的数量数据的汇总数。以图 16-14 中的 B3 单元格为例，公式计算的结果是日期等于 2019 年 3 月 1 日的、部门等于桥东部的数量之和。

二是实现数量与金额的转换。该公式采用了 SUMPROODUCT 函数，其语法结构如下。

SUMPRODUCT((分类标志列 1= 指定标志 1)*(分类标志列 2= 指定标志 2)*(数量数据 *(1−G1)+ 金额数据 *G1))

其中"(分类标志列 1= 指定标志 1)*(分类标志列 2= 指定标志 2)"用于判断满足日期条件和部门条件的记录。负责切换 F 列的加工数量与 H 列的订单金额的数据的公式是"(数量数据 *(1−G1)+ 金额数据 *G1)"中的"（1−G1）"和"G1"。在

16.3.2 小节中，我们插入了一个复选框控件，控制 G1 单元格的值在 TRUE 和 FALSE 之间转换，利用这个逻辑值分别给加工数量和订单金额数据安装了一个打开和关闭的开关。

当 G1 单元格的值为 TRUE 时，（1-G1）=1-TRUE=0，“订单登记表 !$F$2:$F$1000*(1-$G$1)”的结果为 0，等同于屏蔽 F 列的数据。同时，由于 G1 单元格取值为 TRUE，TRUE 在与任何数据计算时，被视同为 1，“订单登记表 !$H$2:$H$1000*$G$1”的结果不变，因此保留 H 列的数值。

当 G1 单元格的值为 FALSE 时，（1-G1）=1-FALSE=1，“订单登记表 !$F$2:$F$1000*(1-$G$1)”等于原数据，而订单登记表 !$H$2:$H$1000*$G$1= 订单登记表 !$H$2:$H$1000*FALSE= 订单登记表 !$H$2:$H$1000*0，所有的记录均被乘以零，因此 H 列的数据被屏蔽。

“订单登记表 !$F$2:$F$1000”和“订单登记表 !$H$2:$H$1000*$G$1”分别引用的是数量数据和金额数据，将这两组数据相加显然有点不伦不类，但是由于（1-G1）和 G1 的介入，使得两组数据分别加装了一个控制开关，当 G1 等于 TRUE 时，（1-G1）处于关闭状态，G1 处于打开状态；当 G1 等于 FALSE 时，（1-G1）处于打开状态，而 G1 处于关闭状态。最终让两组数据根据复选框的选择而实现切换数据的作用。

将 B3 单元格中的公式向右复制至 E3 单元格，再将 B3:E3 单元格区域中的公式向下复制至 A 列日期的最后一行。复制公式后的效果如图 16-15 所示。

	A	B	C	D	E	F
1	☑ 数量/金额	订单金额统计表				
2	日期	桥东部	桥西部	开发部	外阜部	合计
3	2019/3/1	10254.6	14678.7	8273.5	12367.5	45574.3
4	2019/3/2	13147.8	15531.6	14754.6	14108.6	57542.6
5	2019/3/3	12391.3	7045.3	14187.1	13676.2	47299.9
6	2019/3/4	6295.3	8092	7551.1	14954.4	36892.8
7	2019/3/5	5739.3	4050.3	2400.3	4453.2	16643.1
8	2019/3/6	16148.7	8513.6	14713.8	6843.8	46219.9
9	2019/3/7	4142.1	8670.7	568.8	10501.5	23883.1
10	2019/3/8	7276.5	5073.2	6410.2	6179.2	24939.1
11	2019/3/9	8552.3	10695.7	7243.1	4371.8	30862.9
12	2019/3/10	15007.2	13338.5	12222.7	6033.1	46601.5
13	2019/3/11	9597.7	12657.2	19591	11257.6	53103.5

图 16-15

16.3.4 绘制图表

编制图表的过程如下。

（1）设置定义名称。选择【公式】选项卡，在【定义的名称】组中单击【定义名称】按钮，弹出【新建名称】对话框，在【名称】文本框中输入【图表数据】，在【引用位置】文本框中输入【=OFFSET(部门统计表!$A$2,101-部门统计表!$H$1,1,1,4)】，单击【确定】按钮，如图 16-16 所示。该公式的作用是根据 H1 单元格中的数值切换选定的数据。以“部门统计表 !$A$2”为起始定位点，向下偏移“101- 部门统计表 !$H$1”行，向右偏移 1 列，引用的数据区高度是“1”，宽度是“4”。整个公式随着 H1 由 100 变成 99、98、97……，引用的数据区变成 B3:E3、B4:E4、B5:E5……。

（2）选中表格中的任意一个空白单元格，插入一个柱形图，插入柱形图后会看到一个空白的图表区。

（3）选中新插入的空白图表区，单击鼠标右键，在弹出的快捷菜单中选择【选择数据】命令，在弹出的【选择数据源】对话框中单击【添加】按钮，如图16-17所示。

图 16-16

图 16-17

（4）弹出【编辑数据系列】对话框，在【系列名称】文本框中输入【图表数据】，在【系列值】文本框中输入【=部门统计表!图表数据】，单击【确定】按钮，如图16-18所示。

 提示

一定要在定义名称前添加工作表名称。

（5）在返回的【选择数据源】对话框中，单击【水平（分类）轴标签】中的【编辑】按钮，如图16-19所示。在弹出的【轴标签】对话框中输入【=部门统计表!$B$2:$E$2】，如图16-20所示。也可以通过单击【轴标签区域】折叠按钮，选择4个部门所在的单元格区域，即B2:E2单元格区域。依次单击【确定】按钮，退出所有对话框。

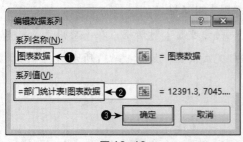
图 16-18

图 16-19

（6）设置图表区的背景色和柱形图的填充色等，对图表进行美化。

（7）设置图表区中的联动日期。选中图表区，插入矩形图。选中矩形图后在编辑栏中输入等号，然后用鼠标选择J1单元格，实现图表中显示的日期与J1单元格的联动。设置联动日期后的效果如图16-21所示。

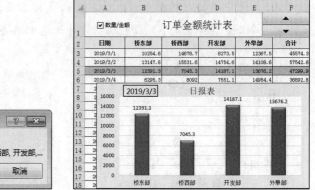

图 16-20

图 16-21

16.3.5 设置条件格式

为数据区设置条件格式的作用是当使用数值调节钮控件选择日期后，数据区中对应日期的整行将被填充为灰色，表示被选中的效果。设置条件格式的过程如下。

（1）选中 A3 单元格，在【开始】选项卡的【样式】组中单击【条件格式】按钮，在弹出的列表中选择【管理规则】命令，在弹出的【条件格式规则管理器】对话框中单击【新建规则】按钮。

（2）弹出【新建格式规则】对话框，在【选择规则类型】列表框中选择【使用公式确定要设置格式的单元格】选项，在【为符合此公式的值设置格式】文本框中输入公式【=$A3=$I$1】，如图 16-22 所示。单击【格式】按钮，弹出【设置单元格格式】对话框，在【填充】选项卡中设置背景色为灰色。

（3）单击【确定】按钮返回【新建格式规则】对话框。

（4）单击【确定】按钮返回【条件格式规则管理器】对话框，在【应用于】文本框中输入【=$A$3:$F$100】，单击【确定】按钮完成设置，如图 16-23 所示。

图 16-22

图 16-23

16.4 业务员统计表

在业务员统计表中，以业务员为统计依据，将指定业务员的数据筛选出来，并以图表的形式呈现，进而观察每个业务员的业绩表现。业务员统计表的整体效果如图16-24 所示。

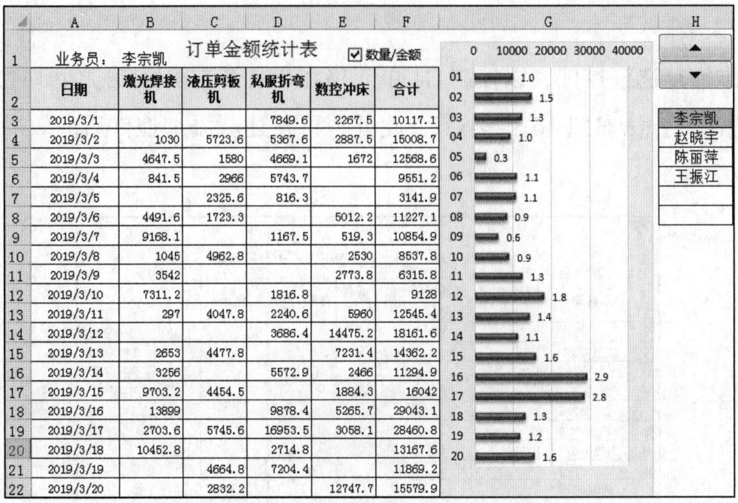

	A	B	C	D	E	F
1	业务员： 李宗凯	订单金额统计表			☑ 数量/金额	
2	日期	激光焊接机	液压剪板机	私服折弯机	数控冲床	合计
3	2019/3/1			7849.6	2267.5	10117.1
4	2019/3/2	1030	5723.6	5367.6	2887.5	15008.7
5	2019/3/3	4647.5	1580	4669.1	1672	12568.6
6	2019/3/4	841.5	2966	5743.7		9551.2
7	2019/3/5		2325.6	816.3		3141.9
8	2019/3/6	4491.6	1723.3		5012.2	11227.1
9	2019/3/7	9168.1		1167.5	519.3	10854.9
10	2019/3/8	1045	4962.8		2530	8537.8
11	2019/3/9	3542			2773.8	6315.8
12	2019/3/10	7311.2		1816.8		9128
13	2019/3/11	297	4047.8	2240.6	5960	12545.4
14	2019/3/12			3686.4	14475.2	18161.6
15	2019/3/13	2653	4477.8		7231.4	14362.2
16	2019/3/14	3256		5572.9	2466	11294.9
17	2019/3/15	9703.2	4454.5		1884.3	16042
18	2019/3/16	13899		9878.4	5265.7	29043.1
19	2019/3/17	2703.6	5745.6	16953.5	3058.1	28460.8
20	2019/3/18	10452.8		2714.8		13167.6
21	2019/3/19		4664.8	7204.4		11869.2
22	2019/3/20		2832.2		12747.7	15579.9

图 16-24

16.4.1 设计表格布局并填写基础数据

按照图 16-25 所示的表格样式制作业务员统计表，填写日期和加工项目名称，其中 F3:F100 单元格区域中是 SUM 求和公式。与部门统计表的不同之处在于统计业务员的业绩与部门字段无关，与之关联的字段是加工项目。在 B3:E100 单元格区域中使用公式计算出相应的数据。本表的汇总同样需要使用复选框切换数量和金额数据。

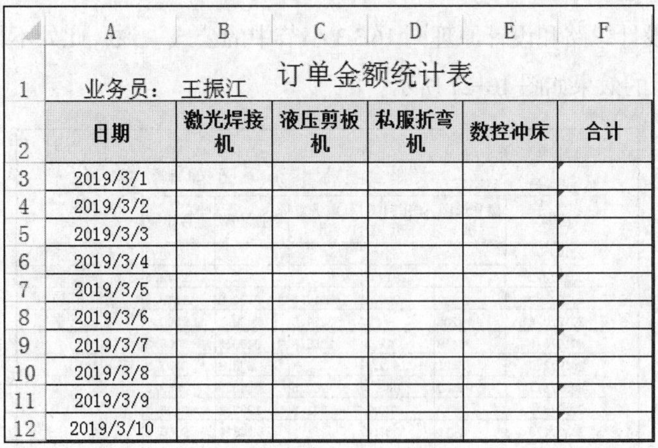

	A	B	C	D	E	F
1	业务员： 王振江	订单金额统计表				
2	日期	激光焊接机	液压剪板机	私服折弯机	数控冲床	合计
3	2019/3/1					
4	2019/3/2					
5	2019/3/3					
6	2019/3/4					
7	2019/3/5					
8	2019/3/6					
9	2019/3/7					
10	2019/3/8					
11	2019/3/9					
12	2019/3/10					

图 16-25

16.4.2 添加控件

业务员统计表中同样需要添加数值调节钮控件和复选框控件，然后通过设置单元格条件格式和控件属性实现选中业务员的效果。

（1）在 H3:H8 单元格区域中录入所有业务员的姓名。

（2）添加数值调节钮控件，调控 H1 单元格的值在 1 ~ 4 变化，最大值 4 取决于业务员的人数。

（3）添加复选框控件，以控制 G1 单元格在 TRUE 与 FALSE 之间切换。

具体的添加方法参照 16.3.2 小节，此处不再赘述。添加控件后的效果如图 16-26 所示。

	A	B	C	D	E	F	G	H
1	业务员：李宗凯		订单金额统计表		☑数量/金额		TRUE	4
2	日期	激光焊接机	液压剪板机	私服折弯机	数控冲床	合计		
3	2019/3/1							李宗凯
4	2019/3/2							赵晓宇
5	2019/3/3							陈丽萍
6	2019/3/4							王振江
7	2019/3/5							
8	2019/3/6							
9	2019/3/7							
10	2019/3/8							
11	2019/3/9							
12	2019/3/10							
13	2019/3/11							

图 16-26

16.4.3 编辑数据区公式

在 B3 单元格中输入如下公式：

=SUMPRODUCT((订单登记表!$A$2:$A$1000=$A3)*(订单登记表!$I$2:$I$1000=$B$1)*(订单登记表!$E$2: $E$1000=B$2)*(订单登记表!$F$2:$F$1000*(1-$G$1)+订单登记表!$H$2:$H$1000*$G$1))

此公式的设计思路和设计原理同 16.3.3 小节中的公式一致，此处不再赘述。向右及向下复制公式后的效果如图 16-27 所示。

	A	B	C	D	E	F	G	H
1	业务员：赵晓宇		订单金额统计表		☑数量/金额		TRUE	
2	日期	激光焊接机	液压剪板机	私服折弯机	数控冲床	合计		
3	2019/3/1	5705	2130			7835		李宗凯
4	2019/3/2		2819.6			2819.6		赵晓宇
5	2019/3/3		4009.5	5017.5	2192.6	11219.6		陈丽萍
6	2019/3/4	4235		3237.6	2028.1	9500.7		王振江
7	2019/3/5	964.8	717.3	1756.8	2466.3	5905.2		
8	2019/3/6	6321	1442.5		573.8	8337.3		
9	2019/3/7	915.3	643.5	962.5	1338	3859.3		
10	2019/3/8		782.8	731.5	1932.3	3446.6		
11	2019/3/9	1613	3237.6		4810	9660.6		
12	2019/3/10	6233	7219.2	2559.3		16011.5		

图 16-27

16.4.4 绘制图表

选中【合计】列的数据，在 G 列中的合适位置绘制一个条形图。在绘制条形图时，需注意，条形图的数据源是【合计】列的数据，选择数据区的"高度"取决于数据记录的数量，如果数据记录的数据继续增加，可以增加选中数据区的"高度"。如果数据记录的数量超过 30 天或者更多，不可能把几十条甚至几百条数据都制作成图表，则解决的办法是设置一个专门用于存储图表数据的区域，使用 OFFSET 函数切换数据的范围，如将数据区域设定为 30 天或 50 天，通过公式切换数据。绘制的条形图效果如图 16-28 所示。

	A	B	C	D	E	F
1	业务员：王振江		订单金额统计表		☑数量/金额	
2	日期	激光焊接机	液压剪板机	私服折弯机	数控冲床	合计
3	2019/3/1	2130	4397.5	5292.5		11820
4	2019/3/2	5754.1	12580.2		8778	27112.3
5	2019/3/3	3237.6	3149.6	3340.2		9727.4
6	2019/3/4	6878.6	1512.5	1855	2515.3	12761.4
7	2019/3/5		2004.3	247.5	2004.3	4256.1
8	2019/3/6	1650	2610		3553	7813
9	2019/3/7	568.8			1386	1954.8
10	2019/3/8	1723.3	3770.2	1877.8		7371.3
11	2019/3/9		3649.8	2148.8	1426	7224.6
12	2019/3/10	4909.6		3864.6	3344	12118.2
13	2019/3/11		8837.5	816.3	4374	14027.8
14	2019/3/12	7600			3343.2	10943.2
15	2019/3/13	2817.5	4503	12899.9		20220.4
16	2019/3/14		6775	3955	3120	13850
17	2019/3/15	2587.2	5537.2	5390.5	3801.9	17316.8
18	2019/3/16	5526.8	1935	3938	6175.7	17575.5
19	2019/3/17		4508.7	8550.7	2787.1	15846.5
20	2019/3/18	20479	1872	3567.2	4444.6	30362.8
21	2019/3/19	5695.4	5056.8	2612.9	7660.3	21025.4
22	2019/3/20	8206.8	14354.8	2820.8		25382.4
23						

TRUE

	0 10000 20000 30000 40000
01	1.2
02	2.7
03	1.0
04	1.3
05	0.4
06	0.8
07	0.2
08	0.7
09	0.7
10	1.2
11	1.4
12	1.1
13	2.0
14	1.4
15	1.7
16	1.8
17	1.6
18	3.0
19	2.1
20	2.5

图 16-28

帮助读者掌握日报表核算系统的编制方法只是制作本案例的一个目的，另一个深层的目的是希望通过这个案例读者可以获得一些启发，一个看似普通的工作中蕴含着巨大的管理能力。大多数职场人的工作习惯是在划定的框框内工作，对于上下游环节漠不关心，对于本岗位的工作作用理解不透彻，经常把工作做得越来越少，甚至还得意窃喜，殊不知岗位的价值越低，岗位存在的意义就越小。反之把一项原本不属于自己的职能，如本案例中的日报功能做好、做大，本岗位的价值也会越大，自身的存在价值自然就会大幅提升。

第 17 章

业绩拆解图表分析法

在数据分析的众多方法中有一种数据拆解分析法,其作用是在现有层级向下做数据的延伸拆解。数据的整理过程是一个从基层收集数据,到总机构汇总,再经过处理后拆分到各个项目、类别的过程,数据从下而上集中,再从上而下拆分。基层数据以机构的最小单元为单位,组织数据层层上报,统计汇总后的数据首先解决的是整体经营情况的汇总输出,例如公司的全年收入、成本、费用、利润等。其次将汇总数据再逐级向下拆分,找出影响各个汇总指标的主要因素,这是所有数据分析的底层逻辑。本章中的案例是把多个分公司的全年数据整合在一张统计分析表中,通过汇总处理后用图表的形式输出数据,同时将年度数据拆分到月,再将月度数据拆分到人,并且将业绩最好的数据突出显示出来。

17.1 案例背景

本案例的数据源是每个分公司的数据统计表,表中有每个业务员全年 12 个月的销售数据,一个分公司占用一张工作表,数据分散且缺乏整体性。通过设计、编制一个分公司数据切换表,借助两组柱形图将每个分公司的全年数据和指定月份下的每个业务员的销售数据清晰地呈现出来,既有不同月份数据间的对比,又有同一月份下不同业务员的数据对比,并且两张图表之间的数据相互关联,形成一个完整的数据分析结构。

17.1.1 数据来源表

本案例有 4 张格式相同的分公司数据表,每张表的纵向字段是月份,横向字段是该公司的业务员姓名,表格的具体样式如图 17-1 所示。随着公司业务区域的扩大,会在更多的城市和地区建立新的分公司,分公司会越来越多,对应的数据统计表也会越来越多,如何整合多公司数据表是本案例要解决的主要问题。

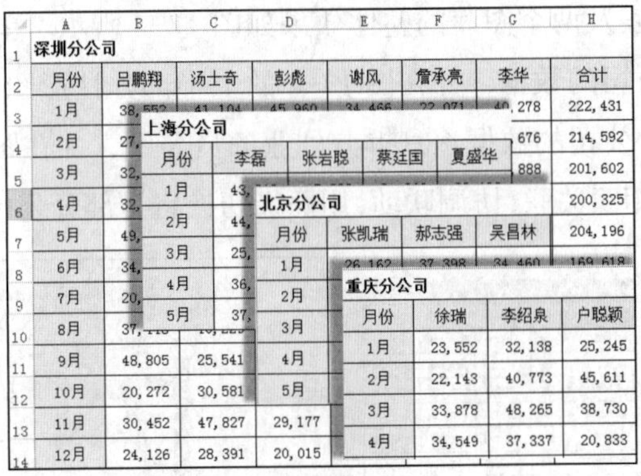

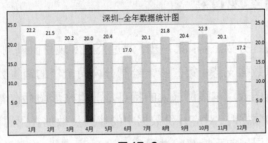

图 17-1

17.1.2 数据统计分析的需求

本案例的数据统计分析共有 3 个需求，具体如下。

（1）将多个分公司的数据整合在一起，实现数据的自由切换和重点数据的突出显示。整合后的第一张数据图表通过下拉选项选择不同分公司，获得对应的全年数据。通过这张图表可以获知选定分公司的全年的销售数据分布情况和变化情况。同时，利用列表框控件选择月份，把选择的月份对应的柱形图突出显示出来，如图 17-2 所示。

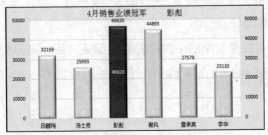

图 17-2

（2）在选择分公司数据的基础上，把图 17-2 中突出显示的 4 月份数据拆分到每一个业务员名下，得到 4 月份业务员的销售数据图表，并将销售冠军的数据突出显示出来，如图 17-3 所示。通过两张有关联关系的图表，把多个公司的数据全部融入进去，其中图 17-2 中的图表负责展示公司全年销售数据，图 17-3 中的图表负责展示月份销售数据。

图 17-3

（3）数据汇总表及两个图表的整体效果如图 17-4 所示。单击 A1 单元格的下拉列表，可以切换分公司的数据，并在图 17-4 的上半部分柱形图中显示。使用列表框控件选择月份，把分公司的数据逐月拆分到业务员名下，并在图 17-4 的下半部分柱形图中显示，两张图相互关联，协调联动，用两级切换将全部分公司的数据整合在一起。

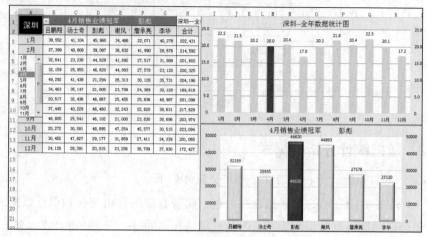

图 17-4

17.2 案例的实现过程

本案例的实现过程分为三步：第一步，通过公式实现自由调用分公司数据的功能，并且为制作图表提供数据支持；第二步，绘制分公司全年的销售数据图表；第三步，绘制分月的销售数据图表。本案例最大的特点是两组柱形图存在着主次关系，当在主图区选择不同月份的数据时，对应月份数据中的业务员数据在附属图中也被调取出来，这形象地诠释了数据层层向下拆解的过程。

17.2.1 数据源表的制作

数据源表制作的要求如下。

（1）月份字段必须保证 1 月至 12 月每月数据占据一行，即遇到某月没有数据的情况，也必须保证有 12 行记录，可以填写零值或不填写（空白）。

（2）业务员姓名字段允许每个分公司的人数不等。当人数不等时，汇总表中必须按照人数最多的列预留位置。

（3）所有分公司数据表中的字段位置必须保证一致，即月份字段必须在 A3:A14 单元格区域中，姓名字段必须在以 B2 单元格开始的第二列中，如图 17-5 所示。

	A	B	C	D	E	F	G	H
1	上海分公司							
2	月份	李磊	张岩聪	蔡廷国	夏盛华	李晓强	于卫光	合计
3	1月	43,842	45,238	21,363	32,492	20,224	33,109	196,268
4	2月	44,757	32,065	43,850	44,234	47,327	27,413	239,646
5	3月	25,060	23,370	29,382	22,659	37,036	34,097	171,604
6	4月	36,396	32,016	21,557	21,367	25,815	49,713	186,864
7	5月	37,632	30,409	34,905	32,508	36,029	45,873	217,356
8	6月	29,607	35,503	27,550	30,824	31,510	42,995	197,989
9	7月	33,987	42,695	28,764	46,961	37,573	30,363	220,343
10	8月	26,189	37,322	26,356	23,667	47,618	30,945	192,097
11	9月	43,886	41,106	36,187	27,472	31,295	42,065	222,011
12	10月	30,731	33,436	40,135	33,814	28,364	30,018	196,498
13	11月	27,770	40,820	46,449	41,733	49,230	35,896	241,898
14	12月	48,748	21,278	48,105	33,774	23,771	38,372	214,048

图 17-5

17.2.2 汇总表基础数据准备

绘制一张空白表，把月份字段填写进去。表格的具体样式如图 17-6 所示。

	A	B	C	D	E	F	G	H
1								
2								合计
3	1月							
4	2月							
5	3月							
6	4月							
7	5月							
8	6月							
9	7月							
10	8月							
11	9月							
12	10月							
13	11月							
14	12月							

图 17-6

17.2.3 插入实现数据切换功能的控件

插入列表框控件，以实现数据切换的功能。具体的操作步骤如下。

（1）打开【开发工具】选项卡，在【控件】组中单击【插入】按钮，在弹出的列表中选择【表单控件】组的【列表框（窗体控件）】，在表格区的适当位置插入该控件。

（2）选中列表控框件并单击鼠标右键，在弹出的快捷菜单中选择【设置控件格式】命令，在弹出的【设置控件格式】对话框中选择【控制】选项卡，单击【数据源区域】折叠按钮，选择 A3:A14 单元格区域；再单击【单元格链接】折叠按钮，选择 K1 单元格；【选定类型】保持默认设置，单击【确定】按钮，如图 17-7 所示。

（3）设置好控件参数后，选择列表框控件中的月份，K1 单元格中的值会随之改变。例如选择第一项"1月"，K1 单元格中显示 1；选择第二项"2月"，K1 单元格中显示 2，以此类推，效果如图 17-8 所示。

图 17-7

图 17-8

17.2.4 设置公司名称下拉列表

设置 A1 单元格的下拉列表，具体的操作步骤如下。

（1）选中 A1 单元格，打开【数据】选项卡，在【数据工具】组中单击【数据验证】下拉按钮，在弹出的列表中选择【数据验证】命令。

（2）弹出【数据验证】对话框，在【设置】选项卡的【验证条件】组中，设置【允许】为【序列】，在【来源】文本框输入【深圳,上海,北京,重庆】，如图 17-9 所示。

 技术看板 如果分公司较多，有几十甚至上百张分公司的数据表，可以在表格的空白处预先输入一列分公司名称，并且每一个分公司名称占用一个单元格，然后单击【来源】折叠按钮，选择分公司名称所在的单元格区域，同样可以达到通过下拉列表选择内容的目的。

（3）在【数据验证】对话框中设置好参数后单击【确定】按钮，退出对话框。此时，A1 单元格中已具备下拉列表的功能，如图 17-10 所示。

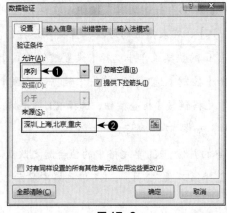
图 17-9

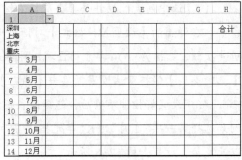
图 17-10

17.2.5　编辑调取分公司数据的公式

在 B2 单元格中输入如下公式：

=OFFSET(INDIRECT($A$1&"!A1"),ROW(1:1),COLUMN(A1))。

B2:G2 单元格区域用于调取业务员姓名数据，B3:G14 单元格区域用于调取各业务员的销售数据，两个单元格区域中的内容虽然性质不同，但是由于数据表结构的原因，可以通过一个公式把两类内容一并调取过来。输入公式的位置如图 17-11 所示。

公式解析：由 OFFSET 函数的语法格式，我们知道 OFFSET 函数有 5 个参数，分别是起始点、向下偏移量、向右偏移量、高度和宽度，该函数的作用是以第一个参数为起始点，根据第二个、第三个参数返回偏移后单元格的内容。例如，OFFSET(A1,2,2) 公式的运行轨迹是以 A1 单元格为起始点，向下移动两行到达第三行，再向右移动两列到达 C 列，公式的结果等于 C3 单元格中的内容，即 33，如图 17-12（a）所示。这是 OFFSET 函数在 3 个参数下的运行原理展示，如果该公式的参数增加到 5 个，如 OFFSET(A1,2,2,2,2)，其结果是在上述结果的基础上，以返回 C3 单元格为基准的两行乘以两列的单元格区域，即 C3:D4 单元格区域，如图 17-12（b）所示。OFFSET(A1,2,3) 返回的是 1 个单元格的值，OFFSET(A1,2,3,2,2) 返回的是 2×2，即 4 个单元格的值。如果把公式修改为 OFFSET(A1,2,3,3,3)，返回的则是 3×3，即 9 个单元格（D3:F5 单元格区域）的值。

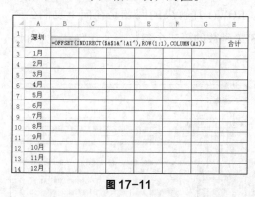

图 17-11

图 17-12

本案例中的公式只用到了 OFFSET 函数的前三个参数。第一个参数 INDIRECT($A$1&"!A1") 的作用是获取分公司的数据。如果不涉及在多个分公司数据表之间切换，且当前表是深圳工作表，则公式是这样的：=OFFSET(深圳 !A1,1,1)，其作用是返回深圳工作表中 A1 单元格为起始点，向下偏移一行，向右偏移一列，结果是深圳工作表中 B2 单元格的内容。如果想实现在不同表之间切换数据，需要调整第一个参数"深圳!A1"。调整的方法是把第一个参数由当前表中 A1 单元格的下拉列表功能提供。例如，如果 A1 单元格的内容是"深圳"，那么公式获取的数据就是深圳工作表中的内容；如果 A1 单元格的内容是"上海"，那么公式获取的数据就是上海工作表中的内容。

此时，有的读者会用简单的替换思路重新修改公式为【=OFFSET(A1!A1,1,1)】，采取这种简单粗暴的方式修改公式肯定是不行的。因为公式中有两个"A1",而这两个A1的含义截然不同,感叹号前面的A1指的是A1单元格中的内容,感叹号后面的A1是构成地址的一部分,而我们希望获得的地址是"深圳!A1",因此两个A1必须要有所区分,于是给后面的A1和感叹号添加上一对英文输入法下的双引号,而前面的A1不做处理,即将公式修改为【=OFFSET(A1&"!A1",1,1)】。但是这样处理后的公式还是不能正常运算,需要给这段编辑过的地址再添加一个INDIRECT函数,故正确的公式应该是【=OFFSET(INDIRECT($A$1&"!A1"),1,1)】。

以上内容是INDIRECT函数的语法原理,也是本节OFFSET公式的第一个参数,它的作用是用来获取数据的起始点,起始点起于哪张工作表,通过偏移量获取的数据就是哪张工作表中的数据。当使用A1单元格的下拉列表选择不同的工作表名称时,公式将切换至对应的工作表。公式效果示意如图17-13所示。

第二个参数ROW(1:1)的作用,还以公式【=OFFSET(深圳!A$1,1,1)】为例进行说明。当将公式向下复制时,我们希望第二个参数"1"依次变成2、3、4……,即公式变成【=OFFSET(深圳!A$1,1,1)】【=OFFSET(深圳!A$1,2,1)】【=OFFSET(深圳!A$1,3,1)】【=OFFSET(深圳!A$1,4,1)】……。ROW(1:1)的含义是返回第一行的行号,并且当向下复制公式时,公式自动变成ROW(2:2)、ROW(3:3)、ROW(4:4)……,而该公式的结果分别等于1、2、3、4……,刚好符合OFFSET函数第二个参数的需求。因此,将公式修改为【=OFFSET(深圳!A$1,ROW(1:1),1)】。ROW(1:1)解决的问题是在向下复制公式时,自动获得一组自然数序列,扮演好OFFSET函数的第二个参数。公式效果示意如图17-14所示。

图 17-13

图 17-14

第三个参数COLUMN(A1)的作用,还以公式【=OFFSET(深圳!A1,1,1)】为例进行说明。当向右复制公式时,我们希望第三个参数"1"依次变成2、3、4……,即公式变成【=OFFSET(深圳!A1,1,1)】【=OFFSET(深圳!A1,1,2)】【=OFFSET(深圳!A1,1,3)】【=OFFSET(深圳!A1,1,4)】……。COLUMN(A1)的含义是返回A1单元格的列数,即第一列,并且当向右复制公式时,自动变成COLUMN(B1)、COLUMN(C1)、COLUMN(D1)……,而公式的结果分别等于1、2、3、4……,刚好符号OFFSET函数第三个参数的需求。因此,将公式修改为【=OFFSET(深圳!A1,1,COLUMN(A1))】。

综上所述，基础公式【=OFFSET(深圳!A1,1,1)】需要在3个方面改进升级：第一方面是能够实现数据表的切换，第二方面是实现向下复制公式时自动生成自然数序列，第三方面是向右复制公式时自动生成自然数序列。将上述3个方面改进后的参数置换到公式中，得到最终的公式【=OFFSET(INDIRECT($A$1&"!A1"),ROW(1:1),COLUMN(A1))】。

向下复制该公式后，单元格中公式的内容示意如图17-15所示。注意观察第二个参数的变化情况。

	A	B	C	D	E	F	G	H
1	深圳							
2		=OFFSET(INDIRECT($A$1&"!A1"),ROW(1:1),COLUMN(A1))						合计
3	1月	=OFFSET(INDIRECT($A$1&"!A1"),ROW(2:2),COLUMN(A2))						
4	2月	=OFFSET(INDIRECT($A$1&"!A1"),ROW(3:3),COLUMN(A3))						
5	3月	=OFFSET(INDIRECT($A$1&"!A1"),ROW(4:4),COLUMN(A4))						
6	4月							
7	5月							
8	6月							
9	7月							

图 17-15

向右复制公式时，单元格中公式的内容示意如图17-16所示。注意观察第三个参数的变化情况。

	A	B	C	D	E	F	G	H
1	深圳							
2		=OFFSET(INDIRECT($A$1&"!A1"),ROW(1:1),COLUMN(A1))						合计
3	1月							

	A	B	C	D	E	F	G	H
1	深圳							
2		吕鹏翔	=OFFSET(INDIRECT($A$1&"!A1"),ROW(1:1),COLUMN(B1))					合计
3	1月							

	A	B	C	D	E	F	G	H
1	深圳							
2		吕鹏翔	汤士奇	=OFFSET(INDIRECT($A$1&"!A1"),ROW(1:1),COLUMN(C1))				合计
3	1月							

图 17-16

将公式复制到所有的单元格中，公式的结果如图17-17所示。

	A	B	C	D	E	F	G	H
1	深圳							
2		吕鹏翔	汤士奇	彭虎	谢风	詹承亮	李华	合计
3	1月	38552	41104	45960	34466	22071	40278	222431
4	2月	27399	40808	39087	36632	41990	28676	214592
5	3月	32641	23236	44628	41692	27517	31888	201602
6	4月	32159	25955	46620	44893	27578	23120	200325
7	5月	49292	41438	21294	26313	30128	35731	204196
8	6月	34463	35147	21805	23706	24369	30128	169618
9	7月	20517	32436	46867	25455	25836	49987	201098
10	8月	37445	40229	46460	32243	22620	38631	217628
11	9月	48805	25541	46102	21000	23830	38696	203974
12	10月	20272	30581	48895	47254	45577	30515	223094
13	11月	30452	47827	29177	31859	27411	34339	201065
14	12月	24126	28391	20015	23256	38709	37930	172427

图 17-17

17.2.6 编制月份合计数数据公式

绘制全年数据图表需要两组数据，一组数据用于绘制作为背景的柱形图，数据在表格的 H3:H14 单元格区域中，如图 17-18 所示，以月份合计数作为柱形图的数据来源；另一组数据与列表框控件结合，当通过控件选中某月时，在辅助数据区中显示该月数据，没有选择的月份在辅助数据区中显示零。辅助数据区为图 17-18 中的 I3:I14 单元格区域。

图 17-18

在 I3 单元格中输入公式【=IF(ROW(1:1)=K$1,H3,0)】，该公式中的 K1 单元格与列表框控件相关联（参见 17.2.3 小节）。向下复制 I3 单元格中的公式至 I5 单元格，此时公式中的 ROW(1:1) 变为 ROW(2:2)、ROW(3:3)，对应的结果是 1、2、3，同时 H3 变为 H4、H5，复制后的公式效果示意如图 17-19 所示。该公式的原理是，当 K1 单元格中的数据等于 1 时，显示 H3 单元格中的内容；当 K1 单元格中的数据等于 2 时，显示 H4 单元格中的内容；当 K1 单元格中的数据等于 3 时，显示 H5 单元格的内容。其余单元格中的公式以此类推。综合 12 个单元格中的公式来看，当 K1 单元格中的数据与 I3:I14 单元格区域中的公式 ROW() 的结果相等时，公式返回当前行 H 列中的数据，而 K1 单元格中的数据值在 1～12 变换，对应 I3:I14 单元格区域，只会有一个单元格中显示 H 列的值。

继续向下复制公式，将 I3:I14 单元格区域填充完后的结果如图 17-20 所示。通过列表框控件选择 2 月，K1 单元格中显示 2，I 列中对应的 2 月份的合计数也显示出来了，形成了一个联动关系。

图 17-19 图 17-20

17.2.7 编制业务员数据公式

在上一小节中通过控件选择月份获取的是月度合计数，对应的图表是合计数据图表。为了将合计数对应的业务员名下的数据以图表方式输出，还需要再编制一组辅助数据。辅助数据所在的位置为图 17-21 中灰色的单元格区域。

在 B15 单元格中输入业务员数据公式【=OFFSET($A$2,$K$1,COLUMN(A1))】，如图 17-22 所示。将该公式应用在 B15:G15 单元格区域中。

图 17-21

图 17-22

公式解析：OFFSET 函数的原理参见 17.2.4 小节。本公式中的第一个参数为起始点，对应的单元格是 A2。第二个参数 K1 负责行位置，K1 与列表框控件关联，作用是获得选中月份的数据。12 个月份的数据是从第三行开始的，以 A2 单元格为起始点，当 K1 单元格中的数据等于 1 时，向下移动一行，获得 1 月份的数据。第三个参数 COLUMN(A1) 负责列位置，以 A2 单元格为起始点，COLUMN(A1) 的结果是 1，随着向右复制公式，分别获得公式 COLUMN(B1)、COLUMN(C1)、COLUMN(D1)……，对应的结果是 2、3、4……。本操作的作用是获得公式在横向复制时产生的一组序列号：1，2，3，4……，引导 OFFSET 函数返回对应列中的数据。

鉴于 B15 至 G15 只有 6 个单元格，第三个参数也可以不用 COLUMN 函数，直接修改为 1、2、3、4、5、6，即【=OFFSET($A$2,$K$1,1)】【=OFFSET($A$2,$K$1,2)】【=OFFSET($A$2,$K$1,3)】等同样可以获得正确结果，而且公式还显得更简洁。输入公式后的结果如图 17-23 所示。

上述公式解决的是图表中的背景柱形图数据的问题，下面再来编辑所有业务员中销售数据最大的数据的公式，并用该组数据绘制一组柱形图，填充深色，以区分其他业务员的数据。

图 17-23

在 B16 单元格中输入公式，如图 17-24 所示。

=IF(B15=MAX($B$15:$G$15),B15,0)

该公式覆盖的范围是 B16:G16 单元格区域，作用是当 B15～G15 单元格的值等于 B15:G15 单元格区域中的最大值时，就返回该值，否则返回零。通俗地说，就是把 B15:G15 单元格区域中的最大值填写在它下面的单元格中，其他单元格均显示零值。之所以这样设置是利用 B 列至 G 列的第 15 行和第 16 行的两行数据，分别作为绘制两组柱形图的数据源。其中，第 15 行的数据作为浅色背景柱形图的数据源；第 16 行数据，也就是最大值数据作为深色柱形图的数据源。公式结果如图 17-25 所示。由于 F15 单元格中的数据最大，因此 F16 单元格中有数据，而其他业务员的数据均显示为零值。

17.2.8 编制自动图表标题公式

为了实现图表标题的自动转换，需要设置几个单元格的公式，用于与图表标题关联。其中，A16 单元格中的公式用于获取销售数据最大的业务员姓名，B1:G1 单元格区域中的公式用于获取业务员销售数据图表的标题，H1 单元格中的公式用于获取汇总数据的图表标题，如图 17-26 中的灰色单元格所示。

（1）A16 单元格中的公式如下：

=INDEX(B2:G2,MATCH(MAX(B15:G15),B15:G15,))

公式解析：在该公式中，MATCH(MAX(B15:G15),B15:G15,) 的作用是利用 MATCH 函数查找 MAX(B15:G15)，即 B15:G15 单元格区域中的最大值在 B15:G15 单元格区域中的位置数；INDEX(B2:G2, 位置数) 的作用是返回 B2:G2 单元格区域中对应位置上的值，即销售数据最大的业务员姓名。两个函数中，MATCH 函数负责提供位置，INDEX 函数负责把指定位置中的内容显示在单元格里。

（2）H1 单元格中的公式如下：

=A1&"-- 全年数据统计图 "

公式解析：该公式的作用是把 A1 单元格中通过下拉选项选择的分公司名称与“--全年数据统计图”文本内容连接，作为图表标题。

（3）B1:G1 单元格区域中的公式如下：

```
=OFFSET($A$2,$K$1,0)&" 销售业绩冠军   "&A16
```

公式解析：在该公式中，OFFSET（$A$2,$K$1,0）的作用是获取由 K1 单元格控制的月份数，以 A2 单元格为起始点，当 K1 单元格中的数据等于 1 时，向下移动一行，返回的结果是 A3 单元格的内容，即 1 月；当 K1 单元格中的数据等于 2 时，向下移动两行，返回的结果是 A4 单元格的内容，即 2 月，以此类推。

“&”运算符的作用是连接，即把运算符左右两边的内容连接在一起显示。

“销售业绩冠军”是一段文本内容。

A16 的作用是获取销售数据最大的业务员姓名。

将上述三部分内容连接在一起是“×月销售业绩冠军业务员姓名”。

将上述 3 个公式输入后，公式的结果如图 17-27 所示。

	A	B	C	D	E	F	G	H	I	J	K
1	深圳	2月销售业绩冠军				詹承亮		深圳--全年数据统计图			2
2		吕鹏翔	汤士奇	彭彪	谢风	詹承亮	李华	合计	辅助数据		
3	1月	38552	41104	45960	34466	22071	40278	222431	0		
4	2月	27399	40808	39087	36632	41990	28676	214592	214592		
5	3月	32641	23236	44628	41692	27517	31888	201602	0		
6	4月	32159	25955	46620	44893	27578	23120	200325	0		
7	5月	49292	41438	21294	26313	30128	35731	204196	0		
8	6月	34463	35147	21805	23706	24369	30128	169618	0		
9	7月	20517	32436	46867	25455	25836	49987	201098	0		
10	8月	37445	40229	46460	32243	22620	38631	217628	0		
11	9月	48805	25541	46102	21000	23830	38696	203974	0		
12	10月	20272	30581	48895	47254	45577	30515	223094	0		
13	11月	30452	47827	29177	31859	27411	34339	201065	0		
14	12月	24126	28391	20015	23256	38709	37930	172427	0		
15		27399	40808	39087	36632	41990	28676				
16	詹承亮	0	0	0	0	41990	0				

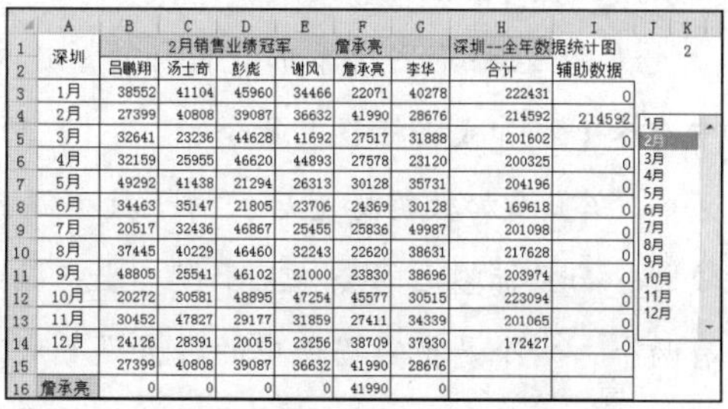

图 17-27

17.2.9 绘制分公司全年销售数据汇总图表

绘制分公司全年销售数据汇总图表的方法如下。

（1）选中 H3:I14 单元格区域（参见图 17-27），单击【插入】选项卡，在【图表】组中单击【插入柱形图或条形图】按钮，在弹出的列表中单击【二维柱形图】组中的【簇状柱形图】，在当前表中的空白处插入簇状柱形图，效果如图 17-28 所示。

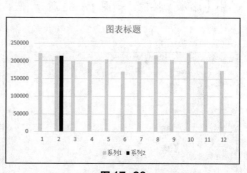

图 17-28

（2）选中图 17-28 中深色数据柱并单击鼠标右键，在弹出的快捷菜单中选择【设置数据系列格式】命令，在弹出的【设置数据系列格式】任务窗格中选择【次坐标轴】单选按钮，如图 17-29 所示。设置完成后，通过选择列表框控件中的月份，可以观察到我们已经实现了选中图表中的数据，对应柱形图颜色改变的效果。

（3）选择图表区中的图表标题，在编辑栏中激活光标（在编辑栏中单击鼠标左键），输入等号，然后用鼠标选中 H1 单元格，按【Enter】键，完成图表标题与 H1 单元格内容的关联操作，效果如图 17-30 所示。

图 17-29

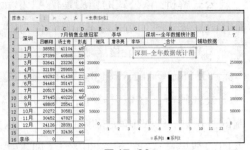

图 17-30

（4）图表下方的图例在本案例中没有实质意义，因此需要删除。选中图表区下方的图例，按【Delete】键即可。

（5）在柱形图上添加数据标签。选中柱形图并单击鼠标右键，在弹出的快捷菜单中选择【添加数据标签】命令。

（6）添加数据标签后，由于数据源的数量级不同，造成在图表中显示的结果差异较大，而且标签之间会相互干扰。坐标轴的值同样也存在数量级显示问题。解决的方法有两个，一个是把数据表中的数据设置成万元格式，如图 17-31 所示；另一个是把数据标签或坐标轴数据的格式设置成万元格式。这里我们使用后一种解决方法：选中数据标签并单击鼠标右键，在弹出的快捷菜单中选择【设置数据标签格式】命令，在弹出的【设置数据标签格式】任务窗格中找到【数字】选项组，在【格式代码】文本框中输入【0"."#,】，单击【添加】按钮，如图 17-32 所示。

图 17-31

图 17-32

至此插入图表的操作全部完成，在实际应用中可以根据应用场景和实际需要调整图表区的背景色和柱形图的颜色，调整的要诀是背景色以浅色为主；两组柱形图，一组用浅色填充，另一组用深色填充，通过颜色的深浅来区别两组柱形图。采用彩色颜色填充时，注意尽量使用同一色系的颜色。采用相同颜色的深、浅色区分不同的柱形图（包括字体颜色、边框颜色等）的效果较好。整理后的柱形图效果如图 17-33 所示。

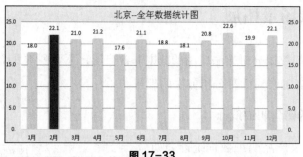

图 17-33

17.2.10 绘制拆分到业务员名下的数据图表

绘制拆分到业务员名下的数据图表的方法如下。

（1）选中 B15:G16 单元格区域（参见图 17-27），单击【插入】选项卡，在【图表】组中单击【插入柱形图或条形图】按钮，在弹出的列表中单击【二维柱形图】组中的【簇状柱形图】，在当前表中的空白处插入簇状柱形图，效果如图 17-34 所示。

（2）参照 17.2.9 小节中分公司全年销售数据汇总图表里簇状柱形图的绘制方法，设置深色柱形图为次坐标轴，添加数据标签，删除图例，将图表标题与 H1 单元格关联，设置数据标签的万元格式。设置后的效果如图 17-35 所示。

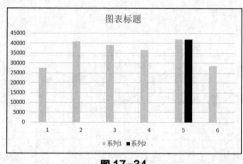

图 17-34

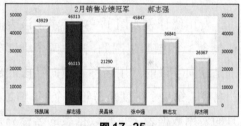

图 17-35

（3）柱形图的样式设置可以使用系统中提供的模板，操作方法是选中柱形图，单击【图表工具】的【格式】选项卡，从系统提供的样式中选择一款心仪的样式，如图 17-36 所示。

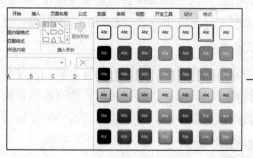

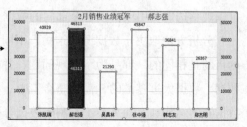

图 17-36

17.3 应用场景拓展

本章中介绍的数据分析方法应用的范围非常广泛，下面列举几个具有代表性的应用场景，便于读者加强对此种分析方法的理解。

1．业务员的销售明细统计

业务员的销售产品明细数据统计表如图 17-37 所示。由此可知，业务员销售数据表包含 3 个维度的字段，分别是纵向字段的产品名称，以及横向字段的业务员名称和分公司工作表名称，通过切换分公司数据获得选定分公司的业务员销售数据，再通过切换产品名称获得每个产品下的所有业务员销售数据，并标注出销售量最大的数据柱形图。通过两级切换将若干张分公司销售数据整合在一张工作表中，既可以观察到每个分公司所有产品销售合计数据的大小关系，还可以看到每个产品在每个业务员名下的销售数据。用图表方式直观地将数据展现出来，并且切换方式灵活，为公司在销售分析环节提供便捷的分析方法。

销售产品明细数据统计表

	吴昌林	蔡廷国	詹承亮	夏盛华	杨秋红	肖朝杰	合计
明基（BenQ）MS3081	90	53	33	49	48	67	340
明基（BenQ）W1070	61	42	43	97	51	51	345
明基（BenQ）MX3291	30	39	33	83	36	68	289
明基（BenQ）MH520H	26	79	25	35	96	62	323
明基（BenQ）E310	66	33	99	100	46	25	369
明基（BenQ）ED933	52	100	62	98	99	31	442
明基（BenQ）MU686	94	49	51	52	90	90	426
明基（BenQ）W1120	53	71	78	78	49	26	355
明基（BenQ）E500JD	41	81	89	60	89	71	431
明基（BenQ）MW3087	97	40	73	93	35	93	431
明基（BenQ）E580	27	66	44	57	76	48	318
明基（BenQ）ED935	65	67	28	28	29	98	315

图 17-37

2．部门费用统计

费用统计表如图 17-38 所示，该表同样包含 3 个维度的字段，其中两个维度分别是纵向字段的费用名称、横向字段的部门名称，第三个维度是每年每个部门 12 个月的费用数据表，每张数据表的名称分别是 1 月、2 月、3 月等。通过切换月份获得所有部门的费用数据，再通过切换费用名称获得每个费用下的各个部门的费用数据，并标注出费用最大的部门对应的柱形图。费用分析的常用方法有两个：一是对比方法，二是拆分方法。本案例采用的是拆分方法，将分布在不同工作表的数据整合在一张表中，再通过两级切换将数据分别呈现在图表上，既可以观察各个部门的数据概况，又可以观察选定费用项目下各个部门的数据大小关系。

费用统计表

	办公室	财务部	技术部	市场部	检验部	采购部	合计
工资	230	1,315	1,748	1,257	466	1,086	6,102
办公费	638	823	1,432	1,763	794	1,163	6,613
交通费	1,063	710	1,319	323	1,742	1,143	6,300
住宿费	520	718	1,520	1,252	419	283	4,712
业务费	322	771	1,272	1,875	688	1,693	6,621
运输费	892	625	1,768	1,966	1,035	1,302	7,588
装卸费	341	1,439	584	770	1,445	1,403	5,982
包装费	1,632	366	509	1,164	397	1,187	5,255
展览费	1,013	1,218	1,673	875	259	287	5,325
广告费	1,410	960	1,034	1,884	420	1,808	7,516
维修费	675	522	1,123	1,582	762	1,591	6,255
三包费	1,711	535	1,773	376	1,538	339	6,272

图 17-38

分析方法取决于数据源的结构，不同的数据结构可采用不同的分析方法，但分析的目的是相同的，都是为了发现问题，并找到问题的根源。无论是销售数据还是费用数据，数据太过零散的，需要整合汇总；数据太过集中的，又需要进行拆分。先理清数据源的结构和表间关系，有利于数据分析的顺利进行。

第18章

收入与回款对比图表分析法

每个职场人都有一个升职加薪的愿望,有没有秘诀能够快速实现愿望呢?可以说有,也可以说没有。说有是因为很多职场人秉持着正确的做事方法,最终获得成功。说没有是因为即使知道了秘诀,但不能坚持,最终也会希望破灭。作为财务工作者,我们应该怎样做呢?简单地说就是培养全局观念,不断扩大你的掌控范围和视野,结合具体的工作方法,在做好本职工作的基础上不断地向你的工作上游和下游延伸,先了解后渗透,把自身的岗位工作作为一个切入点逐渐向周围蔓延。企业表面有一套从上而下的行政管理流程,财务人员应该知道在管理流程的下面还有一个数据信息流。所谓数据信息流就是企业的各项数据信息在企业运行中不停地流动,就像人体的血液。举个例子,企业接受订单的工作就是建立数据信息流的源头,随着订单确认并启动下游的货源组织、生产排产、成品入库、出库开票、确认收入、催收回款等,由此便开启了一个数据流。因此,无论你是出纳、会计,还是销售内勤、生产统计、仓库管理,在做好本职工作的基础上如果能把数据流了解清楚,发现数据流动过程中存在的问题,并在条件允许的情况下提出改进建议,帮助企业查漏补缺、完善管理,通过疏通数据流让自己融入企业的管理层,逐渐建立全局观念,那么你距离升职加薪就不远了。

本章的内容就是帮你建立数据流概念和树立全局观,通过一个小小的表格启发你重新认知工作的方法。本案例将回款分析作为切入点,把从订单数据开始的一系列数据整合在一起,其中包括订单额、发货额、应收额、回款额、开票额等,不仅可以了解每个环节的进度,还可以了解不同环节的进度,从整体上看到每个订单的执行全貌。这仅仅是一个订单的信息,实际工作中往往是一个订单未执行完新的订单又来了,是一个周而复始的循序渐进的过程。如果想直观、方便地看到所有订单的执行情况,就需要编制一套数据处理系统。本案例就针对此种情况设计了一个数据收集、整理、呈现的管理系统。

18.1 案例背景

本案例由 3 张表组成，第一张表是数据源表，用来存储原始数据；第二张表是数据筛选过渡表，用来存储筛选的数据；第三张表是完成进度图表，将筛选后的合同记录以图表的方式展示出来。通过设计关联关系，利用公式让 3 张表形成一个完整的整体。

18.1.1 数据源表

合同执行台账作为数据源表，用来存储合同执行数据，一行数据记录一个合同的所有信息，其中有合同总额、发货金额、回款金额、欠款金额等数据。这些数据反映了每笔合同的进展情况或处于不同阶段的信息，实际工作中的情况远比本案例更复杂。例如，生产型企业从启动合同开始，需要统计的执行情况的数据包括投料、半成品完工、成品入库、成品出口、开票、收款等；中间还需要增加许多辅助数据统计，包括各个阶段与合同总额的进度占比，开票应收款和出库发货应收款两个不同依据的应收指标。不同的需求需要计算不同的指标，把哪些指标纳入统计表要根据企业的实际需求来确定。本案例的合同执行台账如图 18-1 所示。

序号	执行情况	合同编号	购货方	合同总额	发货金额	回款金额	欠款金额	开票金额	欠票金额
1	未完成	YSHT320001	中储吴淞	867,600.00	581,290.00	168,570.00	412,720.00	453,410.00	127,880.00
2	未完成	YSHT320002	国恒金店有限公司	9,735,600.00	6,230,780.00	3,987,700.00	2,243,080.00	1,557,700.00	4,673,080.00
3	未完成	YSHT320003	全胜曹安	8,138,100.00	7,161,530.00	1,790,380.00	5,371,150.00	3,437,530.00	3,724,000.00
4	未完成	YSHT320004	英力达有限公司	6,534,700.00	2,352,490.00	705,750.00	1,646,740.00	1,717,320.00	635,170.00
5	已完成	YSHT320005	中外运虹井	4,257,200.00	4,257,200.00	1,067,710.00	3,189,490.00	1,048,980.00	3,208,220.00
6	已完成	YSHT320006	中船重工广州	4,462,900.00	4,462,900.00	2,511,720.00	1,951,180.00	1,424,560.00	3,038,340.00
7	已完成	YSHT320007	盛达矿业有限公司	8,050,000.00	8,050,000.00	1,494,080.00	6,555,920.00	3,034,850.00	5,015,150.00
8	未完成	YSHT320008	东方丝绸有限公司	2,192,700.00	1,469,110.00	896,160.00	572,950.00	822,700.00	646,410.00
9	未完成	YSHT320009	大东湾旅游有限公司	9,252,900.00	3,978,750.00	1,631,290.00	2,347,460.00	1,671,080.00	2,307,670.00
10	未完成	YSHT320010	城市百货大楼有限公	4,208,400.00	3,030,050.00	2,363,440.00	666,610.00	2,060,430.00	969,620.00
11	已完成	YSHT320011	全胜江杨南路	3,973,400.00	3,973,400.00	1,042,220.00	2,931,180.00	734,680.00	3,238,720.00
12	未完成	YSHT320012	新湖期货	2,894,500.00	1,099,910.00	472,960.00	626,950.00	747,940.00	351,970.00
13	已完成	YSHT320013	华昌电子玻璃公司	2,461,000.00	2,461,000.00	692,530.00	1,768,470.00	1,005,810.00	1,455,190.00
14	已完成	YSHT320014	桐阁茶叶公司	9,618,900.00	9,618,900.00	5,999,310.00	3,619,590.00	6,073,370.00	3,545,530.00
15	未完成	YSHT320015	金马旅游有限公司	386,400.00	189,340.00	160,940.00	28,400.00	60,590.00	128,750.00
16	未完成	YSHT320016	长通通信有限公司	4,030,600.00	2,740,810.00	2,247,460.00	493,350.00	959,280.00	1,781,530.00
17	已完成	YSHT320017	长城计算机公司	864,600.00	864,600.00	281,510.00	583,090.00	167,390.00	697,210.00
18	未完成	YSHT320018	上海辽药	1,870,300.00	654,610.00	484,410.00	170,200.00	176,740.00	477,870.00
19	未完成	YSHT320019	上海五锐国际贸易	958,600.00	469,710.00	140,910.00	328,800.00	244,250.00	225,460.00
20	未完成	YSHT320020	上海尚铭	3,202,600.00	1,473,200.00	1,222,760.00	250,440.00	987,040.00	486,160.00
21	未完成	YSHT320021	渤海模板租赁公司	1,561,300.00	312,260.00	146,760.00	165,500.00	159,250.00	153,010.00
22	已完成	YSHT320022	绿景电子有限公司	5,029,100.00	5,029,100.00	1,464,480.00	3,564,620.00	732,240.00	4,296,860.00
23	已完成	YSHT320023	紫光都集团公司	1,337,900.00	1,337,900.00	291,130.00	1,046,770.00	245,640.00	1,092,260.00
24	已完成	YSHT320024	银河期货	2,740,200.00	2,740,200.00	854,940.00	1,885,260.00	569,960.00	2,170,240.00

合同执行台账 筛选合同记录 完成进度图

图 18-1

18.1.2 数据筛选过渡表

筛选合同记录作为数据筛选过渡表，用来存储筛选的记录。在完成进度图中设计了一个复选框，用来在已完成合同和未完成合同之间切换。当选择【未完成】复选框时，通过公式的设置将未完成的合同记录全部筛选出来，如图 18-2 所示；当选择【已完成】复选框时，将已完成的合同记录全部筛选出来，如图18-3所示。

图18-2

图18-3

18.1.3 以图表方式输出合同数据

完成进度图表负责将已选定的"已完成"或"未完成"的合同记录逐条输送到条形图中，用来展示每一笔合同的执行情况，用发货、回款、开票等数据与合同总额对比，直观地反映出每一笔合同的执行进度；用柱形图显示当前合同在所有被筛选合同中的位置，如图18-4所示。

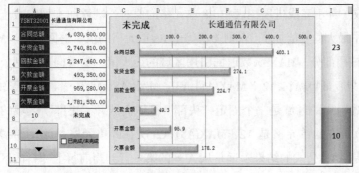

图18-4

18.2 案例实现过程

本案例的实现过程分为三步，第一步是设计一张数据筛选过渡表，即筛选合同记录表，将合同执行台账表中的数据利用公式筛选出来；第二步是设计一张筛选后的汇总数据表，即完成进度图表，将筛选合同记录表中的数据汇总到该表中，并设计切换开关，选择不同状态下的公司并获得汇总结果；第三步是利用汇总后的数据制作一张完成状态图表来展示数据。

18.2.1 在数据源表中做筛选准备

本案例的数据源表是合同执行台账表，在该表第一列前插入一个辅助列，并将完成进度图表中的 B8 单元格与完成进度图表中的复选框建立关联关系，当单击复选框时，B8 单元格的内容在"已完成"与"未完成"之间切换，同时带动本表辅助列的内容随之改变。辅助列的位置及效果如图 18-5 所示。

	A	B	C	D	E	F	G	H	I	J	K
1	辅助列	序号	执行情况	合同编号	购货方	合同总额	发货金额	回款金额	欠款金额	开票金额	欠票金额
2		1	未完成	YSHT320001	中储吴淞	867,600.00	581,290.00	168,570.00	412,720.00	453,410.00	127,880.00
3		2	未完成	YSHT320002	国恒金店有限公司	9,735,600.00	6,230,780.00	3,987,700.00	2,243,080.00	1,557,700.00	4,673,080.00
4		3	未完成	YSHT320003	全胜曹安	8,138,100.00	7,161,530.00	1,790,380.00	5,371,150.00	3,437,530.00	3,724,000.00
5		4	未完成	YSHT320004	英力达有限公司	6,534,700.00	2,352,490.00	705,750.00	1,646,740.00	1,717,320.00	635,170.00
6	1	5	已完成	YSHT320005	中外运虹井	4,257,200.00	4,257,200.00	1,067,710.00	3,189,490.00	1,048,980.00	3,208,220.00
7	2	6	已完成	YSHT320006	中船重工广州	4,462,900.00	4,462,900.00	2,511,720.00	1,951,180.00	1,424,560.00	3,038,340.00
8	3	7	已完成	YSHT320007	盛达矿业有限公司	8,050,000.00	8,050,000.00	1,494,080.00	6,555,920.00	3,034,850.00	5,015,150.00
9		8	未完成	YSHT320008	东方丝绸有限公司	2,192,700.00	1,469,110.00	896,160.00	572,950.00	822,700.00	646,410.00
10		9	未完成	YSHT320009	大东湾旅游有限公司	9,252,900.00	3,978,750.00	1,631,290.00	2,347,460.00	1,671,080.00	2,307,670.00
11		10	未完成	YSHT320010	城市百货大楼有限公司	4,208,400.00	3,030,050.00	2,363,440.00	666,610.00	2,060,430.00	969,620.00

图 18-5

辅助列 A2 单元格中的公式如下：

=IF(C2= 完成进度图 !B$8,MAX(A$1:A1)+1,"")

公式解析： 该公式的主函数是 IF 函数，逻辑关系是当 C2、C3、C4 等单元格的内容（未完成/已完成）等于完成进度图表中 B8 单元格的值时，则返回本列中截止到当前行的上一行区域中最大的数值加 1，否则（不等于 B8 单元格的值）返回空值。MAX(A$1:A1) 是该公式的核心部分，MAX 函数返回引用区域的最大值，随着向下复制公式，可分别获得如下结果：MAX(A$1:A2)、MAX(A$1:A3)、MAX(A$1:A4)……。从公式的变化可以看出，该公式引用的区域是一个固定"头部"区域而放开"尾部"区域的变动区域，MAX(A$1:A1) 所在的单元格是 A2，MAX(A$1:A2) 所在的单元格是 A3，MAX(A$1:A3) 所在的单元格是 A4，公式的结果永远是从 A 列的第一行到当前行上一行的区域中的最大值。该公式在单元格中的变化如图 18-6 所示，公式结果如图 18-7 所示。

辅助列	序号	执行情况	合同编号
=IF(C2=完成进度图!B$8,MAX(A$1:A1)+1,"")	1	未完成	YSHT320001
=IF(C3=完成进度图!B$8,MAX(A$1:A2)+1,"")	2	未完成	YSHT320002
=IF(C4=完成进度图!B$8,MAX(A$1:A3)+1,"")	3	未完成	YSHT320003
=IF(C5=完成进度图!B$8,MAX(A$1:A4)+1,"")	4	未完成	YSHT320004
=IF(C6=完成进度图!B$8,MAX(A$1:A5)+1,"")	5	已完成	YSHT320005

图 18-6

辅助列	序号	执行情况	合同编号	购货方	合同总额
1	1	未完成	YSHT320001	中储吴淞	867,600.00
2	2	未完成	YSHT320002	国恒金店有限公司	9,735,600.00
3	3	未完成	YSHT320003	全胜春安	8,138,100.00
4	4	未完成	YSHT320004	英力达有限公司	6,534,700.00
	5	已完成	YSHT320005	中外运虹井	4,257,200.00

图 18-7

设置辅助列的目的是当选择完成进度图表中的复选框为【未完成】或【已完成】时，辅助列的序号只在对应内容的行次出现。例如，选择【未完成】时，执行情况为"未完成"记录的辅助列自动添加序号，如图 18-7 所示前四个合同的执行情况为"未完成"，对应辅助列中的序号分别是 1、2、3、4，而第五个合同的执行情况为"已完成"，则对应辅助列的内容为空。也就是所有执行情况为"未完成"的合同记录均在辅助列中添加数字序号，而所有执行情况为"已完成"的合同记录在辅助列中均为空值。此设置是为后续使用公式把这些标注序号的行次筛选出来做准备。

18.2.2 筛选满足条件的合同记录

本案例的数据筛选过渡表为筛选合同记录表。该表是新建的一张空白表。首先，在该表的第一行录入序号、执行情况、合同编号等信息，然后在 A2 单元格中设置一个公式，把在完成进度图表中通过复选框选择的"未完成"或"已完成"记录在本表中筛选出来，供后续的图表调用，如图 18-8 所示。

序号	执行情况	合同编号	购货方	合同总额	发货金额
=IFERROR(VLOOKUP(ROW(1:1),合同执行台账!$A$2:$K$100,COLUMN(B1),0),"")					

图 18-8

A2 单元格中的公式如下：

=IFERROR(VLOOKUP(ROW(1:1),合同执行台账!$A$2:$K$100, COLUMN(B1),0),"")

公式解析：本公式中 IFERROR 函数用来屏蔽错误值，当 VLOOKUP 函数出现错误值时，返回空值。

结合 VLOOKUP 函数的语法结构来看，在本公式中，VLOOKUP 函数的第一个参数"查找值"是"ROW(1:1)"。当将本公式向下复制时，ROW(1:1) 变为 ROW(2:2)、ROW(3:3)、ROW(4:4)……，对应的结果是 1、2、3、4……，即用 1、2、3、4……作为查找值。

第二个参数"查找区域"是"合同执行台账!$A$2:$K$100"，表示合同执行台账中 A～K 列的第 2～100 行的区域。

第三个参数"返回的列数"是"COLUMN(B1)"。COLUMN 函数的作用是返回引用地址的列数。COLUMN(B1) 的结果是 2，如果把引用地址改成 COLUMN(K1)，其结果是 11，即 K 列是第 11 列。COLUMN 函数返回的结果与列有关，与行无关，COLUMN(K1) 与 COLUMN(K2) 的结果都是 11。"返回的列数"可以直接用数字 1、2、3 等表示，之所以使用 COLUMN 函数是因为 VLOOKUP 函数返回的列与合同执行台账表中的列完全对应，因此当向右侧复制公式时，所返回的列数分别是 2、3、4 等，因此使用 COLUMN(B1) 函数省去了修改参数的工作，提高了编写公式的效率。

第四个参数"查找方式"是"0"，表示精确查找。

将 A2 单元格的公式分别向右、向下复制，获得的结果如图 18-9 所示。

序号	执行情况	合同编号	购货方	合同总额	发货金额	回款金额	欠款金额	开票金额	欠票金额
1	未完成	YSHT320001	中储吴淞	867,600.00	581,290.00	168,570.00	412,720.00	453,410.00	127,880.00
2	未完成	YSHT320002	国恒金店有限公司	9,735,600.00	6,230,780.00	3,987,700.00	2,243,080.00	1,557,700.00	4,673,080.00
3	未完成	YSHT320003	全胜曹安	8,138,100.00	7,161,530.00	1,790,380.00	5,371,150.00	3,437,530.00	3,724,000.00
4	未完成	YSHT320004	英力达有限公司	6,534,700.00	2,352,490.00	705,750.00	1,646,740.00	1,717,320.00	635,170.00
8	未完成	YSHT320008	东方丝绸有限公司	2,192,700.00	1,469,110.00	896,160.00	572,950.00	822,700.00	646,410.00
9	未完成	YSHT320009	大东湾旅游有限公司	9,252,900.00	3,978,750.00	1,631,290.00	2,347,460.00	1,671,080.00	2,307,670.00
10	未完成	YSHT320010	城市百货大楼有限公司	4,208,400.00	3,030,050.00	2,363,440.00	666,610.00	2,060,430.00	969,620.00
12	未完成	YSHT320012	新湖期货	2,894,500.00	1,099,910.00	472,960.00	626,950.00	747,940.00	351,970.00
15	未完成	YSHT320015	金马旅游有限公司	386,400.00	189,340.00	160,940.00	28,400.00	60,590.00	128,750.00
16	未完成	YSHT320016	长通通信有限公司	4,030,600.00	2,740,810.00	2,247,460.00	493,350.00	959,280.00	1,781,530.00
18	未完成	YSHT320018	上海辽药	1,870,300.00	654,610.00	484,410.00	170,200.00	176,740.00	477,870.00
19	未完成	YSHT320019	上海五锐国际贸易	958,600.00	469,710.00	140,910.00	328,800.00	244,250.00	225,460.00
20	未完成	YSHT320020	上海尚铭	3,202,600.00	1,473,200.00	1,222,760.00	250,440.00	987,040.00	486,160.00
21	未完成	YSHT320021	渤海模板租赁有限公司	1,561,300.00	312,260.00	146,760.00	165,500.00	159,250.00	153,010.00
32	未完成	YSHT320032	上港苏州库	877,600.00	789,840.00	584,480.00	205,360.00	458,110.00	331,730.00

图 18-9

18.2.3 绘制图表前的数据准备

完成进度图表由 3 部分组成，第一部分是数据表格，用来调取每一笔合同数据；第二部分是控件组，包括数值调节钮控件和复选框控件；第三部分是图表区，包括两个图，一个是条形图，用于展现合同数据；另一个是柱形图，用于反映通过复选框选择的"未完成"和"已完成"合同的总数，以及当前显示的合同在合同总数中的位置，便于读者对已经显示和未显示的合同数一目了然。具体效果如图 18-10 所示。

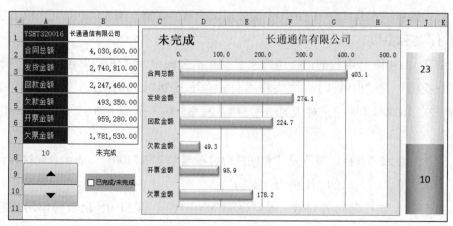

图 18-10

1. 编制绘图数据表

手工编制一张数据表，并填写基础内容，如图 18-11 中的灰色区域所示。

2. 插入数值调节钮控件

（1）单击【开发工具】选项卡中的【插入】下拉按钮，在弹出的下拉列表中选择【表单控件】组中的【数值调节钮（窗体控件）】，在表格区域中按住鼠标左键的同时拖曳鼠标指针，即可插入数值调节钮控件，如图 18-12 所示。

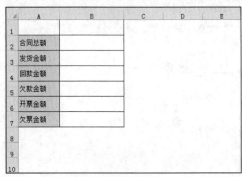

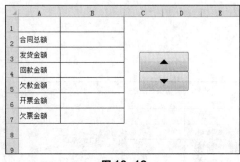

图 18-11　　　　　　　　　　　　　图 18-12

（2）把鼠标指针悬停在数值调节钮控件上并单击鼠标右键，在弹出的快捷菜单中选择【设置控件格式】命令，在弹出的【设置控件格式】对话框中设置各项参数。例如，设置【当前值】为 1，【最小值】为 1，【最大值】为 100，【步长】为 1，【单元格链接】为 A8 单元格，如图 18-13 所示。设置完成后单击【确定】按钮。

（3）单击数值调节钮控件，可以调整 A8 单元格的值在 1 至 100 之间切换，如图 18-14 所示，为后面编辑调用数据的公式做准备。

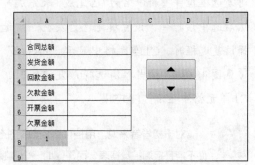

图 18-13　　　　　　　　　　　　　图 18-14

3. 插入复选框控件

（1）单击【开发工具】选项卡组中的【插入】下拉按钮，在弹出的下拉列表中选择【表单控件】组中的【复选框（窗体控件）】，然后在表格区域中插入该控件，如图 18-15 所示。

>
> 在绘图过程中，可以根据需要，通过拖曳的方式调整控件的位置和大小。

（2）把鼠标指针悬停在复选框控件上并单击鼠标右键，在弹出的快捷菜单中选择【设置控件格式】命令，在弹出的【设置控件格式】对话框中设置参数。例如，选择【已选择】单选按钮，设置【单元格链接】为 C1 单元格，如图 18-16 所示。设置完成后单击【确定】按钮。

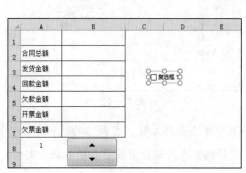

图 18-15

图 18-16

该复选框用于调控 C1 单元格的值在逻辑值"TRUE"和"FALSE"之间切换，为后续使用两个逻辑值调控公式做准备。

（3）用鼠标右键单击复选框控件，在弹出的快捷菜单中选择【编辑文字】命令，对复选框控件重新命名为"已完成/未完成"。然后选中该控件，设置填充色为灰色。当选择该复选框时，C1 单元格中显示"TRUE"（见图 18-17）；当取消选择该复选框时，C1 单元格中显示"FALSE"。

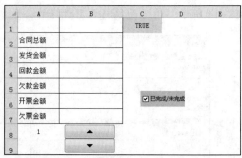

图 18-17

>
> 对于初学者来说，用控件调控数据往往会有一些困惑，困惑的点在于为什么所有的控件不能直接调控数据表，而需借助一个过渡型单元格间接地控制数据。究其原因是每个用户的需求不同，以复选框为例，有人需要用复选框调控单元格的内容在"白班"与"夜班"之间切换，还有人需要在"上岗"与"离岗"之间切换，有人则需要在"线下"与"线上"之间切换，作为软件开发者不可能把这些内容都包含进去，因此只能提供两个固定的逻辑值"TRUE"和"FALSE"供使用者再度编辑，把逻辑值转换成个性需要的值。

4. 编写公式调用数据

（1）编写A1单元格中的公式，如图18-18所示。

=OFFSET(筛选合同记录!C1,A8,)

公式解析：该公式的作用是返回筛选合同记录表中，从C1单元格开始、向下移动A8单元格中数值的行数而获得的一个合同编号。例如，当使用数值调节钮控件调整A8单元格中的数值为1时，该公式的结果是筛选合同记录表中，C1单元格向下移动1行，即C2单元格中的内容；如果A8单元格中的数值为5，该公式的结果是C1单元格向下移动5行，即C6单元格中的内容。

（2）编写B1:B7单元格区域中的公式：

=VLOOKUP($A$1,筛选合同记录!$C$2:$J$100,ROW(2:2),0)

公式解析：该公式中，VLOOKUP函数的作用是利用A1单元格中的合同编号在"筛选合同记录!$C$2:$J$100"区域的第一列中进行查找，找到相同的合同编号后返回该区域的第二列，ROW(2:2)的结果是2。当向下复制该公式时，ROW(2:2)自动变为ROW(3:3)、ROW(4:4)、ROW(5:5)等，对应返回的列数分别是3、4、5等。该公式除了获取需要的合同总额、发货金额、回款金额等数据的功能之外，还具备转置的功能。数据源中的合同编号、合同总额等字段是以行的形式排列的，通过该公式的调用、转换后，这些字段将以列的形式排列。输入公式后的效果如图18-19所示。

图18-18

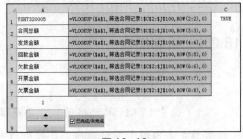

图18-19

5. 编写图表标题公式和柱形图数据公式

（1）在B8单元格中编写一个公式，作用是当复选框处于选中状态时，B8单元格中显示"已完成"；当复选框处于非选中状态时，B8单元格中显示"未完成"。设置B8单元格的目的是为图表标题提供一个动态的名称。

B8单元格中的公式如下：

=IF(C1=TRUE," 已完成 "," 未完成 ")

当被复选框调控的C1单元格中的数值等于"TRUE"时，该公式返回"已完成"，否则返回"未完成"。

（2）除了绘制一张每笔合同数据的条形图外，还需要绘制一张柱形图，用来反映"已完成"和"未完成"两种状态下的合同总数和当前合同的位置数。为此需要提前做好数据准备，在L1和M1单元格中分别计算出总合同数和当前合同的位置数。

① 编写L1单元格中的公式：

=COUNT(筛选合同记录 !A:A)

该公式的作用是计算筛选合同记录表中有多少条记录。

② 编写M1单元格中的公式：

=A8

该公式的作用是显示当前合同记录数，同时A8单元格也是引导A1单元格中的合同编号向下偏移的参数。

编辑好上述公式后的效果如图18-20所示。

图 18-20

至此绘图前的准备工作全部结束，下面开始进入绘图环节。

18.2.4 绘制图表

1．绘制查询进度图

（1）选中L1:M1单元格区域，再选择【插入】选项卡，在【图表】组中单击【插入柱形图或条形图】下拉按钮，在弹出的下拉列表中单击【二维柱形图】组中的【簇状柱形图】，在表格中插入柱形图，插入后的效果如图18-21所示。

（2）选中图表区，在【图表工具】|【设计】选项卡的【数据】组中单击【切换行/列】按钮，将一个系列中的两个数据转换成两个系列各一个数据，切换后的效果如图18-22所示。

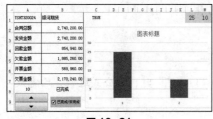

图 18-21

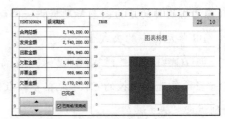

图 18-22

技术看板

关于切换行列的操作对于初学者来说不容易理解，因为在执行切换操作的前后图形几乎没有变化，只是两根柱子的颜色发生了改变，其大小关系、位置关系都没有变化，但是图形所表达的含义发生了巨大改变。切换前两根柱子代表同一系列的两个数值，如电费数据中的1月、2月的电费；切换后变成了两个系列的数值，如一车间和二车间某月的电费。如果这样解释还不能理解，你可以在一张空白表中编辑一个2行、4列的表格，填写的数据大小最好相近，比如都在20至60之间，然后选中这个数据区，插入一个柱形图，选中柱形图后反复单击【切换行/列】按钮，观察图形的变化，你会发现切换前后这8个数据表达的含义是不一样的，前者是两个系列的数据中各有4个数据项，后者是4个系列的数据中各有2个数据项。

（3）选中图表区并单击鼠标右键，在弹出的快捷菜单中选择【设置数据系列格式】命令，在弹出的【设置数据系列格式】任务窗格中设置【分类间距】为0。如果找不到【分类间距】选项，请重新单击选择柱形图。设置完分类间距后，柱形图将充满整个图表区。之后选取图中较短的一根柱子并单击鼠标右键，在弹出的【设置数据系列格式】任务窗格中选择【次坐标轴】单选按钮，如图18-23所示。

图 18-23

（4）设置完次坐标轴后，在图表区的两侧各有一个纵向坐标轴，左侧的为较长的柱子标记坐标，右侧的为较短的柱子标记坐标，系统默认坐标值的大小为自动状态，坐标随着数据大小的改变而改变。为了让两根柱子具备可比性，需要将其设置为固定坐标值。

① 选中其中一个纵向坐标轴，在【设置数据系列格式】任务窗格中设置坐标轴边界值，其中【最小值】设置为0，【最大值】设置为30，同时选择【逆序刻度值】复选框，如图18-24所示。

② 按照同样的方法和参数值，设置另一个纵向坐标轴的边界值。设置后的柱形图效果如图18-25所示。

图 18-24

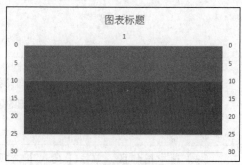

图 18-25

（5）删除左、右两侧的纵向坐标轴，再删除图表标题和系列名称"1"。调整图表区的长宽比，使其上下方向长、左右方向窄，呈细长形状。选中重叠后的柱形图，设置其上半部分为深色，下半部分为浅色。设置后的效果如图18-26所示。

也可以将柱形图设置成渐变色，这样更有立体感。图18-27所示为设置了渐变色且添加了数据标签的效果。

 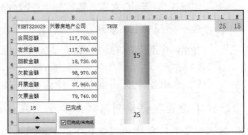

图 18-26　　　　　　　　　　　图 18-27

2．绘制条形图

（1）选中 A2:B7 单元格区域，单击【插入】选项卡，在【图表】组中单击【插入柱形图或条形图】下拉按钮，在弹出的下拉列表中单击【二维条形图】组中的【簇状条形图】按钮，在表格区插入条形图，效果如图18-28所示。

（2）选中纵向坐标轴，单击鼠标右键，在弹出的快捷菜单中选择【设置坐标轴格式】命令，在弹出的【设置坐标轴格式】任务窗格中选择【逆序类别】复选框，将图标区中的纵向坐标轴标签顺序逆转，由原来的从下而上变成由上而下。设置过程及设置效果如图18-29所示。

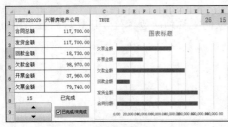 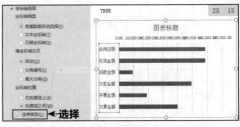

图 18-28　　　　　　　　　　　图 18-29

> **提示**
> 在绘制查询进度图的第4步中，也有个类似的操作设置，即逆序刻度值设置（见图18-24），两个操作的目的相同，都是将坐标值的顺序逆转，之所以选项的名称不同，是因为前者的坐标值是数值，后者的坐标值是文本。

（3）选中图标区，单击【插入】选项卡，在【插图】组的【形状】下拉列表中选择【矩形】组中的【矩形】选项，然后在图表区的左上方绘制一个矩形。矩形中显示的内容与 A8 单元格关联，当 A8 单元格的内容改变时，矩形中显示的内容也随之改变。关联方法：先选中矩形，在编辑栏中单击，定位光标后按下键盘上的等号键，再用鼠标单击 A8 单元格，然后按【Enter】键完成关联操作。A8 单元格中的内容与复选框有关联关系，当选择复选框时，A8 单元格中显示"已完成"；当取消复选框的选择时，A8 单元格中显示"未完成"，进而连带着图表区内矩形框中显示的内容也随之改变。插入矩形并关联 A8 单元格后的效果如图 18-30 所示。

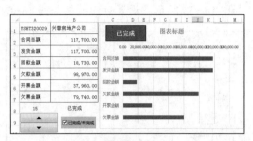

图 18-30

（4）设置好矩形的关联关系后，再把矩形的背景色设置成无色，字体颜色设置成黑色，矩形的边框设置成无轮廓。

3．关联图表标题

选中图表标题，在编辑栏中单击，定位光标后按下键盘中的等号键，再用鼠标单击 B1 单元格，然后按【Enter】键完成关联操作。

B1 单元格中的内容是利用 A1 单元格中的合同编号查找到的单位名称，A1 单元格中的合同编号与数值调节钮控件相关联，当单击数值调节钮控件时，带动 A1 单元格中的内容变动，同时 B1 单元格中的内容也随之改变，进而将 B1 单元格的内容显示在图表标题上，形成三级联动。

至此，在图表中有两个图表标题，一个显示当前合同的"已完成"或"未完成"属性，另一个显示当前合同的单位名称。设置后的效果如图 18-31 所示。

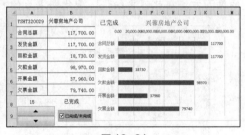

图 18-31

4．添加数据标签，设置数据标签和坐标轴数值的万元格式

在柱形图上添加数据标签，显示每根柱子对应的数据。具体的操作方法如下。

（1）选中柱形图，单击鼠标右键，在弹出的快捷菜单中选择【添加数据标签】命令。

（2）鉴于本案例数据的数量级在几万至几十万之间，数据标签和横向坐标轴的坐标值在图中占据的面积太大，不够美观，因此需要将其设置成万元格式。选中数据标签，单击鼠标右键，在弹出的快捷菜单中选择【设置数据标签格式】命令，在弹出的【设置数据标签格式】任务窗格中找到【数字】组，在【格式代码】文本框中输入【0"."#,】，单击【添加】按钮完成设置，如图 18-32 所示。

（3）设置坐标值的万元格式。选中横向坐标轴，单击鼠标右键，在弹出的快捷菜单中选择【设置坐标轴格式】命令，在弹出的【设置坐标轴格式】任务窗格中找到

【数字】组，在【格式代码】文本框中输入【0"."#,】，单击【添加】按钮完成设置，如图18-33所示。设置后的效果如图18-34所示。

图 18-32

图 18-33

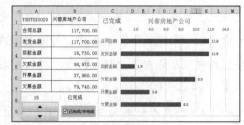
图 18-34

5．美化图表区

美化图表有两种方式，一种方式是选择系统提供的模板实现快速美化。系统提供的模板需要在选中图表后才能看到。选中图表后，在功能区中会显示【图表工具】的【设计】选项卡，在【设计】选项卡的【图表样式】组中有多种成品样式，用户根据自己的喜好选择即可。另一种方式是分别对图表区的背景色、柱形图样式和颜色等进行设置，具体的设置方法在此不再细说。美化图表后的效果如图18-35所示。

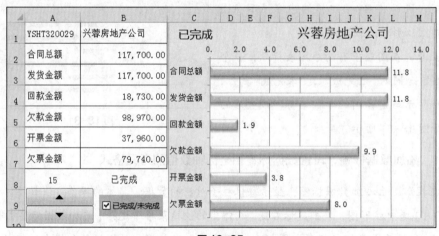
图 18-35

18.3 应用场景拓展

收入与回款对比图表分析法不仅能够应用在订单合同场景中，还能应用在其他场景中。下面通过简单介绍几个应用场景，加深读者对此分析方法的理解。

18.3.1 工程施工行业的项目进度管理分析

施工企业在合同签订后进场施工，随着工程进度的推进，各个环节的数据开始逐步生产出来，包括截止到当前的合同签订额、工程产值完成额、回款金额、开票金额等，一个环节的数据代表一个进度状态，每个环节都有其特殊性和必要性。例如，通过完工进度数据，可以对工程的完成情况一目了然；通过回款金额数据，既可以参照合同总额，了解公司已回款和未回款的对比情况；又可以参照完工进度，了解完工进度下的回款比例。用一张图表可以把工程项目的各项数据的进展情况淋漓尽致地展现出来，如图18-36所示。

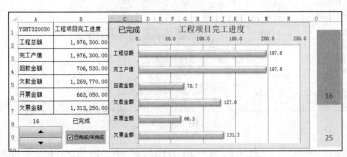

图 18-36

18.3.2 预算完成情况分析

预算执行结果不仅在执行期结束后需要关注和考核，在预算执行期间也必须给予足够的关注和必要的考核，否则执行结束形成事实无法改变。因此，设计一个预算完成情况进度图表，以月度或季度为单位，以便及时了解各个预算项目的实时进展情况，及时调整工作方法、督促和监督执行部门的工作，促使项目预算完成情况向着理想的方向发展。预算完成情况进度图表的效果如图18-37所示。

图 18-37

18.3.3 订单执行情况分析

订单执行情况统计图表适用于生产车间的生产进度控制，以订单中的生产或加工数量作为一个考察整体，把累计排产数量、完工入库数量、已发货数量作为配套指标，实现全过程的进度控制。排产数量相对于订单总量是已经进入生产过程的重要指标，责任部门是生产调度部，考验的是调度部门的排产能力。完工入库数量和发货数量是两个不同阶段的考核指标，完工入库数量是生产车间加工效率的体现，是订单完成的保障；发货数量是检验发货速度和效率的指标，是订单完成的最后一段关卡。每个环节的指标都有其特有的含义，通过一张图表将其全部展现出来，便于管理者纵观全局。订单执行情况统计图表如图 18-38 所示。

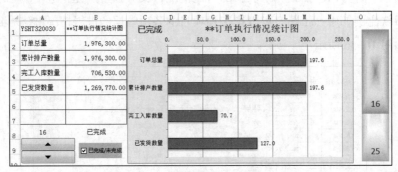

图 18-38

有些订单的品种单一，采用数量分析法比较适合；而有些订单的品种较多、数量大小不一，采用订单金额或合同金额作为分析的依据更适合。用订单金额作为整体指标，考察发货进度、回款进度、开票进度等一系列分步指标，分析结果体现出来的是对资金层面的关注效果。无论是回款指标，还是开票指标，都直接影响企业未来的资金流入。

不同的分析角度针对不同的问题。例如，如果签订一个大额订单，则应启动生产量完成进度分析体系；如果企业资金状况捉襟见肘，则应启动回款进度分析体系；如果是建筑行业，则应把每项工程纳入到工程项目进度分析体系中。从全局的视野思考问题，从全局的视野收集数据并整理输出，你便不再是一个普通的会计，而是一个有价值的管理者，一个名副其实的管理会计。

第 19 章
收入与回款汇总图表分析法

在使用 Excel 表格存储数据或整理数据的工作中,经常会遇到多个表格作为数据源(以下简称多表数据源)的情况,如这些表中,有的是以月份为表名的记录表,有的是以产品为表名的统计表,有的是以项目为表名的进度表,有的是以人员姓名为表名的业务量统计表,其共同点是格式相同、用法相同,相互间的关系是平行的。对于这样的一组数据表一般有两种需求,一种是汇总类需求,根据不同的需求设计不同口径的汇总,有简单的统计汇总,也有智能灵活的切换汇总;另一种是查询需求,根据提供的项目名称、客户名称等信息把符合条件的记录筛选出来。单张表的汇总和查询,相对简单,可以采用系统自带的分类汇总或筛选等功能实现,而对于多表的汇总和查询,除了实现过程比较复杂外,还能产生更多的变化。本章提供了一个汇总图表分析法,在分项汇总的同时,可将所有表中满足条件的记录填充颜色,使分散的多表数据源形成一个整体。

19.1 案例背景

某公司销售部每月需填制一张发货和收款的记录表,年中或岁末还需要编制一张半年或全年的统计表。现该公司希望将全部数据整合在一张统计表中,便于查询发货和收款情况,并能结合图表直观地展现每个客户的实际情况。

1. 数据准备的规则

在日常工作中,经常会把不同月份、不同公司、不同项目的数据分别存放在不同的工作表中。在多表数据源的情况下,工作表的格式必须相同,在相同的列存放相同的内容,并且字段内容必须一致。具体到本案例,每张表中有 4 列数据,每列的字段内容及前后顺序分别是序号、客户名称、销售发货、收款金额,如图 19-1 所示。同时,工作表名称要保持相同的命名规则,并且确保名称中不能含有空格等多余的字符,否则在后期汇总时会出现错误。

序号	客户名称	销售发货	收款金额
1	山东胜利股份有限公司		10,229.00
2	许继电气股份有限公司	75,386.00	
3	江苏吴江丝绸市场股份有限公司	51,678.60	
4	金融街控股股份有限公司	64,738.90	
5	沈阳机床股份有限公司	59,950.00	
6	许继电气股份有限公司		28,762.00
7	泰复实业股份有限公司		20,189.00
8	许继电气股份有限公司	71,516.70	

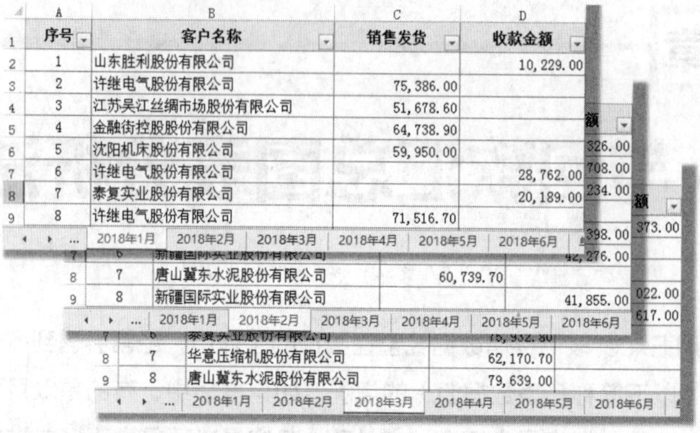

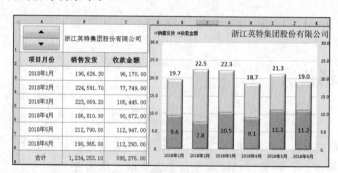

图 19-1

2. 汇总功能介绍

本案例的数据源是一个记录发货和收款的数据统计表，每张表中记录了客户在一个月内的所有发货和收款记录，在汇总表中设计一个公式，把各月份中相同客户的数据以分月的方式汇总，如图 19-2 中的 A3:C8 单元格区域。通过控件选择不同的客户，汇总该客户在所有表中的发货和收款数据，并以温度计图的方式展示出来。作为一个动态的汇总图表，把半年或全年的数据整合在一起，让分散在不同表中的数据汇总在一张表中，这是一个不可多得的分析利器，可应用在各种销售业务例会、销售业绩考评会、经营分析例会等场景中。

项目月份	销售发货	收款金额
2018年1月	196,626.30	96,170.00
2018年2月	224,591.70	77,749.00
2018年3月	223,069.20	105,445.00
2018年4月	186,810.90	90,672.00
2018年5月	212,790.00	112,947.00
2018年6月	190,365.00	112,293.00
合计	1,234,253.10	595,276.00

图 19-2

3. 各月数据表功能介绍

在汇总表中，通过控件选择客户名称后，获得的是一个指定客户的数据汇总表。在实际应用中会经常遇到这样的问题：在选中某客户后，发现个别月份的汇总数据出现异常，需要查看汇总数据对应的明细记录。针对这个问题，在每个月份的明细记录表中设计了条件格式功能，方便查看明细记录，如图 19-3 所示。在图 19-2 中，若选择“浙江英特集团股份有限公司”客户，在图 19-3 中的“2018 年 1 月”明细表中，将用“反白”的方式标记出对应的客户名称，便于核对具体的数据记录。

序号	客户名称	销售发货	收款金额
1	山东胜利股份有限公司		10,229.00
2	浙江英特集团股份有限公司		42,049.00
3	山东胜利股份有限公司		45,191.00
4	泰复实业股份有限公司		20,061.00
5	新疆国际实业股份有限公司	75,009.10	
6	山东胜利股份有限公司		21,801.00
7	金融街控股股份有限公司		22,292.00
8	浙江英特集团股份有限公司	71,552.10	
9	唐山冀东水泥股份有限公司		11,734.00
10	潍柴动力股份有限公司		16,482.00
11	华意压缩机股份有限公司		10,694.00
12	浙江英特集团股份有限公司	59,285.50	
13	泰复实业股份有限公司	77,721.60	
14	唐山冀东水泥股份有限公司	67,942.10	
15	金融街控股股份有限公司	63,541.40	

2018年1月 2018年2月 2018年3月 2018年4月 2018年5月

图 19-3

19.2 汇总数据表及数据图的制作

制作流程主要体现在汇总表中，大致可分为插入控件、编制数据表公式和绘制图表 3 步。控件除了调控汇总数据外，还为图表标题提供切换客户名称的依据。为了让分月明细表中显示选中的客户名称，还需要对每个月的明细表编制条件格式。

19.2.1 数据表存储结构设计和数据规范化处理

本案例中有一张汇总表和多张分月明细表。分月明细表存储的是给客户发货和收款的记录，发货次数和收款次数不确定，客户名称出现的次数和是否出现均没有规律，如有的客户每月都出现，有的客户仅在个别月份出现，因此，需要获得一份完整的、不重复的客户名单，用于后期汇总使用。

获取不重复客户名单的操作是数据汇总的必要动作。原因是大多数使用者对于客户名称规范书写的必要性认识不足，一个客户的名称可能有几种简写方式，比如对于“中国建筑第三工程局有限公司”，有的写成“中国建筑第三工程局”，有的写成“中建三局”，还有的写成“中建第三工程局”，等等。虽然客户名称书写的方式不同，但指向的其实是同一个客户。这些形式各异的客户名称分布在不同月份的明细表中会严重影响数据的汇总，因此，在编制汇总表前，必须对所有明细表中的客户名称做一次梳理，最终获取一组名称统一且不重复的客户名单。具体的获取方法如下。

（1）把所有月份明细表中的客户名称复制，然后粘贴到一个新建的工作表的 A 列中。

注意

粘贴时从上往下依次排列。

（2）选择 A 列中的任意一个单元格，切换到【数据】选项卡，单击【数据工具】组中的【删除重复项】按钮，如图 19-4 所示，系统会自动将重复内容清除，保留不重复的客户名称。

（3）剔除重复的客户名称后，还需要检查保留下来的客户名称中有没有相似的。如果有相似的名称，需要将其统一修改成一致的名称，并且在月份明细表中找到对应的名称一并进行修改。

（4）把得到的无重复的客户名单存放在一个单独的工作表中，然后将工作表名称修改为"单位名称库"，为汇总表中切换客户名称提供数据支持。单位名称库的内容及位置如图 19-5 所示。

图 19-4

图 19-5

19.2.2 汇总表格式设计与插入控件

本节的主要任务是设计汇总表的格式并插入需要的控件。

（1）设计汇总表格式。新建一张工作表并命名为"2018 年汇总表"，按照图 19-6 所示绘制表格并填写字段名称等内容。

在录入 A3:A8 单元格区域中的月份时，需要特别注意录入日期的格式。在录入之前务必先设置单元格格式为文本，录入的内容为"2018 年 1 月"。如果不事先设置单元格文本格式，录入"2018 年 1 月"后系统会自动把录入的内容变成"2018/1/1"，虽然单元格中也显示"2018 年 1 月"，但是在系统中存储的不是文本值"2018 年 1 月"，而是日期值"2018/1/1"。错误的录入效果展示如图 19-7 所示，A3 单元格中显示的是"2018 年 1 月"，在编辑栏内显示的却是"2018/1/1"。

图 19-6

图 19-7

正确的录入效果如图 19-8 所示，A3 单元格中显示的是"2018 年 1 月"，在编辑栏内显示的也是"2018 年 1 月"。日期格式不匹配会导致后续的计算出现错误。因此，在单元格的格式问题上需要特别注意，经常会出现在系统中存储的内容与单元格显示的内容不相符的现象，出现这个现象可能是人为设计的，也可能是系统自动转化的。

在跨表取数时，凡是遇到工作表名称看似是日期的，并且需要使用INDIRECT函数编辑工作表名的，一定要确保单元格中的内容与工作表名称完全相符，否则会报错。工作表无论如何命名，都只能视同是文本，而不能当作日期对待，形似日期的工作表名如图19-9所示。

图19-8

图19-9

（2）插入数值调节钮控件。

① 单击主菜单中的【开发工具】选项卡，在【控件】组中单击【插入】下拉按钮，在弹出的列表中单击【数值调节钮（窗体控件）】按钮，在表格区中插入该控件。

② 用鼠标右键单击新插入的数值调节钮控件，在弹出的快捷菜单中选择【设置控件格式】命令，弹出【设置控件格式】对话框，选择其中的【控制】选项卡，系统默认【当前值】和【最小值】均为1，不用修改。将【最大值】修改为12，依据是在客户名称库中有12个不重复的客户名称。单击【单元格链接】右侧的折叠按钮，选择D1单元格，其作用是用数值调节钮控件控制D1单元格的值在1至12之间变化。单击【确定】按钮完成设置，如图19-10所示。

（3）单击数值调节钮控件的上箭头或下箭头按钮，观察D1单元格的值的变化，如图19-11所示。

图19-10

图19-11

19.2.3　编辑数据汇总公式

（1）编辑 B1 单元格中的客户名称公式，如图 19-12 所示。

=OFFSET(单位名称库 !A1,D1,)

公式解析：以单位名称库中的 A1 单元格为定位点，向下的偏移量取自 D1 单元格中的数字。当数值调节钮控件带动 D1 单元格中的值改变时，公式也随之改变，改变的规则是当 D1 单元格的值等于 1 时，OFFSET(单位名称库 !A1,D1,) 的结果是单位名称库中 A1 单元格向下移动一行，即 A2 单元格的内容；当 D1 单元格的值等于 2 时，OFFSET(单位名称库 !A1,D1,) 的结果是单位名称库中 A1 单元格向下移动两行，即 A3 单元格的内容，以此类推。简单地说，该公式的作用就是从单位名称库中逐个调取客户名称。

图 19-12

图 19-13

（2）编辑 B3:C8 单元格区域中的公式。

① 在 B3 单元格中输入如下公式，如图 19-13 所示。

=SUMPRODUCT((INDIRECT(""&$A3&"!B2:B500")=$B$1)*INDIRECT(""&$A3&"!C2:C500"))

② 复制 B3 单元格中的公式至 B4 单元格，此时，B4 单元格中的公式如下：

=SUMPRODUCT((INDIRECT(""&$A3&"!B2:B500")=$B$1)*INDIRECT(""&$A3&"!D2:D500"))

上述两个公式的区别在于最后的引用区域，一个是"C2:C500"，用于引用销售发货数据；另一个是"D2:D500"，用于引用收款金额数据。

公式解析：该公式引用的数据列可理解为 SUMPRODUCT((明细表 B 列 = 指定客户名称)* 明细表 C 列)，该公式计算的结果为"2018 年 1 月"明细表的 B 列中等于指定客户名称的记录，对应的"2018 年 1 月"明细表的 C 列中的数据之和。该公式需要借助汇总表 A3 单元格中的日期作为跨表引用地址中的工作表名称。凡是一个地址中的部分内容，如工作表名称，均需要由单元格提供，并且都需要编辑地址。编辑地址必须借助 INDIRECT 函数。

如果不用 A3 单元格提供工作表名称，而是直接编写一个跨表求和的公式，则公式应为"=SUMPRODUCT(('2018 年 1 月 '!B2:B500=$B$1)*'2018 年 1 月 '!C2:C500)"，该公式的作用是求"2018 年 1 月"明细表的 B2:B500 单元格区域中等于 B1 单元格的记录，对应“2018 年 1 月”明细表的 C2:C500 单元格区域中的数据之和。由于本公式是在汇总表中，因此公式里的“$B$1”指的是汇总表中的 B1 单元格，即选中的客户名称。

公式 SUMPRODUCT(('2018 年 1 月 '!B2:B500=$B$1)*'2018 年 1 月 '!C2:C500) 的作用是分类求和，求出的结果是“2018 年 1 月”明细表的分类合计数，而在汇总表的 B3、B4、B5 等单元格中需要计算的分类合计则分别对应“2018 年 1 月”明细表、“2018 年 2 月”明细表和“2018 年 3 月”明细表等，因此需要修改公式，使得在向下复制公式时能够自动调用不同的工作表数据，让地址“'2018 年 1 月 '!B2:B500”中的“2018 年 1 月”随着向下复制公式，分别获得 A 列中工作表名称对应的数据，采用的方法是引入 INDIRECT 函数，修改后的地址公式为 INDIRECT("'"&$A3&"'!B2:B500")。

将公式 INDIRECT("'"&$A3&"'!B2:B500") 中的参数以 & 符号为界分割为三部分就好理解了。对照原地址“'2018 年 1 月 '!B2:B500”，第一部分（"'"）对应原地址中的左起第一个单引号；第二部分（$A3）对应原地址中“2018 年 1 月”，这是使用 INDIRECT 函数的关键，原地址中的工作表名称由 A3 单元格提供；第三部分（"'!B2:B500"）对应原地址中的最后一部分，感叹号表示跨表地址中的工作表名称与单元格名称之间的分界符号。将三部分连在一起的含义是引用“2018 年 1 月”明细表中的 B2:B500 单元格区域。

关于公式中的单引号问题参见图 19-14。在图 19-14 中，A2 单元格和 A3 单元格都是跨表引用，而两个地址的内容有差异，A2 中的地址在工作表名称处没有单引号，而 A3 中的地址在工作表名称前后添加了一对单引号，原因是工作表名称的构成在起作用，以数字开头的工作表名在跨表引用时系统会自动添加上单引号。

综上所述，本案例中的公式是对由单元格提供工作表名称的跨表分类求和，其中包含两个关键点，一个是跨表的分类求和，由 SUMPRODUCT 函数负责；另一个是由单元格提供工作表名称，实现公式复制时自动切换不同工作表数据，由 INDIRECT 函数负责。复制公式获得汇总数据后的效果如果图 19-15 所示。

	A	B	C
1	跨表引用结果	跨表引用公式	
2	0	=Sheet2!B2	
3	0	=' 201802' !B2	
4			
5			

Sheet1 | Sheet2 | 201802

图 19-14

	A	B	C	D
1	客户名称	浙江英特集团股份有限公司		1
2	项目月份	销售发货	收款金额	
3	2018年1月	196, 626. 30	96, 170. 00	
4	2018年2月	224, 591. 70	77, 749. 00	
5	2018年3月	223, 069. 20	105, 445. 00	
6	2018年4月	186, 810. 90	90, 672. 00	
7	2018年5月	212, 790. 00	112, 947. 00	
8	2018年6月	190, 365. 00	112, 293. 00	
9	合计	1, 234, 253. 10	595, 276. 00	

图 19-15

19.2.4 设置明细表条件格式

编写完数据汇总公式后还要进行两个设置，一个是设置各个月份明细表的条件格式，当在汇总表中选定某个客户后，在明细表中把与之相同的客户记录所在的单元格填充背景色，便于查看；另一个是设置图表。两个设置不分先后，下面我们先来讲解条件格式的设置方法。

（1）在"2018年1月"明细表的E1单元格中引用"2018年汇总表"的B1单元格中的值。方法：在"2018年1月"明细表的E1单元格中输入等号，用鼠标选择"2018年汇总表"中的B1单元格，按【Enter】键确认。获得的公式为"='2018年汇总表'!B1"，如图19-16所示。"2018年2月""2018年3月"等明细表均按照上述方法操作，设置后的效果是当"2018年汇总表"中的B1单元格随着单击数值调节钮控件在不同客户名称之间切换时，所有明细表中的E1单元格同步改变且内容相同。

（2）选中"2018年1月"明细表中的B2:B100单元格区域，即该表中所有记录的B列范围，切换到【开始】选项卡，在【样式】组中单击【条件格式】按钮，选择【管理规则】命令，在弹出的【条件格式规则管理器】对话框中单击左上角的【新建规则】按钮，如图19-17所示。

图 19-16

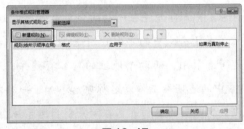

图 19-17

（3）弹出【新建格式规则】对话框，在【选择规则类型】列表框中选择【只为包含以下内容的单元格设置格式】选项，在【编辑规则说明】组中选择【单元格值】和【等于】选项，然后单击右侧的折叠按钮，用鼠标选择E1单元格，或者直接手工输入【=$E$1】，如图19-18所示。

（4）设置满足条件后的背景色和字体颜色。单击图19-18中的【格式】按钮，弹出【设置单元格格式】对话框，在【填充】选项卡中选择一款深灰色作为背景色，如图19-19所示；切换到【字体】选项卡，选择字体颜色为白色，如图19-20所示，设置完成后单击对话框中的【确定】按钮。

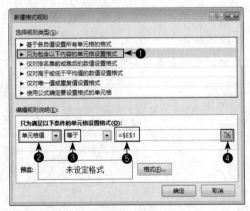

图 19-18

图 19-19

图 19-20

（5）返回【新建格式规则】对话框后，无须任何设置，继续单击【确定】按钮返回【条件格式规则管理器】对话框，在【格式】区域能够预览黑色背景、白色字体的设置效果，如图 19-21 所示。单击该对话框中的【确定】按钮，完成全部设置。设置后的效果如图 19-22 所示。

图 19-21

图 19-22

19.2.5 使用汇总数据编制图表

设置完条件格式后，返回 2018 年汇总表，开始编制图表的操作。

（1）选中 A2:C8 单元格区域，在【插入】选项卡的【图表】组中单击【插入柱形图或条形图】→【簇状柱形图】按钮，在合适的位置插入簇状柱形图，如图 19-23 所示。

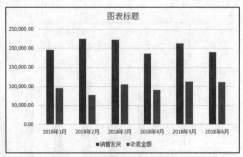

图 19-23

如果仅选中 B3:C8 单元格区域作为图表的数据源，则图表中的横坐标轴不是月份，而是一组自然数 1、2、3 等，同时图例显示的是系列 1、系列 2、系列 3 等，而不是图中的销售发货和收款金额，因此，在选择数据源插入图表环节，可以分别选中 A2:C8 和

B3:C8单元格区域，生成两张图表，观察两张图表的区别，便于读者理解系统如何自动添加坐标值和系列名称。

（2）选中图表中的【收款金额】系列，单击鼠标右键，在弹出的快捷菜单中选择【设置数据系列格式】命令，弹出【设置数据系列格式】任务窗格，选择其中的【次坐标轴】单选按钮，图表区中的【收款金额】系列将重叠在【销售发货】系列之上，同时在图表区的右侧出现第二套纵向坐标轴。两套纵向坐标轴分别为两个系列提供纵向坐标，【销售发货】系列使用的是左侧的主坐标轴，【收款金额】系列使用的是右侧的次坐标轴，如图19-24所示。

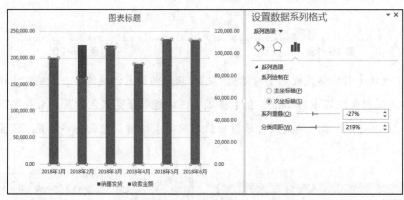

图19-24

（3）由于坐标的刻度最大值和最小值是系统按照数据的大小自动设置的，所以两组纵向坐标的刻度大小不相等，造成两个系列柱形图的大小关系不匹配，因此需要将两侧的坐标轴设置成相同的坐标值。设置方法：分别选中两侧的坐标轴，此时，图19-24所示的【设置数据系列格式】任务窗格自动变更为【设置坐标轴格式】任务窗格，在【坐标轴选项】组中将【最小值】设置为0，【最大值】设置为300000。注意：无论原来的值是多少，都需要重新输入一次，确保在输入值后，其右侧出现【重置】字样，如图19-25所示。

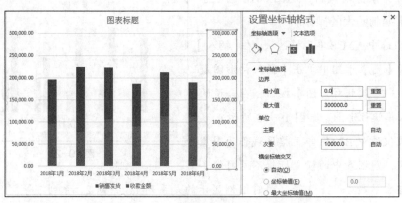

图19-25

> **提示**
>
> 之所以强调必须看到【重置】字样，是因为若显示【自动】字样，说明没有进行手工输入。即使最小值是零也必须再次输入一次零值，否则系统仍然会根据数据大小自动调整坐标轴的刻度值，造成两个系列的柱形图无法比对。

（4）坐标轴的刻度值的数量级太大，会浪费图表区的有限空间，解决办法是将坐标轴的刻度值设置为万元格式。选中一侧的坐标值，在【设置坐标轴格式】任务窗格中找到【数字】组，在【格式代码】文本框中输入【0"."#,】，单击右侧的【添加】按钮完成设置，如图 19-26 所示。按照同样的方法将另一侧的坐标轴的刻度值也设置成万元格式。

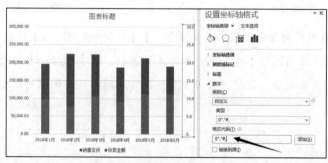

图 19-26

（5）建立图表标题与 B1 单元格的关联关系，当 B1 单元格的内容变化时，图表标题也随之改变。设置方法：选中图表标题，在编辑栏中输入等号，用鼠标选择 B1 单元格，然后立即按【Enter】键完成设置，效果如图 19-27 所示。

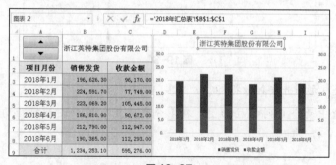

图 19-27

（6）美化图表区背景，调整图表的整体布局。选中图表区，在【开始】选项卡的【字体】组中，将填充颜色设置为浅灰色；再选中图表区中间部分的绘图区，设置其填充色为白色；将图例拖曳至图表区的左上角，图表区下方会出现多余的空白区域，调整主图区的高度，把空白的区域占满，调整后的效果如图 19-28 所示。

（7）设置两个系列柱形图的颜色。选中销售发货系列柱形图，设置其填充色为浅灰色；再选中收款金额系列柱形图，设置其填充色是比销售发货系列柱形图的颜色深一级的灰色，让两个系列的柱形图颜色有所区分。下层的销售发货柱形图视同为背景，颜色略浅；上层的收款金额柱形图视为前景，颜色略深，一浅一深的两个颜色把两个系列的柱形图区分开来，设置后的效果如图19-29所示。

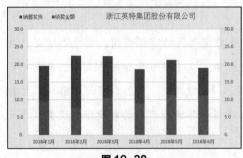
图 19-28

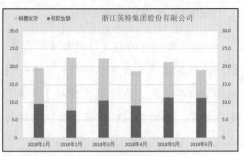
图 19-29

（8）设置柱形图的立体效果。选中任意一个系列的柱形图，在【设置数据系列格式】任务窗格中打开【系列选项】中的【三维格式】选项，从中选择一种棱台格式，让平面的柱形图显示出立体效果。设置方法参见图19-30。两个系列的柱形图需要分别设置棱台格式。

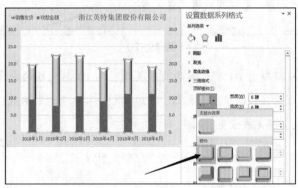
图 19-30

（9）调整柱形图并添加数据标签。

① 分别选中两个系列的柱形图，在【分类间距】组中设置间距均为80%，如图19-31所示。

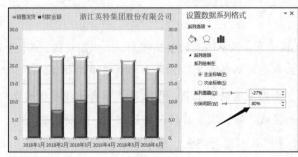
图 19-31

② 添加数据标签。选中柱形图，单击鼠标右键，在弹出的快捷菜单中选择【添加数据标签】命令，柱形图上立即出现对应的数据。添加的数据标签同样存在数量级太大的问题，参照前面设置坐标轴的刻度值为万元格式的方法（见图19-26），设置数据标签以万元格式显示。设置后的效果如图19-32所示。

图 19-32

（10）调整数据标签的位置。添加的数据标签可以根据实际需要调整其在图中的位置。调整方法：选中数据标签，单击鼠标右键，在弹出的快捷菜单中选择【设置数据标签格式】命令，在弹出的【设置数据标签格式】任务窗格中找到【标签位置】组，其中有【居中】【数据标签内】【轴内侧】【数据标签外】4个选项，如图19-33所示。选择其中的任意一项后，观察数据标签位置的变化，最终选择一款合适的选项。数据标签位置的设置需结合柱形图的颜色、背景的颜色和标签的字体颜色设置，有时背景为深色，那么字体颜色尽量选择白色；如果不想改变颜色，就可以考虑变换数据标签的位置，以达到最佳的视觉效果。

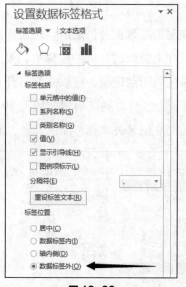

图 19-33

19.3 应用场景拓展

汇总数据图表分析法的应用范围非常广泛，除了销售发货与回款组合分析之外，还有材料的出入库组合分析，商品的出入库组合分析，费用计划与费用实际完成组合分析，收入计划与收入完成指标组合分析，以上几种应用场景均是以月度数据作为数据源的分析组合。还可以进一步扩大应用范围，如把作为基础数据的月度数据更换成分公司数据，分析的角度会焕然一新，下面结合具体数据做常规方法的分析演示。

1. 销售发货与收款金额分析

下面对图 19-34 中被选中的公司的数据做出分析。2018 年 3 月的销售发货为 16.6万元，与其他月份相比，发货数量偏低（其他月份的发货金额大多在20万元左右），但是回款情况比较好，发货的回款率较高。

2018 年 6 月的销售发货量最大，而回款额最低，销售回款率只有 25%。

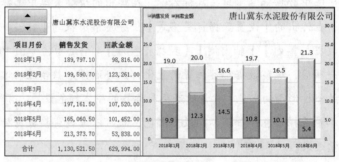

图 19-34

在实际应用中，往往在对汇总数据分析之后，还需要查看对应的明细数据。仍以图 19-34 所示的数据为例，在汇总数据分析的过程中，提到了 3 月份和 6 月份的数据对比，如果想了解汇总数对应的明细记录，可以立即打开 3 月份的数据明细表查看具体的情况，交易记录一目了然。3 月份的交易情况如图 19-35 所示，图中关于“唐山冀东水泥股份有限公司”的交易记录被填充了深色背景，非常醒目。

	A	B	C	D	E
1	序号	客户名称	销售发货	回款金额	唐山冀东水泥股份有限公司
2	1	唐山冀东水泥股份有限公司		23,373.00	
3	2	山东胜利股份有限公司	66,746.30		
4	3	新疆国际实业股份有限公司	71,225.60		
5	4	浙江英特集团股份有限公司		36,022.00	
6	5	金融街控股股份有限公司		42,617.00	
7	6	泰复实业股份有限公司	75,932.80		
8	7	华意压缩机股份有限公司	62,170.70		
9	8	唐山冀东水泥股份有限公司	29,639.00		
10	9	金谷源控股股份有限公司	57,895.80		
11	10	浙江英特集团股份有限公司		33,759.00	
12	11	唐山冀东水泥股份有限公司		122,853.00	
13	12	浙江英特集团股份有限公司	74,191.40		

2018年汇总表 | 2018年1月 | 2018年2月 | 2018年3月 | 2018年4月 | 2018年5月 | 20

图 19-35

如果遇到某个月份的回款额超过发货额时，回款柱形图会完全覆盖发货柱形图，因此需要对柱形图的显示设置做微调，调整方法：在【设置数据系列格式】任务窗格中，将收款金额系列柱形图的【分类间距】调整为120%，或者根据个人喜好调整至比原来的80%略大一点儿，调整后的效果如图19-36所示。

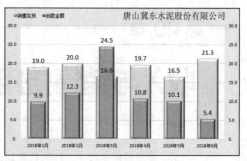

图19-36

2．费用类计划指标与实际完成情况分析

费用分析在日常工作中也经常涉及，有的是以上年数据为参照进行分析，有的是以计划指标为参照进行分析。本分析方法的最大特点是既有汇总的柱形图演示，如图19-37所示；又有明细记录标记，如图19-38所示，对于费用分析、问题查询等更加灵活方便。

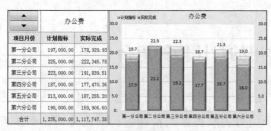

图19-37

	A	B	C	D	E	F
1	记账日期	科目名称	币别	借方	来源系统	办公费
2	2018/5/24	通讯费	人民币	3389.64	总账系统	
3	2018/5/18	办公费	人民币	40	总账系统	
4	2018/5/18	物料消耗	人民币	410	总账系统	
5	2018/5/18	物料消耗	人民币	660	总账系统	
6	2018/5/18	办公费	人民币	563	总账系统	
7	2018/5/10	通讯费	人民币	128	总账系统	
8	2018/4/24	水电费	人民币	612.25	总账系统	
9	2018/4/24	物料消耗	人民币	820	总账系统	
10	2018/4/24	办公费	人民币	450	总账系统	
11	2018/4/24	办公费	人民币	160	总账系统	
12	2018/4/24	其他_劳务费	人民币	1713.28	总账系统	
13	2018/4/10	修理费	人民币	4920	总账系统	
14	2018/3/27	职工薪酬_社会保险费_工伤保险金	人民币	1704.83	总账系统	
15	2018/3/22	办公费	人民币	95	总账系统	
16	2018/3/22	修理费	人民币	28045	总账系统	
17	2018/3/6	折旧费	人民币	2078.25	固定资产	

图19-38

对于Excel初学者，学习一种分析方法不能仅限于案例本身的应用场景，应该善于活学活用，把案例中的分析逻辑作为一种思考问题的方式，把更多的问题纳入到本案例中，这样既能获得新的分析方法，又能获得更多思考问题的灵感。同时，对于案例的局限性和扩展性要有认识，任何一个案例不可能把所有情况都纳入进来，在变换应用场景时一定会遇到局部处理方法微调的情况，要学会灵活变通，切忌生搬硬套。

第 20 章
收入与销售费用对比图表分析法

在财务分析工作中,经常需要对两组数据进行对比分析,有些数据的可对比性较强,在利用图表输出时对比效果明显。例如,主营业务收入与主营业务成本的对比分析,两个指标的数量级相同时对比效果显著。但是有些数据由于计量单位不同或者数量级相差太大,导致可比性较差。而很多指标之间又存在关联关系,如何把不同计量单位或数量级的指标放在同一张图表中对比是本章要解决的问题。

20.1 3 种常用的对比指标组合

财务分析方法有很多种,最常用的方法之一是对比分析法。在应用对比分析法的过程中,往往是对两组有关联关系的指标进行对比分析,而在有关联关系的指标组合中,有一类指标组合比较特殊,特殊在两个指标的计量单位不同,而且数量级也相差较大,无法在图表中的同一坐标系下展示数据大小关系。下面介绍几种常见的这类指标组合。

1.生产量与制造费用

在分析利润的增减变化时,首先想到的是主营业务收入与主营业务成本的变动情况,但是两个指标反映出来的问题过于笼统,需要继续挖掘更深层次的原因。例如,用生产量与制造费用进行关联分析,观察两组数据之间的变化趋势是否相同,进而把年度数据拆解到 12 个月份中,把起伏度较大的月份找出来。如果拆解到月份的数据还是不能反映影响因素,则继续向下拆解,列出月份中的明细数据,进而查看每一笔大宗支出的业务费用,并分析每笔支出的具体原因。分析的最终目的是把影响因素进行细化,把年度数据细分到月度,月度数据细分到具体项目,项目数据再细分到具体的每笔业务费用支出上,从而得出分析结论,以此作为指导下月费用开支的松紧程度的依据。

管理费用是企业运营过程中的期间费,相对于管理费用,制造费用也可以视同为车间运营中的期间费用。制造费用与管理费用的相似之处在于很多明细费用项目的变化与运营的成果关联度较低。例如，房租或折旧费、车间库管员或车间统计人员的工资、车间的水电费等。因此，在分析产量与关联度较高的直接材料成本的同时，还应关注产量与制造费用的关联关系。通过对比分析，会发现其中数据的异常变化，找出不合理的开支或不合理的统计方法，提高成本核算的准确度。

2. 销售数量与销售费用

销售数量与销售费用是对比分析法中非常重要的一对数据指标组合，如将主营业务收入与销售费用挂钩，或者将销售数量与销售费用挂钩，具体选择哪种指标组合方式，取决于单品价值。单品价值较高的产品，适合用主营业务收入与销售费用对比分析；单品价值较低的产品，适合用销售数量与销售费用对比分析。销售费用在企业的各项费用中占据着举足轻重的地位，无论是整体的销售数量与销售费用总额组合，还是分组乃至落实到个人的销售数量与销售费用组合，都是一个不可忽视的费用分析项目。如果销售数量的增幅大于销售费用的增幅，应给予肯定；如果销售数量的增幅小于销售费用的增幅，应予质疑。如果以人为单位拆解数据，还可以与业绩考核挂钩。

3. 生产产量与电费

在生产产量与制造费用对比分析时，制造费用所反映出的问题面还是显得过大，要想获得深层次的变化原因，还需要进一步向下拆解。例如，用生产产量与设备维修费用对比、生产产量与产品能源消耗对比、生产产量与产品包装费用对比，等等。比较有代表性的指标组合是生产产量与电费。生产产量与电费是一组对比效果非常显著的分析组合，适用于电量消耗较大的行业，电费在成本中的占比较大，采用电费与生产产量相关联的对比方式可以监控车间的产量，也可以监控电量消耗与产量是否同步。电费的计价也是一个充满变数的，有的企业是阶梯式计价；有的企业是波峰波谷式计价；有的企业则是自己构建变压器，即使停产不用电也需要交纳固定的电费，当用电量超过一定数额后才需按照实际用量交纳。

财务分析工作是财务管理工作的主要组成部分，通过分析能够发现企业运营中的各种问题。有的问题是不言而喻的，财务分析的结果可起到印证的作用；有的问题则是隐含的，需要通过深层分析才能挖掘出来。要想做好财务核算和财务分析工作，除了应掌握基本的分析方法之外，还必须了解业务流程、生产流程，因为分析的基础是基层的数据，若获取数据的节点设计得不合理、数据的传递不及时、数据计量方法不稳定等，都会影响分析的最终结果。

财务分析工作既简单又复杂，如果每月把分析报告中的数据替换成次月数据，其他内容略做修改，那么分析工作就非常简单；反之，在每月的分析过程中都能变换分析角度、引入新的方法、发现新的问题，那么获得收益的可能不只是企业，还有你自己。

20.2 财务分析图表化的操作流程

本案例的作用是把不同数量级的两组数据采用两个坐标轴的方式展现。两个坐标轴分为主坐标轴和次坐标轴，坐标的设置也采为两种方式，一种方式是采用相同的刻度值，并且固定刻度的最大值和最小值，让两个图形在相同的坐标值下对比。采用相同刻度值的数据背景是数量级相同。如果是不同数量级的数据，则采用的方式是调整两组刻度值，使图形处于图表区的上、下两个半区中，这样既可以观察两组数据的起伏变化，又可以让两组数据的图形对应起来，便于对照分析。

20.2.1 案例背景

业务收入与销售费用是两个正相关的重要指标，然而两个指标的大小往往不再同一个数量级上，比如业务收入为几百万元时，销售费用可能只有几万或十几万元。企业在做财务分析时，经常把这两个指标并在一起进行分析，一是希望看到两组数据的起伏变化是否同步，二是希望看到两个指标的具体数值。如果单纯用销售费用占收入的比例进行分析，只能反映相对关系，因为两个不在同一个数量级的指标无法直接用图表的方式展现出来，并且较小数量级的数据在图表中很难直观地看出大小，如图20-1 所示。

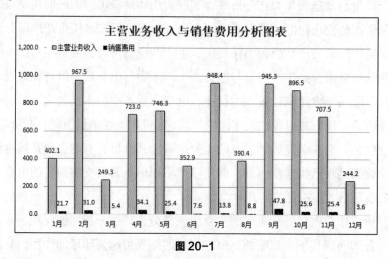

图 20-1

本案例的主要任务就是解决两组数据差异太大的问题。

本案例的数据源为某企业7名业务员2018年全年主营业务收入和销售费用数据，如图20-2所示。如果单纯地观察该数据表，我们无法看出每个业务员的主营业务收入与销售费用之间的关系，所以需要借助图表功能展现。

	A	B	C	D	E	F	G	H	I	J	K	L	M	N
1	月份	类别	1月	2月	3月	4月	5月	6月	7月	8月	9月	10月	11月	12月
2	卢定芳	收入	654.8	214.3	340.7	738.7	567.1	425.4	654.9	791.8	187.2	200.0	438.9	405.0
3		费用	36.3	6.7	5.8	17.7	33.2	18.9	21.0	47.3	5.9	11.5	8.1	11.1
4	孔凡明	收入	792.8	516.9	170.7	955.2	485.2	871.5	555.7	852.7	650.6	609.1	925.7	300.5
5		费用	32.3	26.8	3.5	48.3	17.1	21.1	12.6	32.1	26.0	27.2	48.1	10.3
6	徐冬英	收入	261.7	438.8	979.8	455.4	476.4	226.0	569.7	911.3	931.7	618.1	177.1	120.2
7		费用	3.7	7.8	31.6	18.2	4.8	10.0	17.3	18.7	38.3	22.1	9.8	7.2
8	祝银维	收入	344.5	480.5	987.1	535.6	708.5	638.1	826.3	544.5	763.5	372.5	552.5	657.1
9		费用	10.3	15.4	19.7	20.9	31.1	21.1	21.8	16.8	16.2	10.2	16.3	9.0
10	陈美清	收入	402.1	967.5	249.3	723.0	746.3	352.9	948.4	390.4	465.3	896.5	707.5	244.2
11		费用	21.7	31.0	5.4	34.1	25.4	7.6	13.8	8.8	47.8	25.6	25.4	3.6
12	彭秋秀	收入	213.3	431.2	828.7	422.5	487.3	716.7	872.3	278.5	229.0	157.9	975.5	291.3
13		费用	8.5	25.5	23.9	24.2	16.7	37.6	43.2	14.8	7.2	7.4	39.5	15.9
14	廖学农	收入	199.0	93.7	123.0	276.8	952.5	357.5	125.5	901.1	766.4	323.2	817.1	324.8
15		费用	5.3	5.1	4.8	10.0	47.4	9.2	1.3	48.8	21.8	8.5	8.9	4.1

图 20-2

20.2.2 数据准备

在数据源表的右侧新建一张新表，并命名为"收入与费用柱形图"，按照图 20-3 中的样式绘制表格并填写内容。其中，A2:C14 单元格区域是数据调用区域，利用公式有选择地调取数据，再通过控件实现数据在不同业务员之间的切换；E1:K1 单元格区域中存放的是所有业务员的姓名，为后续操作中的选择业务员姓名提供名单依据。设置 B1 单元格的填充色为黑色，字体颜色为白色，为后续编写切换业务员姓名的公式做好准备。

图 20-3

20.2.3 插入控件

插入一个数值调节钮控件，为后续切换数据做准备。

（1）选择【开发工具】选项卡，在【控件】组中单击【插入】按钮，在弹出的列表中单击【数值调节钮（窗体控件）】按钮。插入数值调节钮控件后的效果如图 20-4 所示。

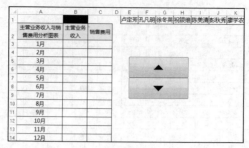

图 20-4

（2）设置控件参数。

选中数值调节钮控件，单击鼠标右键，在弹出的快捷菜单中选择【设置控件格式】命令，在弹出的【设置控件格式】对话框中按照图 20-5 所示设置参数，其中【最大值】设置为 7 的依据是 E1:K1 单元格区域中业务员的数量。插入该控件的作用是用来调整 C1 单元格的数值，随着单击该控件的上箭头或下箭头按钮，C1 单元格的值在 1 至 7 之间变换，每次增加或减少的数值就是步长值。

图 20-5

20.2.4 编制控件关联业务员数据的公式

编制 B1 单元格中的公式，从数据源中调取指定业务员的姓名。

=OFFSET(D1,,C1)

公式解析：该公式的作用是根据 C1 单元格的值的变化，调取 E1:K1 单元格区域中的业务员的姓名。以 D1 单元格为起始点，单击数值调节钮控件的上箭头或下箭头按钮，调整 C1 单元格的值在 1 至 7 之间变换。

当 C1 单元格的值为 1 时，向右偏移 1 个单元格，结果是 E1 单元格中的内容，即卢定芳。

当 C1 单元格的值为 2 时，向右偏移 2 个单元格，结果是 F1 单元格中的内容，即孔凡明。

当 C1 单元格的值为 3 时，向右偏移 3 个单元格，结果是 G1 单元格中的内容，即徐冬英。

以此类推。例如，当 C1 单元格的值为 5 时，B1 单元格中的内容是陈美清，即从 D1 单元格向右移动了 5 个单元格，如图 20-6 所示。

图 20-6

20.2.5 编制控件关联主营业务收入数据的公式

编制 B3:B14 单元格区域中的公式，从数据源中调取指定的业务员的主营业务收入数据和销售费用数据。

（1）在 B3 单元格中输入如下公式：

```
=OFFSET( 数据源 !$A$1,MATCH ($B$1, 数据源 !$A$2:$A$15,0),ROW(2:2))
```

公式解析：该公式的作用是在数据源中调取数据，以“数据源 !A1”单元格为起始点，向下偏移 MATCH($B$1, 数据源 !$A$2:$A$15,0) 行，向右偏移 ROW(2:2) 列。

（2）将 B3 单元格中的公式向下复制至 B14 单元格，复制后的效果如图 20-7 所示。

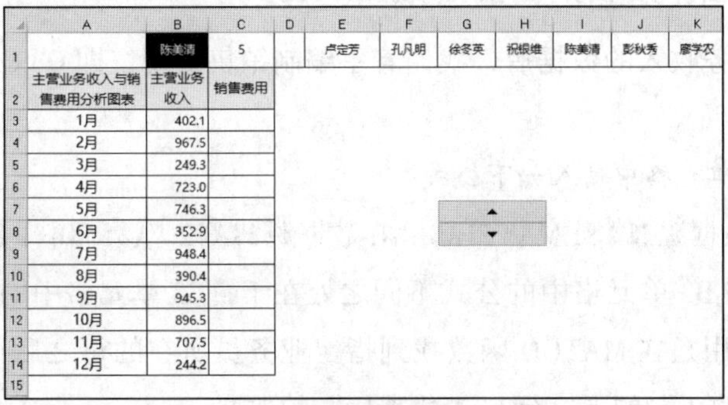

	A	B	C	D	E	F	G	H	I	J	K
1		陈美清	5		卢定芳	孔凡明	徐冬英	祝银维	陈美清	彭秋秀	廖学农
2	主营业务收入与销售费用分析图表	主营业务收入	销售费用								
3	1月	402.1									
4	2月	967.5									
5	3月	249.3									
6	4月	723.0									
7	5月	746.3									
8	6月	352.9									
9	7月	948.4									
10	8月	390.4									
11	9月	945.3									
12	10月	896.5									
13	11月	707.5									
14	12月	244.2									
15											

图 20-7

我们对照图 20-2 来理解此公式。采用 OFFSET 函数从数据源中调用数据时，需要解决两个问题，一个是行位置问题，另一个是列位置问题。例如，我们想获得 C2 单元格中的数据“654.8”，对应的公式应该是 OFFSET(数据源 !$A$1,1,2)，以 A1 单元格为起始点，向下偏移一行，向右偏移两列。公式中的“1”和“2”采用手工录入显然太麻烦，通过设计公式可以达到随着公式向下复制自动生成这两个参数的目的。

作为向下偏移量参数，MATCH($B$1, 数据源 !$A$2:$A$15,0) 的作用：用 B1 单元格的值，即陈美清在数据源的 A2:A15 单元格区域（【姓名】列）中查找，并返回一个位置数。获得的位置数用于向下复制 OFFSET 公式的偏移量参数，引导公式找到陈美清所在的行。每个业务员有两行数据，MATCH 公式用于返回两行数据中的第一行的位置数。

作为向右偏移量参数，ROW(2:2) 的作用：在上述偏移的结果上，用 ROW(2:2) 作为向右的偏移量，当 OFFSET 函数的起始点为“数据源 !$A$1”时，ROW(2:2) 的结果为 2，即向右偏移两列，获得的是 C 列中 1 月份的数据。此参数解决的是列位置问题。为了演示 ROW(2:2) 参数在向下复制公式时的变化，这里特意制作了一张演示图，如图 20-8 所示。随着向下复制 B3 单元格中的公式，向下的偏移量不变，即业务员所在的行次不变，而向右的偏移量分别变成 ROW(2:2)、ROW(3:3)、ROW(4:4)……，对应的结果是 2、3、4……，调取的数据分别是 1 月、2 月、3 月等的数据。

```
B3=OFFSET(数据源!$A$1,MATCH($B$1,数据源!$A$2:$A$15,0),ROW(2:2))
B4=OFFSET(数据源!$A$1,MATCH($B$1,数据源!$A$2:$A$15,0),ROW(3:3))
B5=OFFSET(数据源!$A$1,MATCH($B$1,数据源!$A$2:$A$15,0),ROW(4:4))
B6=OFFSET(数据源!$A$1,MATCH($B$1,数据源!$A$2:$A$15,0),ROW(5:5))
B7=OFFSET(数据源!$A$1,MATCH($B$1,数据源!$A$2:$A$15,0),ROW(6:6))
```

图 20-8

上述两个参数，一个负责向下的偏移量，即行位置数；另一个负责向右的偏移量，即列位置数，两个参数共同作用，实现了数据的自动调用功能。

20.2.6 编制控件关联销售费用数据的公式

调取主营业务收入的数据后，我们着手编制销售费用，即 C3:C14 单元格区域的公式。

（1）在 C3 单元格中输入如下公式：

=OFFSET(数据源 !$A$1,MATCH($B$1, 数据源 !$A$2:$A$15,0)+1,ROW(2:2))

C3 单元格与 B3 单元格中的公式不同之处在于，C3 单元格中的公式添加了一个“+1”项，其作用是在 MATCH 函数找到指定业务员所在的行之后再加“1”，用来获取“主营业务收入”的下一行 “销售费用”的数据。

（2）将 C3 单元格中的公式向下复制至 C14 单元格，复制后的效果如图 20-9 所示。

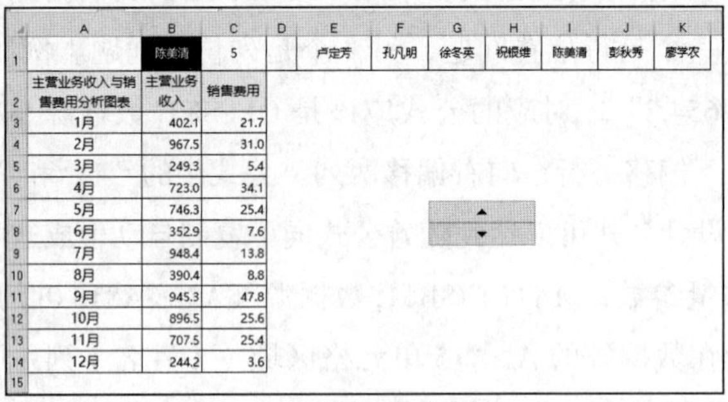

	A	B	C	D	E	F	G	H	I	J	K
1		陈美清	5		卢定芳	孔凡明	徐冬英	祝根维	陈美清	彭秋秀	廖学农
2	主营业务收入与销售费用分析图表	主营业务收入	销售费用								
3	1月	402.1	21.7								
4	2月	967.5	31.0								
5	3月	249.3	5.4								
6	4月	723.0	34.1								
7	5月	746.3	25.4								
8	6月	352.9	7.6								
9	7月	948.4	13.8								
10	8月	390.4	8.8								
11	9月	945.3	47.8								
12	10月	896.5	25.6								
13	11月	707.5	25.4								
14	12月	244.2	3.6								
15											

图 20-9

20.2.7 设置条件格式

编制 E1:K1 单元格区域的条件格式。条件格式的作用是当 E1:K1 单元格区域的内容与 B2 单元格的内容相同时，自动填充背景色，具体效果如图 20-10 所示。

设置条件格式的具体步骤如下。

（1）选择 E1:K1 单元格区域，在【开始】选项卡的【样式】组中单击【条件格式】按钮，从弹出的列表中选择【管理规则】命令，弹出【条件格式规则管理器】对话框，如图 20-11 所示。

图 20-10

图 20-11

（2）在【条件格式规则管理器】对话框中单击【新建规则】按钮，弹出【新建格式规则】对话框，选择【选择规则类型】列表框中的【只为包含以下内容的单元格设置格式】选项，在【编辑规则说明】列表框中选择【单元格值】和【等于】选项，之后单击右侧的折叠按钮，选择 B1 单元格，或者手工输入【=$B$1】，如图 20-12 所示。

（3）在【条件格式规则管理器】对话框中单击右下方的【格式】按钮，弹出【设置单元格格式】对话框，选择【填充】选项卡，设置背景色为黑色，如图 20-13 所示。

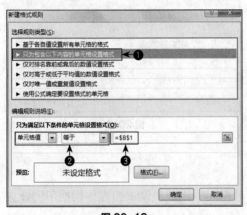
图 20-12

图 20-13

（4）切换到【字体】选项卡，设置字体颜色为白色，如图 20-14 所示。使用黑色的背景与白色的字体搭配，显示选中的效果最佳。

（5）单击【确定】按钮后返回【新建格式规则】对话框，在【预览】区域中可以看到填充效果。如果对此预览效果不满意，可以再次单击【格式】按钮重新设置填充颜色和字体颜色等；如果对此预览效果满意，单击【确定】按钮，如图 20-15 所示。

> **注意**
>
> 【新建格式规则】对话框的名称是初次设置格式规则时的名称，如果设置结束后再进行设置调整时，该对话框的名称将变为"编辑格式规则"。

图 20-14

图 20-15

（6）返回【条件格式规则管理器】对话框，检查【应用于】中的范围是不是 E1:K1 单元格区域，此处可以重新调整条件格式的应用范围。当前的应用范围是正确的，原因是在第一步操作时我们先选择了 E1:K1 单元格区域，然后才进入了条件格式的设置流程。【应用于】中的地址前都含有"$"等号，作用是锁定应用范围。确认设置无误后单击【确定】按钮完成全部操作，如图 20-16 所示。

图 20-16

20.2.8 绘制柱形图

上述操作的最终目的是获取一组动态的数据表，用数值调节钮控件切换不同业务员的主营业务收入数据和销售费用数据，接下来是利用 B3:B14 单元格区域的主营业务收入数据和 C3:C14 单元格的销售费用数据绘制一张上下两个半区且对应的柱形图。绘制好的柱形图的效果如图 20-17 所示。

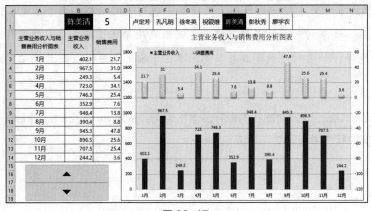

图 20-17

绘制柱形图的过程如下。

（1）选中 A2:C14 单元格区域，单击【插入】选项卡，单击【图表】区中的【插入柱形图或条形图】按钮→【簇状柱形图】按钮，立即生成一张柱形图，如图 20-18 所示。

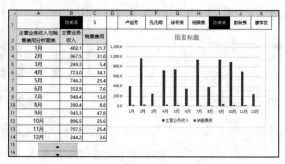

图 20-18

（2）拖曳图例至图表区的左上角，调整主图区的高度，以节约空间。

（3）选中图表标题，在编辑栏中单击并按下等号键，用鼠标选择 A2 单元格，如图 20-19 所示。按【Enter】键完成图表标题与 A2 单元格的关联操作。

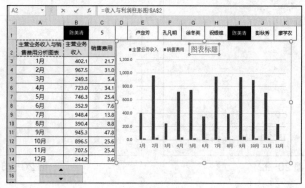

图 20-19

> 注意
>
> 这里 A2 单元格的内容为事先准备好的图表标题，直接录入图表标题也是可以的。

（4）选中图 20-19 中的销售费用数据柱（较矮的一组数据柱），单击鼠标右键，在弹出的快捷菜单中选择【设置数据系列格式】命令，在弹出的【设置数据系列格式】任务窗格中选择【次坐标轴】单选按钮，如图 20-20 所示。选择后图表区的两组柱形图将重合在一起，如图 20-21 所示。

（5）设置次坐标轴后，在图表区右侧添加了一组纵向坐标轴，为销售费用数据柱提供坐标。在图表区左侧的坐标轴为主营业务收入数据柱提供坐标。本案例的核心点在于利用两个纵向坐标值，让两组柱形图分别在上、下半区显示。

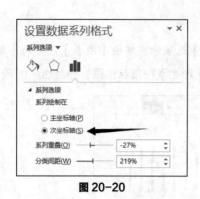
图 20-20

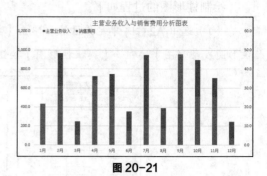
图 20-21

① 设置左侧坐标值，将【最大值】由 1200 修改为 1800。设置方法为选中左侧坐标值，单击鼠标右键，在弹出的快捷菜单中选择【设置坐标轴格式】命令，在弹出的【设置坐标轴格式】任务窗格中找到【坐标轴选项】→【边界】选项组，设置【最小值】为 0，【最大值】为 1800，如图 20-22 所示。调整完坐标值之后的柱形图效果如图 20-23 所示。鉴于坐标值的字号偏小，可以选中坐标值，直接调整字号的大小。

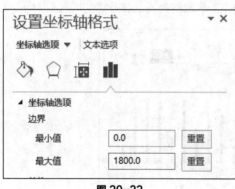
图 20-22

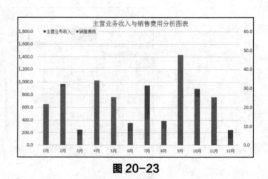
图 20-23

② 按照上述设置左侧坐标值的方法设置右侧坐标值。设置【最小值】为 −120，【最大值】为 60，如图 20-24 所示。设置后的柱形图效果如图 20-25 所示。

图 20-24

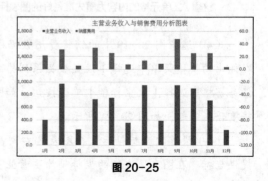
图 20-25

至此设置的整体效果已初露端倪，在实际使用时，若要想让上、下分区的效果达到最佳状态,需要多次调整两侧坐标值的最大值和最小值,调整的技巧有两个,一个是增大左侧坐标值的最大值,使图形向下方移动;调小右侧坐标值的最小值,使上下区分界线向上移动。另一个是将两侧坐标值的最大值与最小值调整为整数倍的数量级关系。例如,当前左侧坐标的最大值与最小值的差是1800,右侧坐标的最大值与最小值的差是180,刚好是10倍的关系。如果想改变倍数,应尽量选择5倍、10倍、15倍、20倍等。

（6）美化柱形图的填充效果。

① 选中图表区,设置背景填充色为灰色;再选中中间的主图区,设置填充色为白色,以示区别。

② 设置数据柱的颜色。选中其中一组柱形图,单击鼠标右键,在弹出的快捷菜单中选择【设置数据系列格式】命令,在弹出的【设置数据系列格式】任务窗格中找到【填充】选项组,选择【图案填充】单选按钮,按照图20-26所示,分别设置上、下数据柱的填充图案。设置后的效果如图20-27所示。

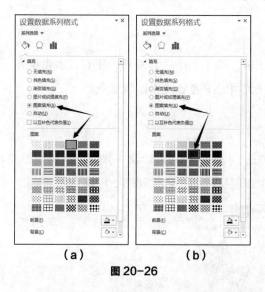

图 20-26

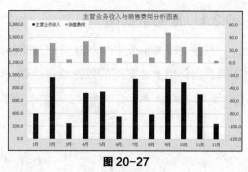

图 20-27

（7）添加数据标签。分别选择两组数据柱,单击鼠标右键,在弹出的快捷菜单中选择【添加数据标签】命令,在柱形图上方添加数据标签。至此图表绘制完成,效果如图20-17所示。

数据柱的填充效果有很多种选择,如可以选择不同的填充颜色,也可以选择不同的填充图案,还可以选择不同的立体效果。填充立体效果的方法:在【设置数据系列格式】任务窗格中,切换到【效果】选项卡,在【阴影】选择组中按照图20-28所示,在【预设】下拉列表框中选择一款阴影效果,再调整【大小】为101%,图形的立体效果便显现出来,如图20-29所示。对比一下图20-17与图20-29的显示效果,二者有很大的不同。

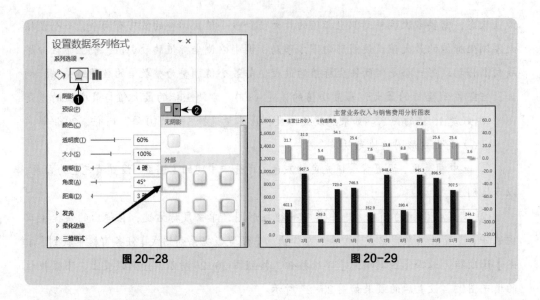

图 20-28　　　　　　　　　　图 20-29

20.3　图表功能的拓展应用

用两组数量级不同或相近的数据绘制图表，除了上述柱形图外，还有很多表现方式，如折线图、温度计图等，下面介绍几种常用的图表形式和绘制要点。

20.3.1　绘制折线图

按照 20.2.8 小节中绘制双层柱形图的方法，我们同样可以绘制一张双层的折线图。下面我们仍用上述案例的数据源再绘制一个双层折线图，效果如图 20-30 所示。

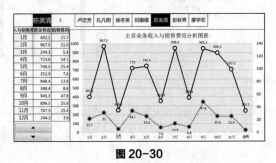

图 20-30

绘制折线图同样存在主坐标轴和次坐标轴的设置问题，设置方法参见 20.2.8 小节中的相关内容。绘制折线图时，需注意以下几个绘制要点。

（1）设置标记点样式。设置方法：选择标记点后单击鼠标右键，在弹出的快捷菜单中选择【设置数据系列格式】命令，在弹出的【设置数据系列格式】任务窗格中选择【填充与线条】选项卡，在【标记】选项组中展开【数据标记选项】，设置【内置】中的【类型】。【类型】选项中有多个标记点样式，其中包括圆形、方形、菱形等，如图 20-31 所示。标记点的线条颜色和填充颜色也可以分别设置。

（2）数据标签的位置。折线图数据标签的位置选项与柱形图不同，其有【居中】【靠左】【靠右】【靠上】【靠下】5个选项，如图20-32所示，用户可根据需要自行选择。

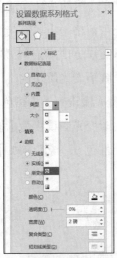

图 20-31

图 20-32

20.3.2 绘制温度计图

柱形图和折线图均属于绝对数的数据图表化方案，下面的解决方案是把主营业务收入指标和销售费用指标合并成一个相对数指标，用销售费用除以主营业务收入，获得一个费用占比指标，进而用费用占比百分数绘制一张温度计图，换个展现角度，可以获得不一样的数据表现效果。成品效果如图20-33所示。

绘制温度计图时，需要注意以下几个绘制要点。

（1）绘制温度计图需要在原有数据的基础上再增加两列辅助数据，一列是费用占比，即销售费用占主营业务收入的比例，如图20-34中的D3:D14单元格区域。

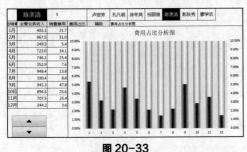

图 20-33

图 20-34

另一列是辅助数据，内容均为10.00%，如图20-34中的E3:E14单元格区域。之所以设定为10.00%，是因为费用占比中的最大值不超过10.00%。如果费用占比的数据有超过10.00%的，可以酌情选择辅助数据的值，选择的原则是只要大于费用占比数据中的最大值即可。

（2）温度计图同样需要设置主坐标轴和次坐标轴，并且两列数据的纵坐标轴的最大值和最小值设置必须相同。

（3）设置数据柱颜色。设置数据柱颜色是绘制温度计图的关键。辅助数据柱设置颜色为渐变色，设置路径为【设置数据系列格式】任务窗格→【填充与线条】选项卡→【填充】选项组→【渐变填充】单选按钮。在设置渐变方向时，选择【类型】为【线性】，【方向】为【线性向右】或【线性向左】。在设置渐变光圈颜色时，两端的渐变光圈设置为【黑色，文字1，淡色15%】，中间的渐变光圈设置为【黑色，文字1，淡色50%】。费用占比数据柱同样采用渐变色，两端的渐变光圈设置为【橙色，个性色6，深色25%】，中间的渐变光圈设置为【橙色，个性色6，淡色80%】。设置过程如图20-35所示。

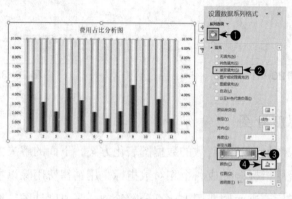

图 20-35

（4）其他设置，如添加横坐标轴标签等，请参看绘制柱形图案例中的具体设置。

综上所述，分析方法多种多样，但分析的原则是相对固定的，即把大数据拆解成小数据，找出影响因素的最小单位，为考核提供依据；把相关的数据关联在一起，找出变化趋势的异常波动，用数据展示经营行为，为管理提供方向。

第 21 章

制作电商客服绩效考核表

随着电商企业的逐步壮大,电商企业的管理问题层出不穷,绩效考核的问题尤为突出,因为原有的考核都是基于月度甚至是年度的考核,导致考核效率极其低下。现今,各种电商数据的获取越来越便捷,下单、出库、发货、结款等数据不但可以统计到月,甚至可以统计到每天,并且可以落实到每个客服名下,使考核的及时性大幅度提升。本章基于 3 种考核情况,讲解用 Excel 制作电商客服绩效考核表的方法。

21.1 根据业务量考核绩效

电商企业的日营业额是一个非常直观的指标,根据历史数据制定一个针对日营业额的考核办法,可激发客服的工作积极性,增加客服的个人收入,同时也为企业赢得更多的营业收入。

21.1.1 案例背景和数据准备

××包装设计生产公司在淘宝平台开设了网店,销售各类包装盒。随着业务的不断增加,客服人员也越来越多,现需要制定客服工作的绩效考核方案。该公司根据以往日交易额普遍在 1 万~3 万元的现状制定考核政策,其目的有两个,一个是督促客服每日交易额不低于限额,另一个是鼓励客服多达成交易。考核政策规定:每天交易额达到 15000 元的,给予 50 元奖励,同时对于超出限额以上的部分,交易额每增加 3000 元,再给予 30 元的奖励,上不封顶。例如,某客服某日的交易额为 27500 元,按照考核规定,超过 15000 元,先给予 50 元的奖励;超出部分为 27500-15000=12500(元),其中包含 4 个 3000 元,故再给予 120(30×4=120)的元奖励,两项合计奖励 170(50+120)元。

本案例共有 3 张表,分别是订单数据记录表、数据表和绩效计算表,其中,订单数据记录表是从淘宝店铺后台导出的订单数据,数据表是在订单数据记录表的基础上整理的工作表,绩效计算表是用于计算客服的绩效数据的工作表,如图 21-1 所示。

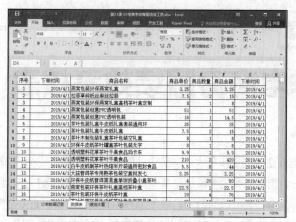

图 21-1

数据准备工作分为以下几步。

1．制作副本

从淘宝店铺后台导出本月的订单数据后，会发现导出的数据字段非常多，需要把不相关的字段删除，仅保留有用的字段，如保留下单时间、商品名称、商品单价、商品数量、商品金额等字段数据，供后续计算使用，如图 21-2 所示。将订单数据记录表中的数据复制到数据表中，后续的操作均在数据表中展开。

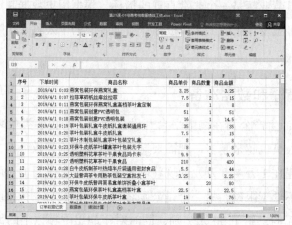

图 21-2

对于导出的原始数据，不要直接在该表中加工，应该保留一份原始数据副本，以防后续操作时出现错误，需要再次导出数据。

2．删除【下单时间】字段中的时间信息

由图 21-2 可知，【下单时间】列中包含日期和时间数据，数据不能直接使用，需要将时间数据删除，只保留日期数据。删除方法如下。

（1）设置 G 列为数据过渡列，在 G2 单元格中输入公式【=INT(B2)】，如图 21-3 所示。

（2）拖曳 G2 单元格右下角的填充柄，将该公式填充到 G 列的数据区域中，如图 21-4 所示。

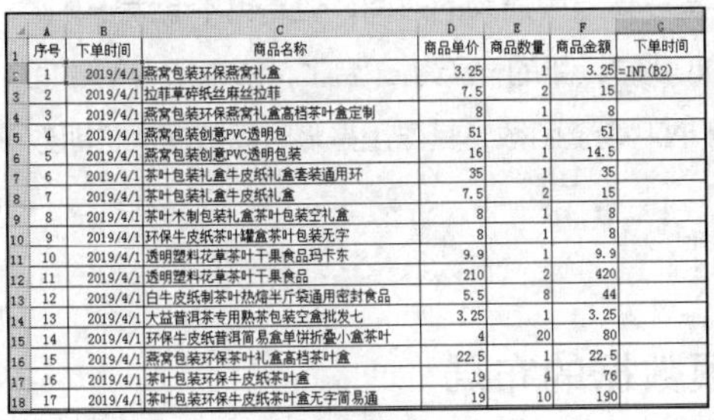

	A	B	C	D	E	F	G
1	序号	下单时间	商品名称	商品单价	商品数量	商品金额	下单时间
2	1	2019/4/1	燕窝包装环保燕窝礼盒	3.25	1	3.25	=INT(B2)
3	2	2019/4/1	拉菲草碎纸丝麻丝拉菲	7.5	2	15	
4	3	2019/4/1	燕窝包装环保燕窝礼盒高档茶叶盒定制	8	1	8	
5	4	2019/4/1	燕窝包装创意PVC透明包	51	1	51	
6	5	2019/4/1	燕窝包装创意PVC透明包装	16	1	14.5	
7	6	2019/4/1	茶叶包装礼盒牛皮纸礼盒套装通用环	35	1	35	
8	7	2019/4/1	茶叶包装礼盒牛皮纸礼盒	7.5	2	15	
9	8	2019/4/1	茶叶木制包装礼盒茶叶包装空礼盒	8	1	8	
10	9	2019/4/1	环保牛皮纸茶叶罐盒茶叶包装无字	8	1	8	
11	10	2019/4/1	透明塑料花草茶叶干果食品玛卡东	9.9	1	9.9	
12	11	2019/4/1	透明塑料花草茶叶干果食品	210	2	420	
13	12	2019/4/1	白牛皮纸制茶叶热熔半斤袋通用密封食品	5.5	8	44	
14	13	2019/4/1	大益普洱茶专用熟茶包装空盒批发七	3.25	1	3.25	
15	14	2019/4/1	环保牛皮纸普洱简易盒单饼折叠小盒茶叶	4	20	80	
16	15	2019/4/1	燕窝包装环保茶叶礼盒高档茶叶盒	22.5	1	22.5	
17	16	2019/4/1	茶叶包装环保牛皮纸茶叶盒	19	4	76	
18	17	2019/4/1	茶叶包装环保牛皮纸茶叶盒无字简易通	19	10	190	

图 21-3

	A	B	C	D	E	F	G
1	序号	下单时间	商品名称	商品单价	商品数量	商品金额	下单时间
2	1	2019/4/1 0:03	燕窝包装环保燕窝礼盒	3.25	1	3.25	2019/4/1 0:00
3	2	2019/4/1 0:07	拉菲草碎纸丝麻丝拉菲	7.5	2	15	2019/4/1 0:00
4	3	2019/4/1 0:11	燕窝包装环保燕窝礼盒高档茶叶盒定制	8	1	8	2019/4/1 0:00
5	4	2019/4/1 0:11	燕窝包装创意PVC透明包	51	1	51	2019/4/1 0:00
6	5	2019/4/1 0:18	燕窝包装创意PVC透明包装	16	1	14.5	2019/4/1 0:00
7	6	2019/4/1 0:19	茶叶包装礼盒牛皮纸礼盒套装通用环	35	1	35	2019/4/1 0:00
8	7	2019/4/1 0:20	茶叶包装礼盒牛皮纸礼盒	7.5	2	15	2019/4/1 0:00
9	8	2019/4/1 0:21	茶叶木制包装礼盒茶叶包装空礼盒	8	1	8	2019/4/1 0:00
10	9	2019/4/1 0:23	环保牛皮纸茶叶罐盒茶叶包装无字	8	1	8	2019/4/1 0:00
11	10	2019/4/1 0:25	透明塑料花草茶叶干果食品玛卡东	9.9	1	9.9	2019/4/1 0:00
12	11	2019/4/1 0:27	透明塑料花草茶叶干果食品	210	2	420	2019/4/1 0:00
13	12	2019/4/1 0:28	白牛皮纸制茶叶热熔半斤袋通用密封食品	5.5	8	44	2019/4/1 0:00
14	13	2019/4/1 0:29	大益普洱茶专用熟茶包装空盒批发七	3.25	1	3.25	2019/4/1 0:00
15	14	2019/4/1 0:30	环保牛皮纸普洱简易盒单饼折叠小盒茶叶	4	20	80	2019/4/1 0:00
16	15	2019/4/1 0:30	燕窝包装环保茶叶礼盒高档茶叶盒	22.5	1	22.5	2019/4/1 0:00
17	16	2019/4/1 0:31	茶叶包装环保牛皮纸茶叶盒	19	4	76	2019/4/1 0:00
18	17	2019/4/1 0:31	茶叶包装环保牛皮纸茶叶盒无字简易通	19	10	190	2019/4/1 0:00

图 21-4

3．替换下单时间数据

（1）选中 G 列，按【Ctrl+C】组合键，再选择 B 列，把鼠标指针悬停在 B 列的数据区域上，单击鼠标右键，在弹出的快捷菜单中选择【选择性粘贴】命令。

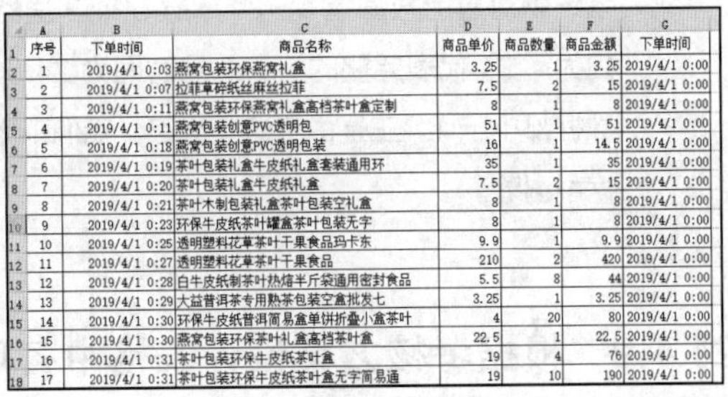

（2）弹出【选择性粘贴】对话框，选择【数值】单选按钮，单击【确定】按钮，如图 21-5 所示，即可将 G 列中的内容复制到 B 列。

（3）执行完粘贴操作后，将 G 列的数据删除。

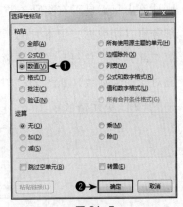

图 21-5

4．设置【下单时间】列的数据格式

替换下单时间数据后，B 列的单元格格式仍然是日期加时间的格式，需要设置为纯粹的日期格式。

（1）选中 B 列，单击鼠标右键，在弹出的快捷菜单中选择【设置单元格格式】命令。

（2）弹出【设置单元格格式】对话框，选择【分类】列表框中的【日期】选项，在【类型】列表框中选择一款日期格式，如图 21-6 所示，设置完成后单击【确定】按钮。

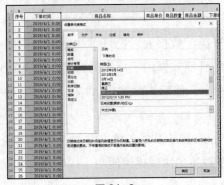

图 21-6

技术看板 在专业的软件中，有的日期数据中包含时间数据，有的则不包含时间数据。如果我们不想使用包含时间数据的日期数据，就需要把时间数据剔除。日期数据是一个整数，而时间数据是一个小数。在日期数据中，"1"代表完整的一天，1小时代表1/24天，中午12:00在Excel系统中对应的数据是0.5，即一天的12/24，以此类推，下午的15:00在Excel系统中对应的数据是15/24。23:59:59虽然是一天当中最大的时间，但是也不会大于1，因为"1"代表完整的一天。当时间为24:00:00时，新的一天就开启了，所以所有的时间数据都小于1。正是由于这个原因，我们采用INT取整函数，其作用是将时间数据从日期数据中剔除。

21.1.2 根据考核方案设计表格中各项数据的布局

本案例的操作目的是汇总每日的交易金额，再根据每日交易金额和绩效考核规则计算出每天是否有奖励，奖励金额是多少。因此，表格布局设计分为四部分，第一部分是日期数据，把本月的所有日期从小到大排列出来，如图21-7中的A列数据；第二部分是汇总每日的交易额，如图21-7中的B列数据；第三部分是计算每日交易额对应的奖励数，如图21-7中的D列数据；第四部分是绩效考核的系数，如图21-7中的F2:I3单元格区域。

图 21-7

在绩效计算表的A列中输入考核期间的全部日期数据，在B2:B13单元格区域中编制分类求和公式，在D2:D13单元格区域中编制奖励公式，在F2:I3单元格区域中输入考核系数，如图21-7所示。

A列中的日期数据来源于数据表，把订单数据记录中的日期数据中重复的日期数据剔除，保留不重复的日期数据用于后续的计算。在A2和A3单元格中分别输入【2019-4-1】【2019-4-2】，然后同时选中A2和A3单元格并向下拖动右下角的填充柄获得一组日期数据。

F2:I3单元格区域中的数据是根据考核方案把各项指标输入到在单元格中，用于后续的计算，同时为奖励政策的测试提供便利。按照现有奖励政策，先计算一个本月奖励总额，再调整各项参数，如调高基数值、调高基数奖励值、调整分段值等，对应的 D 列考核结果会随之改变，获得另一个奖励总额，为下一步合理设计奖励方案提供便利。

B 列中的数据通过公式计算获得，用来汇总指定日期下的商品金额，为下一步考核计算提供每日交易额数据。

D 列中的数据是根据 F2:I3 单元格区域中的考核系数计算获得的每日考核结果。

G5 单元格中的数据是对 D2:D13 单元格区域的求和，用于观察调整考核系数后获得的奖励总额。

21.1.3 使用 SUMPRODUCT 函数编辑绩效考核公式

接下来先编写每日交易额汇总公式。该公式计算的原理是，先判断数据表中 B 列的日期都有哪些行次等于当前表中 A2 单元格的值，即本月第一天日期，再把对应的 F 列，即商品金额的数据求和。求出每日的合计数为后续判断并计算满足绩效考核条件的日期给予奖励提供依据。

B2 单元格中的公式如下：

```
=SUMPRODUCT((数据表!B$2:B$6000=A2)*数据表!F$2:F$6000)
```

公式解析：该公式的作用是求数据表的 B2:B6000 单元格区域中等于当前表中 A2 单元格的行次对应的 F2:F6000 单元格区域中【商品金额】列的数据之和。

这是一个标准的分类求和公式，分类字段是日期，把数据记录中等于指定日期，即 A2 单元格中的日期，对应的【商品金额】列中的数据进行求和。公式中“数据表!B$2:B$6000=A2”的结果是一组逻辑值，若等于 A2，则返回值为“TRUE”；若不等于 A2，则返回值为“FALSE”。在数学运算中，“TRUE”等同于1，“FALSE”等同于0。由于 1 乘以任何数都等于数据本身，0 乘以任何数都等于 0，因此用“数据表!B$2:B$6000=A2”与“数据表!F$2:F$6000”相乘，等同于给“数据表!F$2:F$6000”安装了一组开关键，1 代表打开，即保留原有数据；0 代表关闭，即将原数据置零。例如，在图 21-8（a）中，D 列是 A2:A8 单元格区域与 D1 单元格中的日期对比的公式。在图 21-8（b）中，D 列是对比后的公式结果，E 列是用 D 列的逻辑值与 B 列的数据相乘获得到的结果。凡是 D 列中等于“FALSE”的，E 列中都等于零；凡是 D 列中等于“TRUE”的，E 列中都等于 B 列中的值。

	A	B	C	D
1	时间	金额		2019/4/2
2	2019/4/1	3.25		=A2=D1
3	2019/4/1	15		=A3=D1
4	2019/4/2	8		=A4=D1
5	2019/4/2	51		=A5=D1
6	2019/4/2	14.5		=A6=D1
7	2019/4/3	35		=A7=D1
8	2019/4/3	15		=A8=D1

（a）

	A	B	C	D	E
1	时间	金额		2019/4/2	=B2*D2
2	2019/4/1	3.25		FALSE	0
3	2019/4/1	15		FALSE	0
4	2019/4/2	8		TRUE	8
5	2019/4/2	51		TRUE	51
6	2019/4/2	14.5		TRUE	14.5
7	2019/4/3	35		FALSE	0
8	2019/4/3	15		FALSE	0

（b）

图 21-8

21.2 根据时间段业务量考核绩效

随着电商行业的兴起,加班的方式发生了重大改变。传统行业中,加班指的是下班后不回家,在公司再工作一段时间。而电商行业的客服人员可以不必在公司坐班,用电脑或手机同样可以完成客户的咨询解答并达成交易等工作。为了解决客服的人工成本问题,电商企业鼓励客服在下班后仍然处于工作状态,随时解答客户疑问并努力促成客户下单。因此,需要制定一套绩效考核机制,对于下班后促成的订单给予更多的考核绩效,以激励客服多接单。本案例是基于上述问题而设计的一个绩效考核方案。

21.2.1 案例背景

某休闲鞋销售公司在淘宝平台开设了网店,通过淘宝平台售卖产品。由于客服人数有限,如果每天安排白班和夜班两班客服,会导致公司的人工开支太大。如果仅安排白班,客服下班后的业务咨询又无法受理,而且下班后的业务成交量往往非常可观,这势必会影响公司总体业务成交量,因此公司把每日成交的业务分成两个时间段进行考核,一个是工作时间段,即00:00至18:00;另一个是非工作时间段,即18:00至24:00。为提升非工作时间段的成交量,公司制定政策,加大了非工作时间段的考核力度。本案例利用淘宝店铺后台导出的数据,根据交易时间把工作时间段和非工作时间段的交易记录分开,再进一步按照单笔订单金额进行分档,分别为0~1000元、1000~3000元、3000元以上3档,不同档次对应不同的绩效系数,从而促使客服多接单、接大单。

21.2.2 数据准备

本案例共有两张表,第一张表是数据源表,该数据源表是从淘宝店铺后台中导出的并经过处理后的数据表。从平台中导出的数据列较多,首先需要剔除不相关的字段;其次将付款日期数据中的时间数据单独提取出来,因为本案例的后续计算中需要用到时间数据;最后增加一个辅助列,即D列,为后面的计算提供便利。处理后的表格样式如图21-9所示。

	A	B	C	D	E
1	订单编号	付款日期	付款时间	辅助列	交易金额
2	241012487	2018/9/24	17:28:19	1	447.5
3	241233046	2018/9/24	17:28:14	1	90
4	241007423	2018/9/24	17:14:28	1	130
5	231587472	2018/9/24	16:47:18	1	33.4
6	221197639	2018/9/24	16:37:36	1	74
7	221354378	2018/9/24	16:29:19	1	366.3
8	221196539	2018/9/24	16:28:25	1	28
9	241046400	2018/9/24	16:19:06	1	287
10	231562352	2018/9/24	16:06:01	1	39

图21-9

另一张表是汇总表,具体内容详见21.2.3小节。

1. 提取时间数据

在C2单元格中输入公式【=B2-INT(B2)】,如图21-10所示,用包含时间数据的

B2 单元格减去剔除时间数据的 B2 单元格，结果等于具体时间。在该公式中，INT 函数的作用是把小数"剪掉"，包含时间数据的日期本身是一个包含小数的数据。例如，2019 年 1 月 1 日在系统中存储为 43466，而 2019 年 1 月 1 日 12:00:00 在系统中存储为 43466.5，0.5 代表一天当中的 12:00:00。如果是 0.25，则代表早晨 6:00:00。将该公式向下复制，获得不含时间的数据。再通过复制和选择性粘贴（选择【数值】选项），把其中的公式去掉，保留数据供后面计算使用。

由于 B 列中的日期数据包含时间数据，需要把时间剔除，只保留日期，便于后续计算使用。操作方法：在右侧的任意一个空白列中输入公式【= INT(B2)】，把公式结果通过复制、选择性粘贴（选择【数值】选项），粘贴回 B 列中，处理后的数据如图 21-11 所示。

	A	B	C
1	订单编号	付款日期	付款时间
2	241012487	2018/9/24 17:28	=B2-INT(B2)
3	241233046	2018/9/24 17:28	
4	241007423	2018/9/24 17:14	
5	231587472	2018/9/24 16:47	
6	221197639	2018/9/24 16:37	
7	221354378	2018/9/24 16:29	
8	221196539	2018/9/24 16:28	

图 21-10

	A	B	C
1	订单编号	付款日期	付款时间
2	241012487	2018/9/24 0:00	17:28:19
3	241233046	2018/9/24 0:00	17:28:14
4	241007423	2018/9/24 0:00	17:14:28
5	231587472	2018/9/24 0:00	16:47:18
6	221197639	2018/9/24 0:00	16:37:36
7	221354378	2018/9/24 0:00	16:29:19
8	221196539	2018/9/24 0:00	16:28:25

图 21-11

B 列中的时间数据剔除后，单元格中仍然包含时间格式，需要设置 B 列的格式为不含时间的日期格式。操作方法：选中 B 列，单击鼠标右键，在弹出的快捷菜单中选择【设置单元格格式】命令，在弹出的【设置单元格格式】对话框中按照图 21-12 所示进行设置即可。

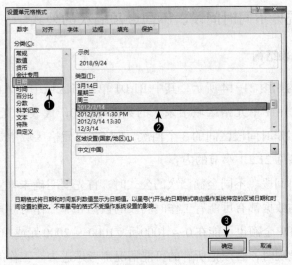

图 21-12

2．设置辅助列

设置完日期格式后，在 C 列和 D 列的中间增加一个辅助列，用于编写公式。在辅助列的第二个单元格，即 D2 单元格中输入公式【=IF(AND(C2>0,C2<0.75),1,0)】，该公式的结果有两个，分别是"0"和"1"，用"0"和"1"分别表示工作时间段和非工作时间段。向下复制该公式后的效果如图 21-13 所示。

	A	B	C	D	E
1	订单编号	付款日期	付款时间	辅助列	交易金额
2	241012487	2018/9/24	17:28:19	1	447.5
3	241233046	2018/9/24	17:28:14	1	90
4	241007423	2018/9/24	17:14:28	1	130
5	231587472	2018/9/24	16:47:18	1	33.4
6	221197639	2018/9/24	16:37:36	1	74
7	221354378	2018/9/24	16:29:19	1	366.3
8	221196539	2018/9/24	16:28:25	1	28
9	241046400	2018/9/24	16:19:06	1	287
10	231562352	2018/9/24	16:06:01	1	39

图 21-13

公式解析：该公式中有个常量数据"0.75"，代表一天当中的 18:00。把一天除以 24，每个 1/24 代表 1 小时，18:00 折算成天为 18/24，即 0.75。该公式中的 AND 函数为逻辑函数，用于处理两个以上的判断表达式，只有当两个判断表达式都成立时，AND 函数才返回"TRUE"。公式中，当 C2 单元格的值既大于 0 又小于 0.75 时，AND 函数的结果为"TRUE"，即 C2 单元格中的时间在 0:00 至 18:00 之间，公式返回第二个参数"1"，否则（C2 单元格的时间不在 0:00 至 18:00 之间）返回"0"。这个辅助列的数据为后面识别工作时间段和非工作时间段记录提供便利。如果不增加辅助列，直接编写求和公式，公式会比较复杂且不容易理解。

21.2.3 编制统计不同时间段、不同金额档次的公式

1．设计汇总表结构

汇总表的结构如图 21-14 所示，其中 B1:D1 单元格区域中录入的数据都是 1，代表工作时间段；E1:G1 单元格区域中录入的数据都是 0，代表非工作时间段；B2:D3 单元格区域中是工作时间段区间的 3 个档次，E2:G3 单元格区域中是非工作时间段区间的 3 个档次（参见 21.2.1 小节的内容）。

在设计不同时间段、不同金额档次的公式时，首先要明确未来获得的结果是什么样的，任何一天的数据都有可能有工作时间段的数据和非工作时间段的数据，每个时间段成交的单笔订单金额也可能是 0～1000 元、1000～2000 元或 3000 元以上，因此，在设计计算结果呈现时，必须把所有的可能情况都考虑进去。工作时间段和非工作时间段各有 3 档，加在一起需要 6 个单元格来反映计算结果，故在设计汇总表布局时每

个统计日期一定要对应6个单元格。

	A	B	C	D	E	F	G
1		1	1	1	0	0	0
2	日期	1000	3000	100000	1000	3000	100000
3		0	1000	3000	0	1000	3000
4	9月3日						
5	9月4日						
6	9月5日						
7	9月6日						
8	9月7日						
9	9月8日						
10	9月9日						

数据源　汇总表

图 21-14

2. 编写汇总公式

在B4单元格中输入如下公式：

=SUMPRODUCT((数据源!$B$2:$B$3500=$A4)*(数据源!$D$2:$D$3500=B$1)*(数据源!$E$2:$E$3500>=B$3)*(数据源!$E$2:$E$3500<B$2))

每个公式结果都需要保证4个指标，下面以B4单元格中的数据为例进行说明。

数据源!$B$2:$B$3500=$A4：数据源表中的日期列，即B列等于9月3日（A4单元格的内容）。

数据源!$D$2:$D$3500=B$1：数据源表中的辅助列，即D列等于1（B1单元格的内容）。

数据源!$E$2:$E$3500>=B$3：数据源表中的交易金额列，即E列大于0（B3单元格内容）。

数据源!$E$2:$E$3500<B$2：数据源表中的交易金额列，即E列小于1000（B2单元格的内容）。

上述4个判断式的结果有两种，一种是等于，另一种是不等于。凡是判断结果为等于的，返回逻辑值“TRUE”；凡是不等于的，返回逻辑值“FALSE”，TRUE与TRUE相乘结果等于1，TRUE与FALSE相乘等于0，FALSE与FALSE相乘也等于0。我们可以在大脑中构建一个虚拟的数据表，这个表有3499行和4列，每个单元格中的数据都是由逻辑值“TRUE”和逻辑值“FALSE”组成的，用每一行的4个数相乘获得一组由1或0组成的数据列，如图21-15所示，最后把它交给SUMPRODUCT函数求和。获得求和结果就是满足4个判断式的记录个数，即订单日期等于9月3日的、班别等于工作时间段的、订单金额在0至1000的记录数。

公式中有个细节需要单独说明，4个判断式中都涉及绝对引用符号“$”，数据源表中的行号和列号前都有，其作用是当向下或向右复制公式时，引用的单元格区域不能变。对于判断式右侧的单元格引用,"$"符号有的加在行号前,有的加在列号前,例如,数据源!$B$2:$B$3500=$A4、数据源!$D$2:$D$3500=B$1、数据源!$E$2:$E$3500>=B$3、数据源!$E$2:$E$3500<B$2。其中$A4、B$1、B$3、B$2这4个单元格地址中的"$"符号的作用各不相同,$A4中的"$"符号的作用是锁住列号,当向右侧复制公式时,确保A不变;而在向下复制公式时,4应该随之改变。B$1中的"$"符号的作用是锁住行号,当向下复制公式时,确保1不变;而在向右复制公式时,B随之改变。B$3和B$2中"$"符号的作用与B$1中的类似,此处不再赘述。

FALSE	FALSE	FALSE	FALSE	0
TRUE	TRUE	TRUE	TRUE	1
FALSE	FALSE	FALSE	FALSE	0
FALSE	TRUE	FALSE	FALSE	0
TRUE	TRUE	TRUE	TRUE	1
FALSE	TRUE	TRUE	FALSE	0
FALSE	TRUE	TRUE	FALSE	0
……	……	……	……	……
……	……	……	……	……
……	……	……	……	……
FALSE	FALSE	TRUE	FALSE	0
TRUE	TRUE	TRUE	TRUE	1
TRUE	TRUE	TRUE	TRUE	1

图 21-15

21.2.4 计算奖励

统计出不同时间段、不同金额档次的业务量之后,开始进行具体奖励的计算。奖励规定如下。

(1)交易金额在 0 ~ 1000 元的订单,工作时间段每笔业务奖励 0 元,非工作时间段奖励 5 元。

(2)交易金额在 1000 ~ 3000 元的订单,工作时间段每笔业务奖励 20 元,非工作时间段奖励 50 元。

(3)交易金额在 3000 元以上的订单,工作时间段每笔业务奖励 50 元,非工作时间段奖励 80 元。

落实到表格中的效果如图 21-16 所示。在 G 列右侧再绘制一张表格,第一行填写说明信息,第二行和第三行填写对应档次的奖励金额。合并第二、三行单元格的原因是为了与左侧的表格形成对应。

编写 I4 单元格中的公式:

=B4*I$2

公式解析:该公式的作用是把上一步骤计算出的满足条件的交易笔数分别乘以对应的奖励金额,获得不同分段交易笔数与对应奖励金额的乘积。至此每个档次的奖励数据全部计算出来,实际应用中还需要把每天的奖励小计数和每个档次的奖励小计以及总计数计算出来,用于公司发放奖励,使用 SUM 函数可以轻松实现上述需求,这里不再赘述。

	A	B	C	D	E	F	G	H	I	J	K	L	M	N
1		1	1	1	0	0	0		0点至18点			18点至24点		
2	日期	1000	3000	100000	1000	3000	100000	0	20	50	5	50	80	
3		0	1000	3000	0	1000	3000							
4	9月3日	58	2	0	50	3	1	0	40	0	250	150	80	
5	9月4日	124	3	0	60	1	0	0	60	0	300	50	0	
6	9月5日	163	8	2	49	1	0	0	160	100	245	50	0	
7	9月6日	180	7	1	57	0	0	0	140	50	285	0	0	
8	9月7日	182	8	3	67	0	0	0	160	150	335	0	0	
9	9月8日	152	9	0	34	0	0	0	180	0	170	0	0	
10	9月9日	147	2	1	39	0	1	0	40	50	195	0	80	
11	9月10日	160	3	1	42	1	0	0	60	50	210	50	0	
12	9月11日	126	3	0	37	0	0	0	60	0	185	0	0	
13	9月12日	159	3	2	35	0	0	0	60	100	175	0	0	
14	9月13日	125	6	0	30	0	0	0	120	0	150	0	0	
15	9月14日	83	0	0	23	1	0	0	0	0	115	50	0	

图 21-16

21.3 根据各店铺交易额均值考核绩效

电商企业为了获得更多订单，经常同时开设多家网店。本案例是以店铺为考核单位，针对假日期间产生的订单收入设计的一个单项绩效奖励方案。

21.3.1 案例背景

某电商旗下有多个网店，国庆期间公司为鼓励店铺增加交易额而制定了一个奖励政策。考虑到各家店铺的实际情况，如果直接用交易总额的大小评判优劣有失公允，公司根据以往的交易平均值为店铺制定了不同的目标交易额，用目标达成率作为评价标准，以实现公平考核。具体办法是用国庆节期间（七天）各家店铺交易额达成率做排名，早班和晚班分别排名，排在前三名的店铺给予客服团队 2000 元的奖励。数据源表如图 21-17 所示。

	A	B	C	D
1	店铺名称	编码	班别	交易金额
2	立业店	[0001]合计：	晚班	4383.64
3	立业店	[0002]合计：	早班	4575.29
4	建设店	[0201]合计：	晚班	3141.35
5	建设店	[0202]合计：	早班	2875.07
6	长征店	[0301]合计：	早班	2793.08
7	长征店	[0302]合计：	晚班	2380.59
8	江山店	[0401]合计：	晚班	1810.54
9	江山店	[0402]合计：	晚班	2733.26
10	万达店	[0501]合计：	早班	3949.17

图 21-17

21.3.2 计算每日收入与收入达成率

先绘制一张考评计算表，其中 A 列录入店铺名称，B 列录入早班目标值，F 列录入晚班目标值，其他列用于编辑计算公式，如图 21-18 所示。

门店	早班目标	早班实际	早班达成率	考核结果	晚班目标	晚班实际	晚班达成率	考核结果
立业店	3800				3800			
建设店	2800				3200			
长征店	1900				2660			
江山店	1640				2060			
万达店	3080				3300			
南湖店	1900				2400			
荆州街店	2600				1900			
闸口店	1800				2300			
钱塘店	1800				2000			
紫荆花园店	2700				2910			
长征二店	1900				2660			
富康店	2450				2800			
朝阳店	1870				2380			
沃尔玛店	2500				3500			
孙庄店	1500				2000			
人民路店	2000				2500			
合计								

图 21-18

C 列（早班实际）只用于计算早班对应的交易金额排序，故在 C3 单元格中输入如下公式：

=SUMPRODUCT((数据源!A$2:A$31=$A3)*(数据源!C$2:C$31="早班")*数据源!D$2:D$31)

公式解析： 公式中，"数据源!A$2:A$31"引用的是数据源表的店铺名称，"$A3"是指定的店铺名称。"数据源!A$2:A$31=$A3"的作用是判断都有哪些行的店铺名称与指定的店铺名相等，以此类推。"数据源!C$2:C$31="早班""的作用是判断数据源表的班别中哪些行等于早班。将两组判断结果相乘，再乘以"数据源!D$2:D$31"，获得乘积后再求出合计数。简单地说，就是把满足店铺名称条件的行次和同时满足班别条件的行次对应的数据取出来再进行求和计算。

在 G3 单元格中输入如下公式：

=SUMPRODUCT((数据源!A$2:A$31=$A3)*(数据源!C$2:C$31="晚班")*数据源!D$2:D$31)

该公式与 C3 单元格中的公式的不同之处仅在于第二个判断中的班别名称，一个是"早班"，另一个是"晚班"。

将 C3 单元格和 G3 单元格中的公式向下复制的效果如图 21-19 所示。

早班达成率的计算比较简单，在 D2 单元格中输入如下公式：

=ROUND(C3/B3,2)

公式解析： 早班实际除以早班目标，ROUND 函数的作用是四舍五入，参数"2"表示保留两位小数。

晚班达成率的计算方式与此类似同，此处不再赘述。计算出晚班实际、早晚班达成率的表格效果如图 21-20 所示。

图 21-19

门店	早班目标	早班实际	早班达成率	考核结果	晚班目标	晚班实际	晚班达成率	考核结果
立业店	3800	4575.29			3800	4383.64		
建设店	2800	2875.07			3200	3141.35		
长征店	1900	2793.08			2660	2380.59		
江山店	1640	1810.54			2060	2733.26		
万达店	3080	3949.17			3300	3457.75		
南湖店	1900	1637.98			2400	2090.29		
荆州街店	2600	0			1900	0		
闸口店	1800	2868.79			2300	2152.01		
钱塘店	1800	2687.32			2000	2189.62		
紫荆花园店	2700	3740.76			2910	3838.23		
长征二店	1900	0			2660	0		
富康店	2450	2728.66			2800	3179.86		
朝阳店	1870	2040.62			2380	2265.58		
沃尔玛店	2500	3642.48			3500	2682.79		
孙庄店	1500	2304.23			2000	2067.67		
人民路店	2000	2578.83			2500	2393.71		
合计								

图 21-20

门店	早班目标	早班实际	早班达成率	考核结果	晚班目标	晚班实际	晚班达成率	考核结果
立业店	3800	4575.29	1.2		3800	4383.64	1.15	
建设店	2800	2875.07	1.03		3200	3141.35	0.98	
长征店	1900	2793.08	1.47		2660	2380.59	0.89	
江山店	1640	1810.54	1.1		2060	2733.26	1.33	
万达店	3080	3949.17	1.28		3300	3457.75	1.05	
南湖店	1900	1637.98	0.86		2400	2090.29	0.87	
荆州街店	2600	0	0		1900	0	0	
闸口店	1800	2868.79	1.59		2300	2152.01	0.94	
钱塘店	1800	2687.32	1.49		2000	2189.62	1.09	
紫荆花园店	2700	3740.76	1.39		2910	3838.23	1.32	
长征二店	1900	0	0		2660	0	0	
富康店	2450	2728.66	1.11		2800	3179.86	1.14	
朝阳店	1870	2040.62	1.09		2380	2265.58	0.95	
沃尔玛店	2500	3642.48	1.46		3500	2682.79	0.77	
孙庄店	1500	2304.23	1.54		2000	2067.67	1.03	
人民路店	2000	2578.83	1.29		2500	2393.71	0.96	
合计								

21.3.3 店铺排名并计算奖励

将店铺按每日早班和晚班的达成率排名，并计算前三名的奖励金额。

在 E3 单元格中输入如下公式：

=IF(D3>=LARGE(D$3:D$18,3),2000,"")

公式解析：该公式的主函数是 IF 函数，当 D3 单元格的值大于等于 LARGE(D$3:D$18,3) 时，返回 2000，否则返回空值。两个英文输入法下录入的一对双引号代表空值。其中 LARGE(D$3:D$18,3) 的含义是指，取出 D$3:D$18 单元格区域中从大到小排序中排在第三位的数据，那么 D3>=LARGE(D$3:D$18,3) 的含义就一目了然了，当 D3 单元格中的值大于等于 D$3:D$18 单元格区域中排名第三的数值，换言之就是确保 D3 单元格的值一定是前三名的数值，在此情况下公式返回 2000。公式的完整含义是如果 D3 单元格的值排在前三名，则公式返回 2000，否则返回空值。

同理，在 I3 单元格输入如下公式：

=IF(H3>=LARGE(H$3:H$18,3),2000,"")

将 E3 和 I3 单元格中的公式向下复制后的表格效果如图 21-21，哪个店铺有奖励，哪个店铺没有奖励则清清楚楚地反映出来了。

	A	B	C	D	E	F	G	H	I
1	国庆期间营业收入目标考评表								
2	门店	早班目标	早班实际	早班达成率	考核结果	晚班目标	晚班实际	晚班达成率	考核结果
3	立业店	3800	4575.29	1.2		3800	4383.64	1.15	2000
4	建设店	2800	2875.07	1.03		3200	3141.35	0.98	
5	长征店	1900	2793.08	1.47		2660	2380.59	0.89	
6	江山店	1640	1810.54	1.1		2060	2733.26	1.33	2000
7	万达店	3080	3949.17	1.28		3300	3457.75	1.05	
8	南湖店	1900	1637.98	0.86		2400	2090.29	0.87	
9	荆州街店	2600	0	0		1900	0	0	
10	闸口店	1800	2868.79	1.59	2000	2300	2152.01	0.94	
11	钱塘店	1800	2687.32	1.49	2000	2000	2189.62	1.09	
12	紫荆花园店	2700	3740.76	1.39		2910	3838.23	1.32	2000
13	长征二店	1900	0	0		2660	0	0	
14	富康店	2450	2728.66	1.11		2800	3179.86	1.14	
15	朝阳店	1870	2040.62	1.09		2380	2265.58	0.95	
16	沃尔玛店	2500	3642.48	1.46		3500	2682.79	0.77	
17	孙庄店	1500	2304.23	1.54	2000	2000	2067.67	1.03	
18	人民路店	2000	2578.83	1.29		2500	2393.71	0.96	
19	合计								

图 21-21